KB193406

고조선 수련법 풍류도

고조선 수련법 풍류도

초판 1쇄 발행 ┃ 2024년 10월 15일
지은이 ┃ 박정균
펴낸이 ┃ 이연숙

펴낸곳 ┃ 도서출판 덕주
편집주간 ┃ 안영배
책임편집 ┃ 이미동
출판신고 ┃ 제2024-000061호
주소 ┃ 서울시 종로구 삼일대로 457 1502호(경운동)
전화 ┃ 02-733-1470
팩스 ┃ 02-6280-7331
이메일 ┃ duckjubooks@naver.com
홈페이지 ┃ www.duckjubooks.co.kr

ISBN 979-11-988146-4-7 (03910)

- 풍류도에 대해 더 알고 싶으신 분은 고조선무술협회로 문의 바랍니다.
  이메일 : mfceo21@naver.com 전화 : 010-6687-9678

- 표지그림 : 고구려시대 고분인 삼실총의 벽화로, 입선수련하는 장사의 모습이다.
  온몸에 삐죽삐죽 튀어나온 특이한 무늬는 몸에서 뻗쳐나오는 기운을 형상화한 것이다.

21세기에 나를 찾는   박정균 지음

고조선 수련법
풍류도

古朝鮮 修練法 風流道

෦여주

| 차례 |

제4장 입선수련과 천지인 합일

1997년 어느 날 나는 평소 친하게 지내던 직장 선배와 열심히 식장산을 오르고 있었다. 그 선배와 나는 평소 산을 좋아해서 주말에 한 번씩 대전 근교 산들을 오르내렸다. 그런데 오늘은 식장산 주 등산로가 아닌 엉뚱한 길로 접어들었다. 사람들 왕래도 거의 없는 개심사란 조그만 절로 올라가는 길이었다. 바로 스님 한 분을 만나기 위해서였다. 스님은 개심사에 계신 분은 아니고, 서울에서 주말이면 이곳으로 와서 기공을 지도하신다는 분이었다.

산을 좋아하던 선배도 〈사람과 산〉이란 잡지를 구독하고 있었는데, 북한산과 식장산에서 무술과 기공을 지도하는 원광스님이란 분에 관한 기사를 보고 '아! 이분이 바로 내가 찾던 진짜다' 하는 느낌이 확 꽂혔다는 것이다. 그래서 그 느낌을 확인하려 이렇게 열심히 식장산을 오르는 중이다.

한참 가다 보니 사전에 연락한 청림회라는 이곳 수련단체 회장이 일러준 지형이 나타나고, 조금 더 위쪽에 소나무 숲으로 둘러싸인 평평한 공간이 나타났고, 나무 사이 사이로 십여 명의 사람들이 서서 두 손을 들고 엉거주춤한 자세로 벌서듯이 무심히들 서 있었다. 그 뒤로 온몸을 걸레 장삼으로 걸쳐 입은 바로 그 스님이 서 계셨다. 비록 걸친 옷은 남루하기가 짝이 없었지만 훤칠한 용모에서 뿜어져 나오는 기운이 비록 십여 미터 이상 멀리 떨어져 있어도 사람을 압도하는 힘이 있었다.

회장 소개로 스님께 간단히 인사드리고 곧바로 다른 사람들과 똑같이 벌서는 자세를 취하게 되었다. 회장 이야기로는 사람들이 간간이 찾아오긴 하지만 이렇게 벌을 서서 몇십 분이 지나고 나면, 온몸을 조여오는 고통과 더불어 '내가 왜 이렇게 미련하게 이 짓을 하고 있지?' 하는 회의감으로 그냥 산을 내려가 버린다고 한다. 미련하고 참을성 있기로는 나도 한가닥 하는 기질이라 다른 사람들을 따라 자세를 취하였다. 한 20여 분이 지나자 팔다리가 사시나무 떨리듯 떨리고 온몸이 땀으로 젖기 시작했다. 그래도 미련 곰탱이 기질을 발휘해 이빨을 악물고 참아나갔다. 40여 분이 지난 것 같았다. 그러자 몸에서 내게 암시를 주기 시작했다.

'너 미련하게 이렇게 계속 몸을 혹사하면, 인대 끊어지고 근육 파열되고 핏줄 터져. 빨리 몸 풀고 내려가자. 여기는 이상한 또라이들 집합소야.'

그 말이 맞는 것 같았다. 사람이 일을 할 때는 이성적으로 사리 분별을 해가며 행동해야 한다. 이제 몸을 풀고 같이 내려가자고 하기 위해 옆에 있는 선배를 쳐다보았다. 선배는 바들바들 떨면서도 눈을 부릅뜨고 이를 악물고 참아내고 있었다. 할 수 없다. 선배가 주저앉을 때까지만 나도 조금 더 참아보기로 했다. 그러면서 사방을 둘러보았다. 나랑 조금 떨어져 가냘픈 아주머니 한 사람이 자세를 취하고 있었다. 얼굴색이 시커먼 게 콩팥 계통이 안 좋은 걸 한눈에 알 수 있었다. 심한 바람이 불면 쓰러질 것 같은 몸으로 얼굴에 온통 콧물, 눈물을 줄줄 흘리면서도 포기하지 않고 견디어내고 있었다.

하지만 몸이 워낙 병약하다 보니 심하게 부들부들 떨면서 곧 쓰러지거나 주저앉을 것 같았다. 그래 바로 이거다. 목표를 곧바로 수정했다. 저 아주머니가 쓰러지면, 나도 자세를 풀고 자연스럽게 그 아주머니에게 다가가 괜찮냐고 물어보며 쉬기로 했다. 그런데 이 아주머니, 진짜로 이상한 사람이었다. 바람 앞에 촛불처럼 흔들거리면서도 쓰러지지 않고 악다구니로 버텨내는 것이다. 악의 화신을 오늘 실제로 목격한 셈이다. 대단한 여인이여, 이것이 바로 여성이 품고 있는 모성이라 표현되는 내적 힘인가 보다.

그러고 보니 이제 곧 주저앉을 후보는 바로 나라는 게 명확해졌다. 그때 스님이 다가와 죽비로 내 등과 다리를 툭툭 쳐주며 첫날 너무 무리하면 안 된다면서 자세를 풀라고 일렀다. 그때 나에게 첫 번째 깨달음이 왔다. 사람이 고통을 견디어내지 못하는 것은 몸이 아니라 바로 마음이라는 것을. 이 이야기는 나중에 다시 중요한 주제로 삼아 이야기해 보기로 하자.

스님이 고조선 무술의 고수로 알려져서 무술을 배우려는 사람들이 한 번씩 찾아오는데, 이렇게 벌을 세우면 아무리 몸이 단련된 사람도 40여 분 정도 지나면 대부분 다 포기하고 내려갔다. 같이 벌서고 있는 사람들보다 무술인들이 근육이 훨씬 더 조련됐을 것인데도 참아내지 못하는 것은, 그들의 마음이 타협하고 도중에 바뀌어버리기 때문일 것이다.

돌이켜보면, 바로 이날의 만남이 원광스님과 나와의 운명적인 인연이 이어졌던 날이었던 것 같다. 왜냐하면 이미 스님은 저세상으로 가고 나도 세상일에 바빠 수련을 잊어가고 있었지만 잊을만하면 새로운 인연이 스님과 나를 이어주고 있었기 때문이다. 그러면서 나에게도 무언가 스님의 제자로서 해야 할 소명이 생겨나고 있었다. 몇 년 전에 원자력과 환경에 관한 책을 출간했었다. 환경과 질병에 관한 주제를 다루면서 기공수련과 질병치료에 대해 가볍게 언급했었다. 그 책을 읽은 독자 한 분이 연락을 해오면서 고조선 풍류도를 수련해 병치료를 할 수 있는지 문의해 왔다.

만나보니 신경이 서서히 마비되어 몸이 굳어지고 있었다. 병원에서는 루게릭병도 파킨슨씨병도 아니라는 진단만 내렸고, 원인을 모르니 치료도 못하고 있는 실정이었다. 잘 못 걷는 이분을 억지로 자운대 금병산으로 데려가 원광스님에게서 배운 방법으로 3시간 동안 정성껏 수련을 시켰더니, 산을 내려갈 때는 올라올 때보다 훨씬 수월하게 내려갔다. 오히려 옆에서 같이 수련한 보호자가 걷지 못해 질퍽거렸다. 이렇게 뜻하지 않게 스님의 제자 노릇을 간간이 하게 되었다.

그리고 최근에 평소에 알고 지내던 고조선 무술협회장이 나를 찾아와 지금 이 시대가 고조선 풍류도가 필요한 때라며 책을 내자는 제안을 해왔다. 물론 책을 내는 건 환영할 일이지마는 내가 여기에 기여할 능력은 되지 못해 처음에는 사양했다. 원광스님의 적법 제자가 나설 일이라 판단되었다. 나도 한때 열심히 수련하기도 했었지마는 수련 심도가 깊어짐에 따라 현실에서 직장생활과 병행하는 것이 너무 어려웠다. 결국 가족과 사회적 책임 때문에 수련을 놓아버렸던 것이었다.

사실 고조선 풍류도에 대한 책은 2012년에 발간되었다. 그런데 이 책은 원광스님이 툭툭 던진 말들을 정리해 놓은 수준이라 일반인들이 이해하기가 무척 어려웠다. 그래서 누군가 현대인들이 이해하기 쉬운 말로 새롭게 써주기를 바란다는 것이었다. 나 또한 현대인들에게 꼭 권해주고 싶은 이야기가 새록새록 떠올랐다. 그래서 20세기 풍류도의 마지막 계승자였던 원광스님의 제자 중 한 사람으로서, 비록 기초적인 것밖에 배운 것이 없음에도 불구하고 내가 최선을 다해 노력해 보기로 했다.

풍류도는 바로 자연과 소통하는 수련이다. 풍류도를 통해 천지와 내가 합치되는 환희를 맛볼 수 있다. 자연과 온몸으로 합치되는 의식을 가지게 된 인간은 자연스럽게 환경생태주의자가 되고 자본주의의 모순과 한계를 극복할 대안을 모색하게 될 것이

다. 이 점이 21세기에 고조선 풍류도로 원시반본原始返本 하자는
의도이다.

　좀 과장된 희망으로 이야기하자면 21세기 인류문명을 구할
새로운 사조이자 문명의 지혜를, 천지인 합일을 추구하는 고조선
풍류도에서 구할 수 있다. 자고로 존재의 위기에서는 원시반본하
는 지혜가 필요하다. 물론 꼭 풍류도만이 해답을 가지고 있는 건
아니다. 이 세상의 많은 종교, 특히 불교 사상에도 답이 있고, 전
통 요가에도 답이 있고, 많은 공동체 운동 속에서도 답이 있다.
하지만 우리 것이기에 우리 몸에 맞고 가장 한국적인 것이 가장
세계적인 것이 될 수 있다.

　풍류도처럼 자연과의 합일을 온몸으로 체험할 수 있는 방식
은 귀하다. 특히 상대적으로 빠른 시간 안에 도달할 수 있으니 그
얼마나 도전해볼 만한가. 그런데 한 가지 커다란 장벽은 있다. 내
온몸을 뜨거운 불기둥의 고통 속에 달구어서, 참고 또 참아 그 고
통의 장벽을 뛰어넘어야만 도달할 수 있다. 단군신화에서 곰이
동굴 속에서 마늘과 쑥만 먹으며 버틴 이야기가 바로 곰의 자손
인 당신에게 조상이 전해주는 지혜이다.

　마지막으로 한마디 더 감사의 말씀을 드릴 분들이 있다. 도
저히 풍류도에 관한 책을 쓸 재주나 역량이 부족한 사람을 격려
해 주고 아낌없이 자료를 제공하고, 필요하면 시범까지 보여주며
도와준 원광스님의 애제자분들께 감사의 말씀을 드린다. 특히 한
명준 회장은 사재를 털어 고조선 무술협회를 창립하고 불철주야

풍류도를 정착시키고자 노력하는 분이다. 그 정성에 경의를 표한다. 도서출판 덕주 사장님에게도 감사드린다. 출판사에서 이런 기획을 하지 않았다면 이 책이 세상에 태어날 일이 없었을 테니까. 이렇게 많은 사람들의 노력과 정성, 소망이 담긴 책이 독자들에게 의미있게 닿았으면 좋겠다.

2024. 5. 15 스승의 날에
계룡산 상신리 서재에서
박정균 씀

제1장

서론

1.1
고조선 수련법 풍류도 소개

풍류도는 우리가 익히 들어 알고 있는 말이다. 대체로 신라시대 화랑들이 행했던 것이 풍류도이고, 이후에는 팔관회 등 문화예술 형태로 존속하다가 서서히 사라진 문화로 기억한다. 지금도 자연과 더불어 즐기는 유흥을 풍류라고 부른다.

그런데 화랑들이 수련했다는 풍류도란 무엇이었을까. 이제는 잊어도 될 고리타분한 옛날의 원시적인 수련법이었을까.

필자가 이 책을 쓰는 이유는 전혀 그렇지 않다는 점을 이야기하고자 함이다. 우리는 너무 우리 문화의 알맹이를 잊어버리고 살고 있다. 현대를 사는 우리는 몸은 한국인이되, 정신은 완전히 미국인으로 볼 수 있을 정도다. 필시 조선시대 500년 동안 성리학을 국시로 여기며 중국 사대주의에 의탁하고, 일제 강점기에 그나마 바닥에 남아있던 민족혼을 깡그리 빼앗기고 나니, 이제는 자의반 타의반으로 미국에 종속된 것처럼 살고 있는 듯하다. 우리의 생활문화나 사고방식들이 미국화됐다는 점을 부인하기는 어렵다.

필자는 영국에 몇 년간 머문 적이 있다. 영국을 잘 몰랐기에 미국 문화의 원조쯤으로 알고 있었다. 그런데 영국에서 생활해 보니 불편하고 이질적인 문화가 너무 많았다. 그러면서 내가 미국화되어 있다는 것을 서서히 깨닫게 되었다. 미국은 치열한 경쟁사회다. 조직의 경영 효율화를 최고로 치고 항상 성과주의로 간다.

한국은 한술 더 떠서, 이 경쟁사회에서 이기기 위해 어린아이 때부터 경쟁 훈련을 시킨다. 그런데 영국이나 유럽은 달랐다. 어린이 교육은 경쟁이 아니라 화합이었다. 학교에서 팀 경기를 하면 잘하는 아이가 각광받는 것이 아니라, 한 명도 낙오되지 않게 서로 배려해주는 훈련을 시킨다.

미국이나 한국에서는 직장에서 일 년 단위로 성과를 매기고 고과에 반영한다. 그러나 필자가 다녔던 영국 연구소에서는 스스로 동기유발을 해서 잘하도록 3~5년을 기다린다. 독창적인 좋은 연구는 오랜 시간이 걸린다는 걸 알기 때문이다.

그렇다. 우리는 '영어 못하는 미국인'이라는 미망에서 이제는 깨어났으면 좋겠다. 그렇다면 세계 속에서 우리를 바로 세워줄 우리 것이란 무엇일까.

유사 이래 한국의 고유한 문화 사상이 있긴 했을까. 한국의 유명한 사상가는 누구일까. 필자가 예전에 관심을 가지고 이 분야 서적들을 조사해 본 바로는 낙담스러운 수준이었다. 학자들이 꼽은 유명한 사상가들은 원효스님, 퇴계 이황, 다산 정약용 등등이었다. 그분들의 천재적인 머리와 학문의 깊이는 물론 존경하지만 그분들이 창의적인 사상을 내놓은 것은 아니지 않은가. 원효가 화쟁사상으로 '대승기신론소' 등을 짓고, 퇴계가 '성학십도'를 지어 아시아권에서 인정받는 분들이지만 모두 불교나 성리학의 지류요 그 사상에 대한 해설이다. 다산도 훌륭한 많은 저술을 남겼지만 세상의 패러다임을 바꾸거나 후대 사상사에 큰 영향을 준 저술이라고 꼽기는 어렵다.

노벨상은 이론을 처음 제시한 사람에게 준다. 그 이론을 더욱 심화 발전시킨 사람은 이차적인 후보일 뿐이다. 필자가 보기에 가장 한국적이고 독창적인 사상은 바로 동학이다. 풍전등화 같은 구한말의 암울한 시대 상황을 뚫고 나온 엄청난 사회변혁 사상이고 운동이었다. '사람이 곧 하늘이다'라는 인내천人乃天 사상과 '사람 간에 차별이 있을 수 없다'라는 평등사상은 철저한 계층사회인 조선사회에 대지진을 일으킨 운동이었다. 현시대 동학이 더 이상 발전하지 못하고 조금씩 쇠퇴하는 기미가 보여 그저 안타깝다. 동학운동을 계승한 단체들이 근본정신은 놓지 않되 이 시대정신을 반영하는 새로운 변혁과 수행방법을 개발하기를 고대한다.

이런 반성을 하며 우리나라의 역사를 훑어보다 보니, 동학의 인내천 사상이 우리 역사 시원에 이미 존재하고 있었다. 즉, 상고시대에 우리가 찾는 핵심이 있음을 알게 되었다. 먼 옛날 우리 조상들은 하늘을 숭배하는 사람들이었다. 하늘의 뜻이 이 땅 위에 펼쳐지는 것이 자연의 법칙이자 순리라고 여겼다. 그래서 하늘을 항상 살피며 별의 움직임도 놓치지 않았다. 고려, 조선은 물론이고 더 멀리 고조선 시대의 일식이나 월식 등 천문현상에 대한 기록들이 '환단고기'에도 있다.

이런 하늘 숭배사상은 하늘의 뜻을 알아내기 위해 천문관측도 하지만, 무엇보다도 인간이 자연 및 하늘과 합치되어 살아가는 삶이 중요하다는 것을 스스로 알아채는 일이다. 이런 능력을 개발하기 위해 많은 사람들이 노력했고, 이런 능력을 가진 사람을 서양 학술용어로 샤먼이라고 불렀다.

18세기 후반부터 서구 열강들이 동양을 침탈하기 시작하면서 학술계도 덩달아 움직였다. 동양사상에 대한 연구가 본격화되면서 시베리아, 만주를 중심으로 내려오던 전통 하늘숭배사상을 샤머니즘이라고 칭했다. 물론 동양문화를 저급으로 취급하는 오리엔탈리즘의 연장선이었다. 모든 학문을 서양문물에 의지해 배우는 우리는 부지불식간에 샤머니즘을 미신으로 몰아붙이며 저급하게 생각하게 되었다.

하지만 민족 자의식이 깨어나고 침탈적 서구 자본주의 문명의 한계로 몸살을 앓고 있는 지금, 자연과 합일하여 살아가는 삶이 얼마나 소중한가를 깨닫게 되었다. 서구학자들이 요즈음 생태환경주의를 이야기하지만 우리는 이미 수천 년 전부터 자연과 합일된 삶을 가장 소중하게 여겼다. 자연과 합일된 사람을 서구에서는 샤먼이라고 하지만 우리 조상들은 깨달은 사람이라고 했다.

깨달은 사람은 몸에서 빛이 난다. 그래서 환히 빛나는 사람, 환인桓因이다. 이렇게 빛나는 사람이 다스리는 나라는 빛의 나라, 환히 빛나는 나라, 환국桓國이었다. 환국 시대 사람들은 누구나 빛나는 사람이 되기 위해 노력했다. 요즈음 말로 수련이다. 환인의 환국시대, 환웅의 배달국 시대, 단군의 고조선 시대를 거치면서 이 수련은 천지일월도라 불렸다. 재야사학자들은 신교神敎라고 칭한다.

고조선 후대에는 천지일월풍류도라 했고, 신라시대에는 화랑들에게 체계적인 교육을 시킬 목적으로 그간의 모든 사상과 수련법, 무예 등을 종합해서 풍류도라고 불렸다. 우리가 들어서 알고 있는 풍류도가 탄생한 것이다. 이 책에서는 풍류도를 신라시대 것으로 보지 않고 고조선시대 수련법으로 정의했다. 왜냐하면 신라인들이 체계화시켰지만 이전 시대부터 존재해 왔음이 문헌으로도 입증되기 때문이다. 뒤에 역사편에서 좀 더 자세히 살펴볼 예정이다.

우리나라의 고유한 영성으로서 풍류도라 할 때는 일반적인 풍류의 의미와는 구별되는 점이 있다. 풍류風流라는 한자는 우리의 고유사상인 '부루'의 한자 표기라고 보기도 한다. 이때 부루란 불·밝·환·하늘을 가리키는 말로, 광명이세光明理世하는 하늘 신앙에서 나온 개념이다. 그러므로 풍류도는 제천의례나 화랑교육에서 보았듯이 하늘을 섬기는 천도天道이다.

하늘, 한울, 하나님, 하느님, 다 같은 개념이다. 기독교가 전래했을 때 야훼신을 번역하면서 우리에게 익숙한 하느님, 하나님을 차용해 쓴 것이다. 그렇다고 기독교의 유일신처럼 인격신일 필요는 없다. 내가 하늘과 합치될 수 있는 까닭에 오히려 범신론적이다. 따라서 풍류는 우리 고유의 종교적 뿌리를 가지고 있으면서 유, 불, 선 삼교를 포함한 것이라 했다.

그러면 삼교의 본질을 표현하는 문구를 서로 비교해 보자. 유교는 '자기를 극복하고 예로 돌아간다'고 했고, 불교는 '일심의 근원으로 돌아가는 것'이라 했으며, 도교는 '집착 없이 자연의 법도에 순응한다'고 했다. 결국 이 세 종교는 이 세상에 집착한 자아를 극복하고 하늘이 내린 천성으로 돌아가기를 소망한다는 점에서 공통점이 있다. 천성이란 다름 아닌 하늘에서 부여한 인간의 본성이며 하늘의 마음이다.

그래서 노래와 춤으로써 하늘을 섬기던 고대의 제천의식을 이어받은 화랑들의 가락은 하늘의 영靈과의 교제였으며 하늘과 하나가 되는 가무강신歌舞降神의 체험이다. 앞으로 설명할 태공유수 같은 입선 수련을 통해 자아를 극복하고 하늘의 마음으로 돌아갈 수 있는 것이다. 풍류도는 바로 이러한 신인합일의 체험이 중심이 되는 수련체계다. 그래서 풍류도는 우리의 정신적 원리가 되는 영성이요, 민족의 얼이요, 삼교의 종지를 포함한 도인 것이다.

풍류도는 또한 단순히 고대에 있었던 영성만을 말하는 것이 아니다. 이것은 전체 한국문화사의 기초가 되어 온 민족적 영성이다. 곧 현대 한국인의 의식 속에서도 살아 작용하는 우리의 심성이며 한국문화의 기초 이념을 이루는 실체이기도 하다. 따라서 풍류도는 한국인에게 불변의 원리이며 보편적인 것이다. 개인적인 자각이 있든지 없든지 간에 우리들 속에 있어서 작용하는 일상적인 것이다.

앞에서 풍류도는 유, 불, 선 삼교를 다 포함하고 있는 것이라 했다. 이러한 포괄적인 성질을 나타내는 우리말은 '한'이다. '한'은 수량적으로 하나를 나타내지만, 이 하나는 포괄적인 전체를 나타내기도 한다. 의상義湘의 《화엄일승법계도 華嚴一乘法界圖》를 살펴보자.

> 하나가 곧 일체요 일체가 곧 하나이다.
>
> 一卽一切多卽一 (일즉일체다즉일)
>
> 낱낱의 티끌 속에 시방 세계가 들어 있고
>
> 一微塵中含十方 (일미진중함시방)
>
> 전체 우주에도 또한 그러하다
>
> 一切塵中亦如是 (일체진중역여시)

이러한 철학은 불교 화엄경의 근본 사상이고 달라이 라마는 이를 현대 과학용어로 설명하려고 애썼다 [달라이 라마, 2007].

'하나'가 곧 '한'이다. '한'은 크다라는 뜻으로도 사용된다. 대전大田은 원래 '한밭'이었다. 위대하다는 뜻에서 신라의 왕을 한汗, 또는 간干이라 했다. 크고 전체라는 뜻에서 천天은 '하늘'이요 우주는 '한울'이다. 거기에 인격적인 존칭을 붙인 것이 '한님' 곧 하늘님이다.

빛으로써 세상을 다스리시는 하늘님을 모시고 해뜨는 동방을 향해 이주해 오던 고대 우리의 조상들은 스스로를 한족이라 했다. 오늘의 한국은 여기에서 비롯된 명칭이다.

한의 참 근거는 한님과 우리가 하나로 통합되는 데 있다. 즉, '하나가 곧 일체가 되는 것'이다. 이런 뜻에서 한족은 하늘의 백성이다. 그렇다고 현대의 풍류도가 천도교 같은 민족종교처럼 종교 행위를 포함하지는 않는다. 종교적 전통은 이미 고조선 후대부터 서서히 사라지기 시작했다.

그럼 풍류도 수련이란 무엇을 하는 것일까. 한국인이라면 풍류도라는 말을 다 알지만 그 알갱이가 무엇인지 아는 사람은 거의 없다. 문헌상으로도 알려진 바가 거의 없다. 왜 그렇게 되었을까. 필경 역사적 질곡이 있었을 것이다. 제6장 역사 편에서 이 문제를 풀어나가겠지만 고대로부터 근대에 이르기까지 풍류도의 수련체계를 설명해 놓은 문헌이 없을 뿐만 아니라 있었어도 없애버린 것으로 추정한다.

다만 현대에 들어와 원광스님이 신문이나 잡지에 단편적인 내용들을 소개했고, 스님의 제자인 한명준과 배종렬이 좀 더 많은 내용을 대중들에게 알렸다 [한명준 2012, 배종렬 2001]. 이들의 작업을 이어받아 이 책에서는 바로 풍류도의 알갱이, 풍류도의 전체적인 체계와 내용을 소개하고자 한다. 아마도 이 책이 풍류도의 전반적인 수련 내용을 일반인에게 드러내는 전환점이 되는 문헌일 성싶다. 그렇다고 풍류도의 모든 내용을 이 책에 다 담지는 못한다. 언어가 아닌 몸으로 하는 수련이 주된 축인 데다 내용이 너무 방대하기에 더욱 그렇다. 그렇기에 여기에서는 전문적인 수련서를 표방하지 않고 풍류도에서 다루는 기초적인 수련 내용을 소개하는 데 치중하고자 한다.

풍류도 수련 내용을 간단히 요약하자면 크게 세 가지로 대별할 수 있다. 첫째는 입선立禪수련이다. 풍류도에서 제일 중요하게 다루는 분야인데 서서 하는 수련으로 자연과 합일을 추구한다. 이 수련을 통해 깨달음을 얻고 우주와 하나된 경지에 도달하도록 노력한다. 비록 문화적 표현은 다르지만 불교나 요가에서 지향하는 방향과 유사하다.

두 번째는 무예 수련이다. 화랑들의 풍류도는 나라를 지키는 엘리트 육성 교육이었다. 그러므로 무예가 아주 중요했다. 수렵 시대 이후 반정착 기마민족으로 살았던 고조선 시대에도 전쟁이 많고 무술은 아주 중요했다. 하지만 전쟁 양상이 완전히 바뀌어버린 현대에서는 무술이라는 게 아무 필요 없지 않을까. 크게는 그럴 것이다. 그렇지만 개인 호신이나 건강 차원에서 무술은 여전히 필요하다. 이런 것보다 아주 중요한 요소가 있는데 바로 기의 운용이다.

서양의 스포츠는 근육운동에 관심을 집중하지만 아시아의 무술은 기의 운용을 가장 중요하게 생각한다. 특히 풍류도는 더욱 그렇다. 기의 소통이 원활한 사람은 건강하고 기를 축적, 발산시킬 수 있으면 엄청난 힘을 토해낼 수 있다고 보기 때문이다.

그래서 세 번째는 기운용 수련이다. 풍류도의 가장 기초과정이고 밑바닥에 깔리는 기본개념이다. 처음 풍류도에 입문한 사람은 이 기운용 수련을 통해 기감을 느끼고 자연의 기운과 공조resonance를 통해 몸을 움직인다. 기운용이 원활해지면 바로 무예동작과 연결되어 폭발적인 힘과 동작을 연출해내고, 입선수련과 연결되면 하늘기운과 땅기운을 내 몸과 합치시켜 천지인 합일의 길로 들어선다.

1.2
이 시대에 고조선 수련법이 가지는 의미

    '고조선 유래 풍류도 수련을 왜 하는가' 하는 문제는 조금 풀어 쓰면 '현대인들이 옛사람들이 하던 풍류도 수련을 하면 무엇이 좋은가?' 하는 문제로 치환할 수 있을 것이다. 그러면 고조선 수련이 가진 독특한 특징과 장점들이 현대인들에게 어떤 영향을 주는가를 이야기함으로써 해답이 드러날 것으로 여겨진다.

    우선 이 시대 사람들이 즐기는 스포츠와 고조선 수련을 비교해 봄으로써 풍류도의 특징을 살펴보자. 현대 스포츠는 일단 재미있고 근육단련에 좋고 건강증진 효과도 좋다. 요즈음 젊은이들은 몸매 관리에 신경 쓰다 보니 소위 헬스라 하는 근육 키우기 운동도 많이 한다. 대부분 서양에서 유래한 이런 운동들은 우리나라에서 서양문물 도입과 함께 유행하고 있다. 눈여겨 보아야 할 점은 이들 운동의 바탕에 깔린 기본 철학이 고조선 수련법과 다르다는 것이다.

서구에서는 데카르트가 정신과 육체의 이원론적 구분을 지은 이래로 철저히 육체와 정신은 분리된 존재로 인식해 왔다. 운동은 곧 육체단련이다. 그래서 서양의학에서는 질병이 생기면 철저히 환부 치료에 집중한다. 그런데 한의학에서는 환부가 아닌 경혈이라는 엉뚱한 곳에 침을 놓아 치료하는가 하면, 무당들은 굿을 해서 환자를 치료한다고 한다.

왜 그런가? 아시아에서는 예로부터 영육을 분리되지 않는 일체로 보아왔기 때문이다. 허준이 지은 《동의보감》에서는 사람을 정기신精氣神의 합체로 보았다. 그래서 부족한 건 채워주고 넘치는 건 줄여서 조화와 균형을 맞추어 주면 몸이 낫는다고 보았다. 또 무당들은 흐트러진 신神을 바로잡아 정기精氣를 세워주는 일을 했다. 바로 여기서 풍류도가 현대 스포츠와 다른 특징이 드러난다.

즉, 고조선 수련 또는 풍류도는 육신 단련이나 무술의 고수에 주된 관심을 두는 것이 아니라 전혀 다른 것에 수련의 핵심을 두고 있다. 바로 우주와의 합일, 천지기운과의 조화와 운용이다. 앞에서 언급한 대로 아시아 전통 사상에서는 모든 분야에서 영육의 일체와 조화를 중요하게 여겼는데, 고조선 수련에서는 한 걸음 더 나아가 일체화된 영육이 우주 또는 천지기운과의 조화와 합체를 통해 자연스러운 삶을 사는 것을 수련의 주 목표로 삼아왔다. 좀 더 구체적으로 이야기해보면 다음과 같다.

한민족은 사실 다양한 피가 섞인 혼혈족이기는 하지만, 정신문화의 주류는 시베리아 바이칼호수에서 연원한 샤머니즘 전통이다. 그동안 수많은 탄압에도 불구하고 지금도 한국에는 무속인 협회에 등록한 무속인만 30만 명 수준이라고 하니 미루어 짐작할 수 있겠다. 중국에서 유명한 기공사들도 대부분 조선족이나 만주족이라고 한다. 한민족에게 밈meme이라고 하는 문화적 유전자가 다른 민족과는 다르다는 증거가 되겠다.

특히 한국 여성들의 영성은 아주 뛰어나다. 샤머니즘을 전혀 모르고 살았어도 유전자에 각인된 특성이 자신도 모르게 발현되곤 한다. 툭하면 이야기하는 할머니들의 태몽이 그런 예가 되겠다. 고조선 무술을 이야기한다면서 엉뚱한 무속 이야기를 꺼내는 이유가 있다. 바로 무속의 무巫자에 주목하기 때문이다.

무자는 하늘과 땅을 연결工하는 사람人이 서 있는 형상이다. 바로 천지기운과의 조화와 일치, 이것이 고조선 수련법인 풍류도의 수련 목표다. 하늘의 기운과 땅의 기운을 나에게로 끌어들여 내 몸에 안착시켜 자리잡게 하고, 나와 공명하여 일체화를 이룬 다음 내 몸의 움직임과 함께 품어내는 것이다.

인도 요가 전통에서는 이를 쿤달리니라고 불렀다. 수련을 통해 단전에서 잠자는 쿤달리니를 일깨워 척추를 타고 머리 위로 빠져나가게 하면 득도한 구루가 된다. 석가모니 불상에서 머리 뒤로 큰 원으로 펼쳐진 광배가 바로 이 경지를 표현한다. 동양에서는 지역과 민족에 따라 역사, 문화적 차이가 있긴 했지만 수련에서는 같은 지향점을 가지고 있음을 알 수 있다.

여기서 수련인이나 무당 모두 하늘기운 또는 영계靈界와 접하는 것은 같지만 다른 차이점도 있으므로 이를 명확히 구별해야겠다. 풍류도 또는 선도수련을 하는 사람들은 수련이 깊어짐에 따라 점차적으로 하늘기운과 연결된다. 즉, 스스로의 능력으로 영계를 드나들기 때문에 우주기운을 다룰 수 있고 신을 부릴 수 있다. 반면 현대판 무당들은 기도과정 속에서 또는 신靈이 선택해서 접신接神하는 경우가 대부분이다. 무당의 의사와 관계없이 신이 편한 사람을 골라 쓰기에, 무당은 신을 따라가는 상태가 된다 [고동영, 1995].

풍류도 수련을 하게 되면 본격적으로 접하는 것이 태공유수太空流水란 입선 자세다. 태공유수가 고조선 수련법의 처음이자 끝이고 거의 모든 것이라고 할 수 있다. 두 다리는 땅을 굳건히 딛어 올라오는 지기를 받아들이고, 두 팔은 태양을 향해 뻗고 두 눈은 태양을 지긋이 응시하면서 천지 기운을 받아들인다.

바로 이것이 무巫자의 표상이며 숨겨진 비밀이다. 하늘은 이 천지의 보물을 누구나 다 받아먹을 수 있게 온 천지에 뿌려준다. 그러나 이를 받아먹을 수 있는 사람은 극소수뿐이다. 왜 그런가? 바로 고통을 참아내야 하는 수련의 장벽 때문이다. 하늘에서는 누구에게나 천지의 보물을 비처럼 뿌려주지만 받는 사람들은 이에 합당한 지극정성을 보여야만 그 사람의 입안으로 보물이 들어온다.

모든 우주의 법칙은 이와 같다. 화학반응이 일어나기 위해서는 두 반응물질이 화학장벽chemical potential을 뛰어넘어야 한다. 건장한 젊은 청년들이 태공유수 수련을 하다 보면, 대부분 20분 정도 지나 근육들이 떨리기 시작하면서 고통을 느끼기 시작하고 40분 정도 경과하면 고통을 참지 못하고 대부분 포기해 버린다.

고통을 못 견디고 자세를 푼 사람들은 무리하게 참았다가 근육이 파열되는 등 몸이 망가질 것을 걱정한다. 하지만 여태까지 무리하게 참았다가 몸이 망가진 사람은 없었다. 태공유수 첫 단계를 통과하면서 알게 되는 비밀이 바로 '고통은 내 몸이 아니라 내 마음이 느끼는 것'이라는 깨달음이다.

옛날 진묵선사 같은 분들은 해 뜨는 새벽에 일어나 땅에 굳건히 두 다리를 딛고 온종일 태양을 응시하면서 해가 서녘에 떨어질 때까지 자세를 풀지 않았다는 전설이 전해진다. 귀가 먹어서도 음악을 했다는 베토벤은 '고통을 넘어서 환희로'라는 유명한 말을 남겼다. 적막 속에서 어느 순간 천상의 소리를 들었으리라. 태공유수 동작을 잡고 고통을 참고 또 참다 보면 어느 순간 엄청난 일이 일어난다. 바로 하늘이 내 지극정성을 받아주는 순간이다.

이는 기독교 신자들이 성령 체험하는 순간과 유사할 수 있겠다. 그들은 기도중 엄청난 하늘의 기운이 내 몸에 벼락 치듯 내리거나, 화사하고 따뜻한 기운이 온몸을 감싸면서 자신을 하늘로 고양시키는 체험을 하게 된다.

천지기운이 감응하면 고통은 사라지고 감격스러운 환희가 온몸을 충만하게 채운다. 이때부터는 하늘에서 단계적으로 내몸을 변화시키면서 나를 이끌어감을 느끼게 된다. 이 얼마나 감격적인 우주와의 만남인가. 이렇게 태공유수는 단순한 한 동작이아니라 그 안에 많은 비밀을 간직한 우주와 통하는 관문이다.

그러면 비슷한 종류의 수련법인 중국의 태극권이나 인도의 요가와 비교해 보자. 둘 다 외기공의 일종으로서 추구하는 바가 같다고 할 수 있다. 단지 문제라면 현대 사회에 뿌리내린 태극권이나 요가는 건강증진이라는 목표에 치중하다 보니 본질을 잃어버리고 운동의 일종으로 변질되어 버렸다는 점이다. 하지만 외국인은 받아들이지 않는 중국의 태극권 본가에서는 여전히 풍류도처럼 천지 기운의 조화와 운용을 추구하고 있다. 물론 인도 깊숙한 곳 상업화하지 않은 요가 아시람에서는 높은 경지의 수련을 이어가고 있을 것이다.

태극권의 본류인 진가태극권의 고급 동작에 들어가면 발경發經이라는 동작을 하게 된다. 몸에 축적한 우주의 기운을 한순간에 뽑아내는 동작이다. 이 발경 동작이 구전되고 과장되어 무협지와 영화에서 보는 멋진 장면이 연출된다. 고조선 무술에서는 태공유수로 천기와 지기를 내 몸에 받아들이고 연결한 다음, 춘하추동 다른 우주의 기운에 따라 다양한 무술동작을 하게 된다.

이를 통해 우주의 기운을 모으고 펼치고 뽑어내는 요령을 터득하게 된다. 그러면 점점 내 몸이 우주와 조화되고 일체화되면서 결국 우주와 합일되는 경지를 느끼게 된다. 이렇게 되면 바로 불경이나 도가道家에서 이야기하는 육신통이 하나씩 열리게 되는 경지를 경험하게 된다. 지하 수맥을 알게 되고 미래 일을 알게 되고 우주의 소리가 들리고 제3의 눈이 뜨이는 등의 일이 일어난다.

육신통은 현대인들에게는 거의 사라진 능력이기에 만화적인 이야기로 등장하지만 아직도 이런 능력의 일부를 가진 사람들이 존재한다. 무당 중에도 있고 영성수련하는 사람 중에도 있다. 일제 강점기 때 대둔산에서 주역 공부를 했던 이달이란 분은 일제 패망을 미리 알고 제자들을 이끌고 좋은 소식이 들리는 동네란 뜻을 가진 문경聞慶으로 가 해방이라는 좋은 소식을 들었다는 유명한 일화도 전해진다.

사실 현대는 과학기술이 발달하면서 사람들의 영성이 퇴화할 수밖에 없다. 옛날에는 멀리 떨어진 사람들과 연결하고픈 마음들이 애타게 작용해 천안통이나 천이통 같은 육신통이 발현될 수 있었지만, 지금은 보고 싶으면 기계를 이용해 영상 통화하면 되는 세상이 되었다. 의료기술이 발달해 수명이 연장되었고, 원자 이하 미시세계나 먼 우주의 모습도 영상으로 보고 이해하는 수준이 되었다. 이런 시대에 육신통으로 대표되는 인간의 능력 고양은 무슨 의미가 있을까? 이는 고조선 무술을 왜 하는가 하는 문제에 대한 결론이기도 하다.

첫째, 제일 중요한 것은 이 세상과 인간에 대한 인식 수준이 달라지고 이해 수준이 깊어진다는 점이다. 지금의 우리들에게는 내 주변의 모든 것들이 타자화他者化 되어있다. 그러기에 정복과 개척의 대상이기도 하다. 그런데 수련의 경지가 높아지면 나라는 인식이 내 몸에 국한되지 않고 우주로 열려있고 연결되어 있음을 알게 된다. 옛 분들이 이야기했던 대아大我가 바로 이런 경지다.

둘째, 이와 연계되어서 나의 능력이 고양된다. 우주와 내가 연결되어 있기에 육신통으로 대표되는 내 능력이 고양될 수밖에 없다. 우리는 이 세상을 공간이라는 삼차원으로 이해하고 있지만 현대과학에서는 시간이라는 한 축을 더해 사차원을 이야기한다. 즉, 시간은 왔다가 가는 것이 아니라 또 다른 시공간으로 펼쳐져 있다는 뜻이다. 내가 우주와 연결되어 있다면 이 시간 차원을 타고 다닐 수 있다. 바로 천안통이다. 무당이 손님의 과거를 콕 찍어내거나 예언가들이 미래 일들을 예측하는 것이 가능한 이유다.

셋째, 더불어 내 몸이 건강해진다. 내 몸이 우주와 조화되어 살기에 거침이 없고 장수를 누릴 수 있다. 넷째, 내 고양된 능력으로 주변 사람들을 도울 수 있다. 그러기에 이 세상을 건강하게 만드는 데 기여하게 된다.

이상의 이야기들은 말로 표현하기 힘든 내용들을 간략하게 짚은 것이고, 조심해야 할 사항들도 있지만 더 이상의 언급은 무협지 수준이 될 수 있으므로 삼가겠다.

마무리로 덧붙이자면, 영성수련에 관심 있는 사람들은 이런 이야기를 다른 여러 책들을 통해 반신반의하면서 꽤 접했을 것이다. 하지만 머리로 듣고 이해한 것은 진정한 내 것이 아니다. 직접 체험하고 온몸으로 받아들인 것만이 내 것이다. 수박 맛에 대해 아무리 열심히 설명을 들어도 내가 맛보지 않고서는 그 진정한 맛을 알겠는가.

역사의 험한 풍파 속에서도 옛 선현들이 고이 간직하고 전수해온 고조선 수련법을 현대의 우리가 전수받을 수 있다는 것은 엄청난 행운이다. 풍류도를 통해 단군 동굴 깊숙이 숨겨진 엄청난 비밀을 체득하는 분들이 많이 나오길 고대한다.

제2장

20세기 풍류도
계승자 원광스님

2.1
풍류도맥과 태백산중 수련기

산속에서 비전되면서 전해져 내려오던 풍류도를 20세기에 태백산 청운青雲선사에게서 전수받고 속세로 내려온 사람이 바로 원광圓光스님이다. 그림2.1이 60대 초반에 찍은 원광스님의 모습이다. 1947년에 태어나 2007년에 작고하였다.

스승인 청운선사는 속명이 박세영朴世永 1902년~1969년으로 고향은 평안도이다. 청운선사의 스승은 두몽頭夢선사다. 그런데 국선도의 창시자인 청산 고경민 선사도 청운선사의 제자인 것으로 알려져 있는데, 법명이 같을 뿐 서로 다른 인물이다. 청산거사의 스승은 속명이 이송운李松雲으로 경상도 안동 분으로 알려져 있다. 또 국선도 청운의 스승은 무운無雲으로 알려져 있어 원광스님 쪽과는 계보가 다른 것으로 여겨진다.

한편 기천氣天 창시자 박대양도 여러 스승에게 배웠지만, 청운에게 풍류도도 배웠으므로 기천 수련에는 풍류도와 유사한 점

40

그림2.1 (좌)누더기 장삼을 걸친 원광스님 모습
        (우)잡지에 소개된 스님 모습. 대금의 달인이기도 하다.

이 발견된다.

　원광스님의 본명은 손은식孫垠植이다. 은식 소년은 어릴 때부터 몸이 연약하고 병치레가 끊이지 않았다. 하여 소년의 어머니는 평소 존경하며 가까이 모시던 태백산 청운선사를 찾아 뵙고 병을 고칠 방도를 여쭈었다. 어머니 생각에는 남북한 간 전쟁 중에 민가에서 살기 어려울 것 같으니 깊은 산속 청운대사에게 맡겨 아들의 명을 잇고자 했다. 청운은 어머니께 이 아이는 부모가 걱정하는 대로 빨리 죽을 운이 아니고 스님과는 수 겁劫을 통하여 인연이 닿은 사이라서 여기까지 오게 된 것이라 하며 무술 이야기와 한국의 선도역사 등을 들려주었다.

아이가 학골 선풍에 기인의 형색이라 자신의 후계자로 키우 겠다고 하여 나이 5살 때 청운대사에게 맡겨진다. 어린 나이에 부모와 떨어져 살려니 너무 힘들어 한동안 울며불며 도망칠 궁리 만 했지만 달래고 얼르는 스님과 티격태격하며 하루하루 시간이 갔다. 원광이 이 시절을 회상하며 전해준 추억담을 들어보자 [한 명준, 2012].

'철부지 다섯 살에 엄마와 떨어져 산속에 들어왔으니 무섭고 두려워서 엄청 울었지. 처음엔 엄마를 찾아 도망갈 궁리만 했어. 그걸 훤히 아시는 청운대사는 밤에 잠잘 때 두 사람 발을 긴 끈으 로 묶어 놓았어. 스승이 잠든 것 같으면 몰래 끈을 조심스레 풀었 지. 그런데 희한하게도 거의 다 풀 때쯤이면 자고 있던 스님이 발 로 탁 걷어차서 물거품으로 만들어 버리시는 거야. 그러면 서러 워서 마구 울었지. 울다가 지쳐서 울음을 그치면 스님은 평안도 사투리로 퉁명스럽게 말씀하셨지.

"와 다 울었나? 더 울지 그래."
지금도 가끔 그때가 아련히 생각나.'

이때부터 청운과 산속에서 같이 생활하면서 15여 년을 고조 선 수련법인 풍류도를 체계적으로 배웠다. 열 살도 되지 않은 어 린 나이이니 온몸의 경혈들이 아직 닫히지 않아 기운을 받아들이는 것이 자연스러웠고 학습 속도도 엄청 빨랐다. 더구나 성장기를 온통 풍류도 수련에 몰두했으니 몸 자체가 풍류도에 적합한 체형으로 갖추어져 갔다.

입선 수련법부터 시작해 각종 무기류까지 청운이 두몽에게서 물려받은 풍류도의 모든 무예를 전수받았다. 청운의 동생은 백운선사로 계룡산에서 수도한 분이었는데 은식이 어느 정도 수준에 올라서자 특별과외라 할까, 계룡산으로 찾아가 이분에게서 수승화강의 묘법을 깨쳤다고 한다. 역행비수라고도 하는데 물고기가 폭포를 거슬러 올라가는 이치를 이른다.

청운은 무술에만 능통한 분이 아니고 사서삼경을 비롯한 동양고전, 외국어도 곧잘 구사하는 인텔리였던 것 같다. 1960년대에 일반인들에게는 힘들었던 해외 나들이때, 외국 무술협회의 초청으로 애송이 제자 원광을 데리고 다녔다. 그 스승에 그 제자라, 원광을 보면 속세에 나와 시서화와 악기를 배운 것 빼고는 특별히 교육받은 것도 없는데 다방면에서 상당한 수준을 겸비하였다. 청운에게서 어릴 때부터 교육받은 덕택이리라.

원광은 이렇게 어릴 때부터 풍류도를 체계적으로 배우다 보니 수련 진도가 상당히 빨랐다. 이 중에서 수련의 고급 과정을 거치면서 나타났던 몇 가지 대표적인 사례를 소개하고자 한다. 일반인들에게는 무협지나 판타지 소설 같은 인상을 줄 수 있겠지만, 누구나 긍정할 수 있는 초중급 과정에서 일어난 일들이야 굳이 여기서 서술할 필요가 없지 않겠는가.

우선 축지법 수련에 대한 이야기이다. 축지법은 풍류도나 다른 계통의 선가 수련이라도 십 년 이상 한 사람은 어느 정도 할수 있기에 먼저 소개한다.

은식이 12살이 되던 해 늦은 가을, 그러니까 풍류도를 배운지 칠 년이 지난 셈이다. 이전과 다름없이 입선의 일종인 태공유수 자세를 잡고 있었다. 한 2시간 정도 지났을까? 골반부터 발끝까지 기운이 차서 몸과 다리가 이리저리 꼬이며 각도를 조절하는데 급기야는 하단이 서서히 떨리기 시작했다.

점점 하단에 기운이 생기면서 골반, 무릎, 발목 근처에 힘이들어가고 갑자기 발목이 저절로 앞으로 밀렸다. 두 발이 절로 땅을 5~6센티미터쯤 파고 들어가다가 갑자기 몸이 빠른 속도로 팅겨져 나갔다.

그 순간 "멈춰라" 하는 소리가 귓가에 쩌렁쩌렁하게 들렸다. 사부님의 목소리였다. 은식이 '탁' 하며 멈추었는데 정신을 가다듬고 밑을 내려다보니 처음 자리에서 약 300미터쯤 밀려나와 높은 낭떠러지 앞에 멈춰 있었다. 청운선사가 매우 흡족한 표정으로 말했다.

"축지법에는 대축大縮과 소축小縮이 있는데, 오늘 그 중 소축이 나온 것이고 이것을 다른 말로 소진이라 한다. 소축은 미산으로 작게 빠져나가는 것이고 대궁은 태산으로 대축을 크게 빠져나가는 것이다. 소축은 나이 어린 사람에게만 나올 수 있다."

그날 밤 소년 은식은 하나의 지혜를 터득하였다는 기쁨에 흥이 절로 났다. 하나의 법을 깨달아 지혜가 열렸으니 그 감흥이야 말로 형용할 수 없는 것이리라.

이렇게 수련 중에 기운이 터져 나온다는 것은 그 수련자가 기의 세계에 들어가서 운용할 수 있는 능력이 생겼다는 징표다. 요즘 말로 기운용 면허증을 취득했다고 할까. 수련세계의 자격증을 획득하고 프로선수가 된 것이다.

이 현상에 대해 이해력을 좀 더 높이기 위해 이와 견줄 수 있는 자연계의 법칙을 하나 살펴보자. 물리법칙이나 수련계의 기운용 법칙이나 자연계에서 일어나는 일이니 동일한 법칙이 적용된다.

핵분열반응을 들여다보자. 우라늄$^{U-235}$ 원자가 중성자와 충돌하면 원자핵이 쪼개지면서 핵분열반응이 일어난다. 그런데 실제 자연계에서는 우라늄 원자가 띄엄띄엄 존재하고 중성자도 산발적으로 날아온다. 그래서 평시에도 자연에서는 핵분열 반응이 극미 세계인 원자 차원에서 가끔 일어나지만 곧 소멸되고 만다. 그런데 사람이 우라늄 원자를 농축과정을 통해 한 곳에 집적시키고 중성자도 집중시켜 충돌시키면 핵분열반응이 연쇄적으로 증강되면서 폭발적으로 일어난다.

물리학에서는 이 현상을 프랑스어로 눈사태를 뜻하는 아발랑세avalanche라고 한다. 산에 눈이 많이 쌓이면 어느 순간 작은 눈 하나가 더 내려 그 무게를 견디어내지 못하고 폭발적으로 눈이 무너져 버리는 현상에 빗댄 것이다. 이렇게 폭발적인 현상이 일어날 수 있는 우라늄의 밀도와 무게, 중성자의 수 등을 임계치 critical value라고 한다. 원자력발전이나 핵폭탄은 바로 이 임계치를 넘겨야 가능하다.

수련도 이와 똑같다. 우라늄 원자를 땅의 기운에 중성자를 하늘기운에 빗대어 보면, 수련자가 몸 안에 이 하늘기운과 땅기운을 피나는 노력으로 집적시켜 임계치에 도달하면 순간적으로 기운이 폭발하면서 에너지가 넘쳐 몸이 뛰쳐나가게 된다. 원광은 바로 이 상태를 경험한 것이다. 새로운 세계가 열렸으니 얼마나 기쁘겠는가.

그날 이후로 축지법 수련이 시작되었다. 바로 원을 그리면서 궁보를 걷는 것이다. 그것을 팔보궁천八步弓天이라 한다.

"팔보궁천은 처음에 뒷짐을 지고 원으로 궁보를 걷는 연습을 한다. 이렇게 3일을 연습하고 다음 3일은 뒤통수에 깍지를 끼고 궁보 연습을 한다. 다음 3일은 양팔을 휘저으며 궁보 연습을 하는데 각 300번씩 900번을 걸은 다음 나머지 100보는 비보飛步로 걸으면서 몸을 뱅뱅 돌리고 원을 그리면서 원 속에서 또다시 원을 그린다. 이것이 횡보횡천橫步橫天이다. 이것이 원형반정圓形反精도 되는 것이다."

"궁보 자세로 걸을 때는 오른발을 두 보 정도 간격으로 걷되

다만 걸음의 보폭은 마치 황새의 다리가 찢어질 정도로 최대한 넓혀서 걸어야 한다. 앞뒤로 일곱 번 내지 여덟 번 정도를 왔다 갔다 하면 뒤꿈치가 시큰거리고 양발에 가랫톳이 설 수도 있다. 20일 정도를 계속하다 보면 걸음이 조금 빨라지니 그때는 궁보弓步로 원을 그리며 가운데에 점을 긋고 걸어가는 연습을 한다. 한두 시간 정도 하면 약간 통증이 올 것이나 서산에 해가 떨어질 때까지 하면 단전에 기운이 다시 올라오는 것을 느끼며 그렇게 힘든 줄도 모를 것이다."

팔보궁천에 대한 설명을 들은 소년 은식은 서산에 해가 떨어질 때까지 구슬땀을 흘리며 팔보궁천을 연마하니 걸음걸이가 가벼워졌다. 이것이 바로 경공술이며 축지법의 원리이다.

이상이 축지법 수련 방법이고 실제 축지법은 우선 첫째, 중봉을 잡고 일보세一步勢 혹은 발의 간격이 어깨보다 넓은 소금보小金步로 벌린 후 발이 튕겨 나가듯 일자로 평형을 유지하며 산등성이를 타고 찔러 나가는 방법이 있다. 또 둘째, 장봉을 가지고 땅을 앞으로 찍어 달리면서 회전 낙법으로 몸을 돌려서 파파박 허공을 차고 나르는 방법도 있다. 원광스님의 제자들 중 이 단계까지 배운 사람이 있다.

세 번째는 옆으로 회오리바람이 돌듯이 휙 돌아 허공을 돌려치며 날아가듯이 하는 법이 있다. 이것은 물론 태공유수를 통해 수련의 수준이 높은 단계에 도달해야만 가능하지만 어려서부터 선천적으로 타고난 몸이라야 비술飛術을 배워도 터득할 수 있다고 하는데 아쉽게도 이 단계에 도달한 제자는 아직 없다.

본격적인 풍류도 무예수련의 특징은 한 동작을 끝없이 반복해서 새로운 경지를 스스로 알아채게 한다는 점이다. 보통 한 동작을 한나절 한다.

봉술에 대해서는 일가견을 가진 무술인들이 많지만 청운선사는 이론적인 설명보다는 끝없는 반복으로 제자가 깨닫게 하였다. 은식이 열다섯 살이 되자 신체에 제법 근육이 붙어 무술인의 풍채가 풍겨나오기 시작하였다. 어느 함박눈이 펑펑 내리던 날, 청운선사가 은식을 불러 장봉을 들고 마당 한가운데로 서라 하더니,

"지금부터 장봉을 돌려라. 지금 내리는 눈이 석양이 질 때쯤이면 네 무릎 위까지 쌓일 것이다. 그러나 장봉을 계속 돌리면 네 무릎까지 눈이 쌓이지 않을 것이니, 지금부터 장봉을 석양이 질 때까지 쉼 없이 돌려라. 네 무릎까지 눈이 쌓이면 실패다."

이 말을 들은 은식은 서서히 봉을 돌리기 시작하였다. 처음에는 봉이 잘 돌아갔으나 시간이 흐르면 흐를수록 점점 힘이 들었다. 팔과 손가락의 고통을 참아가며 악으로 버티며 계속 돌리니 나중에는 저절로 돌아가듯 팔에 중력을 전혀 못 느끼며 내리는 눈송이 하나 하나를 맞추고 돌아가는 것을 체득하였다. 봉 끝에

눈송이의 가벼운 무게를 느낄 수 있었으니, 나의 팔이 봉을 돌려 눈송이를 맞추는 것이 아니라 봉이 저절로 눈송이를 따라 맞추는 것이었다.

이때 원광은 '봉술이 투명하다' 라는 말을 실감했다고 한다. 우리도 현실에서 선풍기 날개나 프로펠러가 돌아갈 때 점점 속도가 빨라지면 날개나 프로펠러가 보이지 않고 반대편 풍광이 반투명으로 보이는 현상을 경험한다. 봉을 얼마나 빨리 돌렸으면 투명한 경지를 터득했을까. 필자가 해본 바로는 십 분만 돌려도 팔과 손가락이 떨어져 나갈 듯 아프기 시작하고 속도를 내려고 욕심을 부릴수록 봉을 쉽게 놓치게 되니 봉이 투명해지는 경지 근처에도 가보지 못했다.

하지만 이절봉 같은 무기류는 가능하다. 시간을 잊고 돌리다 보면 새로운 경지가 열린다. 마치 돌리는 물체 자체가 생명력을 지닌 듯 내가 의념을 내면 그에 따라 물체가 움직인다. 이 현상을 자석 운동에 대입해 설명해볼 수 있다. 자석을 빠른 속도로 원운동을 시키면 전기가 생성되고 자장이 퍼지면서 물체가 움직여질 수가 있다. 마찬가지로 빠른 속도로 계속 봉을 돌리다 보면 기장이 형성되고 새로운 기운이 그 속에서 생성되면서 의념에 따라 기운과 봉이 따라 움직이게 된다. 거대한 태풍의 회오리 바람을 연상해 보라. 자연계에서도 이런 이치를 찾아낼 수 있다.

아무튼 장봉을 어느 정도 다룰 수 있게 되자, 다음 단계는 소학봉이었다. 장봉을 땅에 대고 거꾸로 짚어서 두 팔로 중심을 잡고 5분 정도 서 있을 정도가 됐을 때 비로소 중봉으로 소학봉을 배울 수 있는 자격이 되니 이를 연마하여야 하였다. 은식은 스승이 일러준 대로 수없이 시도해도 몇 초 만에 무너져 버렸다. 포기하지 않고 되풀이하여 하세월 연습하니, 땅과 봉과 내가 대화를 하며 일체감을 느끼게 되었다. 1년 6개월쯤 되어서야 장봉을 짚고 5분 정도 서 있을 수 있게 되었다. 청운은 만족스런 미소를 띠며 소학봉 3초식을 전수해 주었다. 소학봉에는 1식부터 8식까지 있는데 1식은 3초식으로 구성되어 있다.

원광스님이 이 때를 회상하며 남긴 회고담이 있다 [한명준, 2012].

"무술은 어렵고 어려운 가운데 고통과 고통 속에 배워야 하는데 요즘 사람들은 너무나 쉽게 그 재주만을 배우려는 데서 참다운 가치를 못 느끼게 된다. 무술에서 가장 중요한 것은 기본동작을 반복 숙달하는 데서 바른 힘과 바른 원력이 생기는 것이다. 봉술을 배울 적에 오른쪽 어깨가 움직일 수 없이 아픈 적이 있었는데 사부님께서는 잠을 잘 적에 새벽닭이 울 때까지 오른쪽 팔을 하늘로 뻗어 놓은 상태에서 잠을 자고 나면 낫는다는 말씀에 팔을 들어 뻗고 잠이 들었다.

다음날 눈을 뜨니 오른쪽 어깨는 씻은 듯이 나아 있었다. 이상하여 눈을 떠 정신을 차리고 보니 사부님께서는 실을 여러 겹으로 새끼를 꼬아 오른쪽 팔목과 문고리 사이에 연결하여 내가 잠이 들어 팔이 내려 가니 묶어 놓으셨던 것이다. 참으로 감사한 마음과 스승님의 한없는 깊은 고마움에 가슴이 메어올 정도였다. 그야말로 무술 연마에 고통과 인내의 나날이었으며 무술은 항상 깊은 내공과도 밀접히 연결된다."

원광이 열댓 살이 되었을 때, 청운을 따라 중국무술대회에 참가했다. 이때 중국이란 대만을 의미한다. 청운이 대회장에 올라서는 원광에게 조용히 일렀다.

"너무 전력을 다해 임하지 마라. 다칠 수도 있고 너무 주목받게 되는 것도 좋지 않다. 주최측 체면도 고려해야 한다. 중국 무술은 어떤지 부딪혀보는 수준으로만 해라."

그래서 가벼운 마음으로 임한 대회라 격렬하게 나가지 않고 요리조리 빠져 달아나기 위주로 작전을 펼쳤는데, 상대편에서는 원광을 잡지 못해 안달했다. 한국 무술 시연도 보여달라고 해서 칠편을 선보였는데 무수히 이어지는 수에 모두 탄복했다고 한다. 칠편이란 막대기형 쇳조각 일곱 편을 이어 붙인 것으로 그림5.11에 칠편 시연 모습을 실었다. 옛날 고조선 시대 치우천황이 12절편을 휘둘러 용맹을 떨쳤다고 한다. 아마도 말을 타고 휘두르는 무기였기에 길이가 더 긴 12절편을 사용했을 것이다.

풍문으로 청운에 대해서 들은 사람들이 가끔 태백산으로 찾아오곤 했는데, 봉우 권태훈도 청년기에 와서 배웠고 레슬러 천규덕, 장영철도 와서 배웠다고 한다. 가끔은 꼬마 선생으로 원광이 무술을 가르치기도 했었는데 천하장사임을 스스로 자임하는 레슬러들이라 원광을 우습게 본 모양이다. 산중생활에 필요한 생활용품들을 사러 같이 산을 내려왔을 때 결국 시비가 붙었다. 고수들의 싸움은 덩치나 힘만으로 되지 않는 법, 오히려 원광에게 크게 당하고 주변 사람들의 신고로 파출소까지 같이 끌려가 파출소 역사에 별난 사건으로 기록을 남겼다고 한다.

앞에서 원광이 12살 때, 태공유수 수련을 하면서 기운이 임계치를 넘어 폭발적으로 발경하면서 축지법을 경험한 이야기를 했다. 기공이나 무술 세계에서 이런 경지는 최고수의 경지로 본다.

풍류도에서는 이후에도 더 많은 단계를 거쳐야 한다. 이제는 기운을 회돌이 치면서 음과 양을 오가고 물과 불을 운용하고 땅과 하늘을 오가는 등 뫼비우스의 띠처럼 기를 운용하는 단계에 들어가야 한다. 원광의 이 단계 수련기를 살펴보자.

원광이 19살 때 아버지가 돌아가셨다. 이때를 계기로 어머니에게 효도도 할 겸 속세와 태백산을 오가며 수련을 했다. 젊은 혈기가 넘치다 보니 눈에 보이는 무술 도장이 있으면 찾아 들어가 대결을 신청했다. 그 도장의 최고수가 원광에게 무참히 깨지고 나면 대부분은 도장 간판을 내리게 된다. 이런 재미로 곳곳을 찾아다녔다. 또한 깡패들이나 야바위꾼들이 서민들을 괴롭히면 참지 못하고 판을 뒤집었다. 그런데 이런 행동은 상당히 위험했다.

그들은 대부분 흉기를 소지하고 있다가 급하면 꺼내 휘둘렀기 때문이다. 이런 풍문이 들리자 청운선사가 급히 원광을 태백산으로 불러들였다. 마당에 큰 독이 놓여 있었다. 속세에서의 원광의 경솔한 행동을 크게 꾸짖은 다음 청운이 진중하게 선언했다.

"세상에 대한 자신이 생겼다고 그렇게 함부로 설쳐서는 안 된다. 더 무겁고 진중해야 한다. 꼭 필요할 때에만 강하게 압도적으로 펼쳐야 한다. 그러기 위해 이제 너는 한 단계 더 치솟아야 한다. 그래야 천지를 알고 인간 세상을 알게 된다. 여기에 큰 벼랑이 있다. 이 벼랑을 타고 올라가라. 내공이 부족하면 벼랑 아래로 떨어진다. 그 벼랑이 바로 이 장독이다. 이 독에는 방어진이 쳐져 있다. 이 독을 스스로 깨고 나와야 한다. 깨지 못하면 음기들이 너를 옭아매어 죽음에까지 이를 수도 있다.

원래 다음 단계로 가기 위해서는 시간은 많이 걸리지만 더 안전한 길도 있다. 하지만 우리에게는 시간이 별로 없고 네가 하도 세상을 휘젓고 다녀 이 방법을 택할 수밖에 없다. 이제 장독 안으로 들어가라. 안에서 태공유수 자세를 잡아라. 천기와 지기를 끌어당기고 회돌이 쳐서 장독을 깨고 나와라."

때는 한겨울이었다. 장독 안으로 들어가니 냉기가 뼈를 파고들었다. 이에 질 수 없으니 이를 악물고 입선자세를 취했다. 조금 있으니 서산에 해가 기울면서 점점 더 산 추위가 독 주변을 휘감

제2장 20세기 풍류도 계승자 원광스님

아 오기 시작했다. 추위에 질 수 없었다. 여기서 지면 장독 안에서 얼어죽게 된다. 이럴 때는 자세를 더 낮게 잡아야 한다. 자세를 바짝 낮춰 잡고 발 뒤축도 들었다. 이러면 극도로 힘든 자세가 된다. 추위와 정면승부인 셈이다. 힘들수록 몸은 더 격렬하게 반응한다. 온몸에 총동원령이 내려져 상황에 대처하려고 한다.

처음에는 다리 근육들이 떨려오기 시작하다가 종국에는 온몸이 떨리며 고통이 엄습한다. 이 고통을 참아내고 또 참아내면 서서히 온몸에서 열기가 퍼져나가기 시작한다. 그러면 추위와 고통을 잊어버리고 천천히 천지와 조우하기 시작한다. 원광스님의 제자들 중에서도 스님의 이런 수련담을 배워 눈이 오나 비가 오나 사시사철 짧은 반바지 정도만 입고 맨발로 반나절 이상 태공유수를 수련하는 고수들이 있다. 원광의 일화가 누구나 열심히만 하면 어느 정도는 체득 가능한 수련이라는 증거가 되겠다.

장독에서 자세를 취한 지 몇 시간이 흘렀는지, 새벽 공기가 서서히 스며들기 시작했다. 그러자 원광의 몸도 뜨겁게 감싸던 기운이 사라지면서 어느 순간 시원하고 서늘한 기운이 온몸을 타고 흐르기 시작했다. 그러면서도 춥지는 않았다. 시원한 기운이 한 바퀴 돌고 나자 이번에는 다시 따뜻한 기운이 온몸에 퍼지기 시작했다. 이렇게 뜨겁고 차가운 기운이 교대로 온몸을 감싸더니 돌아가는 주기가 점점 빨라지기 시작했다. 마치 태풍 같은 회오리 바람이 몰아치듯 거친 격랑에 몸이 휩싸이더니 원광이 악 소리를 지르며 몸을 튕겼다. 그러자 장독이 와장창 깨져 나갔다. 드디어 음양의 회돌이 기운용을 득파하고 풍류도의 고수 경지에 올라선 것이다.

자연에서도 이런 현상을 관찰할 수 있다. 예로 금속 솥에 물을 넣고 솥 전체를 꽁꽁 얼려보자. 다음으로는 언 솥 전체를 급속히 뜨거운 불 속에 넣어 버리자. 큰 온도 차이 때문에 솥이 요동치게 되고 물이 끓으면 다시 꺼내 차가운 곳에 넣고 꽁꽁 얼린다. 이 과정을 몇 번만 반복하면 솥이 터져 버린다. 아무리 강한 금속이라도 내구성의 한계가 무너지면서 터져 나간다.

그래서 혹독한 기후조건에서 교량이나 건축물을 설계할 때는 재질의 내구성, 피로도의 한계를 점검하는 일이 공학적으로 중요하다. 이와같이 기운용 수련이 경지에 도달하면 인체 내부에서 기운을 변화시키고 상반되는 기운을 돌려 외부 조건을 타파해 나갈 수 있는 능력이 생겨난다.

청운선사가 방문을 열고 흐뭇한 미소를 지으며 다가왔다.

"이제 너는 풍류도 주맥에 들어섰다. 풍류도 맥을 이을만하다. 지금부터는 세상이 다르게 보일 것이고 너의 행동도 달라질 것이다. 그러나 이게 끝이 아니다. 아직도 가야 할 길이 멀고 멀다. 이제부터는 너 혼자 이 길을 개척해 가야 한다. 알겠느냐."

"예, 사부님 말씀 명심하고 가슴에 새기고 살겠습니다."

이 단계에 접어들면 춥고 더운 것에 전혀 신경쓰지 않는다.

즉, 추위나 더위를 타지 않고 몸이 스스로 주위 환경에 맞추어 조절한다. 그래서 원광스님은 여름이나 겨울이나 누더기 장삼 한 벌 걸치고 다녔다. 우리 역사에서 이런 분들이 꽤 있었다. 가장 유명한 설화의 주인공은 아마도 풍류도인이었던 사명당일 것이다. 잘 알려진 사명당 일화를 살펴보자.

사명당이 임진왜란 말기인 1604년 국서를 들고 일본에 파견되어 쇼군將軍인 도쿠가와 이에야스德川家康를 만나 종전 협상을 잘 마무리하고 포로로 끌려갔던 조선인 3000여 명을 데리고 이듬해 돌아온 것은 역사적 기록으로 전해진다. 그런데 이때의 야사도 있다. 사명당이 종전 협상을 위해 일본에 도착하자 일본인들은 여러 가지로 사명대사를 골탕 먹이기 시작했다. 사명당이 침소에 들어가자 손님을 위한답시고 마구 군불을 때기 시작해 방바닥이 미친 듯이 뜨거워지기 시작했다.

사명당은 '나를 시험해보기로 이놈들이 작정했구나' 하면서 얼음 빙氷자와 겨울 동冬를 쓴 부적을 천장과 벽에다 붙여놓고 좌선에 들었다. 뜨거워서 사명당이 뛰쳐나오길 기다리던 일본인들은 기다리다 지쳐 잠이 들었고 다음 날 아침이 되자 죽었나 싶어 방을 열었더니 스님은 좌선한 자세 그대로 깊은 명상에 잠겨 있더라는 이야기다. 이 야사를 그대로 믿는다면 사명당은 주위 환경변화에 대처해 자신과 주변을 마음대로 조절할 수 있는 경지에 도달했음을 알 수 있다.

하지만 이 일화를 비판적인 시각으로 분석해 보고 싶다. 알다시피 일본은 지진이 심해 한국처럼 온돌 난방 문화가 없다. 만약 온돌을 설치했다면 툭 하면 방구들이 갈라져 연기가 방안에 퍼져 나갈 것이다. 그래서 일본에서는 겨울에 방 한가운데 숯불 난로를 피워놓고 추위를 견딘다. 조금 더 보태면 보온 물주머니를 담요에 싸서 이불속에 넣고 밤을 보낸다.

이런 일본 생활 풍습을 고려해보면, 이 이야기는 사명대사가 대단했다는 걸 말하고 싶었던 백성들 사이에서 유사한 사건들이 뒤섞이면서 만들어진 이야기가 아닐까. 생각해 보라. 일본에 포로로 끌려갔던 조선인들이 적지에서 사명대사를 만나 고국으로 돌아오게 되었으니 먼발치에서 그분의 옷깃만 보여도 얼마나 감격스럽겠는가. 또 고국에서 포로들이 귀환해 재회하게 된 가족들을 생각해 보라. 그들에게는 사명대사의 일거수일투족이 모두 영웅적인 설화가 되었을 것이다. 그래서 사명대사의 이 일화는 일본이 아니라 한국에서 일어났던 일이 일본방문 건과 겹치면서 와전된 것이 아닌가 여겨진다. 또한 사명당 말고도 이런 유사한 설화를 남긴 선인들이 있기 때문에 설화들이 뒤섞이면서 만들어진 이야기라고 유추해 본다.

그런데 뜨거운 방에서 견디는 것은 선도수련을 하다보면 어느 정도는 가능한 것 같다. 필자도 어느 날 단체로 민박을 하게 되었는데 추운 겨울이라 주인이 온돌을 엄청 뜨겁게 달구었다. 불이 들어가는 방구들이 얇아서인지 불이 들어가는 입구 부분이 너무 뜨거워 주인이 큰 칠성판 같은 철판을 깔아놓았다. 그런데 그 자리에 갔던 사람들은 모두 일 분 이상을 견디지 못하고 가장 자리로 도망쳤다.

방이 비좁다 보니 나중에는 내가 자원해서 그 자리로 가게 되었다. 나에게는 뜨겁기는 했으나 견딜만한 수준이었고 사우나탕보다 더 참을 만했다. 두꺼운 요를 깔고 수련하는 기분으로 밤을 보냈다. 단지 걱정스러운 점은 요가 타지 않을까 하는 것이었다.

다음 날 아침에 보니 요 밑바닥이 약간 노르스름해지기는 했다. 이후로 모두들 나를 보고 도사님이라고 칭했다. 사실 동행했던 일행들은 의식하지 못했지만 조금 숨겨진 사연이 있기는 하다. 방구들이 엄청나게 뜨거웠던 건 먼저 사람들이 올라앉았던 그 시간대였고, 내가 누워 잠을 청한 때는 장작을 더이상 때지 않아 서서히 온도가 내려가고 있었다. 물론 여전히 뜨겁기는 했지만. 반대로 한겨울 맹추위에서도 얼음같이 차가운 방에서 지내는 것도 가능하다. 원광스님도 겨울에 난방을 하지 않은 방에서 지냈고, 내가 만나본 강원도 점봉산에서 수련하는 스님도 한겨울에 눈이 천지를 덮으면 불 없는 암자에서 그렇게 지낸다고 하였다. 한국 깊은 산속 곳곳에는 숨어 사는 도인들이 꽤 있다.

청운선사는 아시아 무술계에서 은둔의 고수로 알려져, 대만이나 일본에서 한 번씩 초청을 했다. 그러면 스승을 따라 원광도 외국 무술계를 경험했다. 이때 청운은 주로 어린 제자 원광에게 무술 시범을 보이게 했다. 원광이 15살 때 대만을 방문한 건은 앞에서 언급한 바 있고, 19살 때 일본 무술도장을 방문했었다. 이때에는 특이하게도 쇠로 만든 여의봉을 들고 갔다. 공항 검색대를 어떻게 통과했는지 의아하지만 사전에 일본 측과 교감이 있었다면 가능했으리라. 아마도 한일국교정상화가 이루어진 직후일 것이다. 원광은 청운선사와 같이 일본 유명 무술단체인 다끼와파를 방문하였다. 원광이 무게 10kg짜리 여의봉으로 시연을 펼쳤다. 10kg 무기는 중량감이 상당하다. 자연히 검에 비해 속도가 떨어질 수밖에 없다. 이 까닭에 일본 측에서 여의봉의 실전에서의 효용에 대해 의문을 제기했다. 논란 끝에 검과 대결을 벌여보기로 했다.

다음 날 이 도장의 제자와 원광이 무술시합을 벌였다. 상대는 무사 7단으로 일본도를 들고나왔다. 친선시합인 만큼 아마도 진검은 아니고 날을 세우지 않은 가검이었을 것이다. 원광은 무쇠로 만든 여의봉을 들었다. 겉으로 보기에 시합 결과가 뻔히 예상되는 그림이었다. 일본 검도는 수백 년 내전 동안 갈고 닦은 실전으로 세계 최강인 데다, 검이 가벼우니 사무라이의 몸놀림이 가볍고 재빠르다. 반면 여의봉은 상대적으로 무겁고 몸동작이 둔할 것이니 원광에게 불리했다.

보통 검도대회에서는 4, 5단이 우승을 한다. 이들은 대체로 젊어 힘이 좋은 데다가 기량도 절정에 달한다. 더 높은 고단자들은 이들보다 노련하나 지구력이 떨어진다. 바둑에서는 9단이 최고 경지이지만 보통 무술에서는 7단 이상은 명예직이다. 제자들이 4, 5단이 되면 스승은 더 높은 품계를 가지게 하려는 제도이다. 그런데 검도 7단이 나섰다는 건 일본 측에서 나름 고민한 책략인데, 조선에서 온 무사가 도대체 어떤 무술을 쓸지 알 수 없으니 다양한 상황에서 대국 경험을 가져서 임기응변에 능한 고참이 나선 것이다.

시합이 시작되자 서로 천천히 돌면서 탐색전을 벌이다가 일본 무사가 가볍게 전진 후퇴 동작을 반복했다. 원광의 몸놀림과 반응을 점검하는 모양이었다. 어제 여의봉을 휘두르는 대강의 동작은 보았고 속도가 느려 많은 허점이 보였지만 그래도 노련한 무사답게 불의의 강수에 대비해 섣불리 덤벼들지 않았다. 이런 무술 대결에서는 중국, 일본, 한국의 무술 특징이 뚜렷하게 드러난다.

중국무술은 화려한 몸놀림이 특징이다. 전후좌우 앞뒤 회전으로 현란하게 움직이는 모습을 보여준다. 가히 예술의 경지에까지 도달한 수준이다. 이에 반해 일본의 무술은 단순명쾌하다. 오랜 세월 동안 지방 호족세력들 간의 내전으로 전쟁이 끊이지 않았기에 군더더기 동작들은 과감히 생략한 채 오직 죽느냐 사느냐 번개같이 빠른 동작으로 승부를 결정짓는 필살기를 특징으로 한다. 그러기에 빠른 전·후진 동작만을 보여준다.

한국의 무술이라고 뚜렷하게 드러나는 특징이 이때까지 없었다. 조선시대 이래로 무인 억제 정책으로 인해 무술이 급격히 쇠퇴해 전설적인 야사만 존재하는 수준이었다. 그런 한국의 무술이 일본도장을 찾아간 것이다.

그런데 여의봉은 일본 검법과는 정반대로 운용을 한다. 여의봉은 휘감아 돌아치는 팔자 운행을 주로 한다. 보법도 직선이 아니라 전후좌우 회전을 수시로 섞어 넣는다. 정반대의 운용을 보여주는 이질적인 두 무술이 맞부딪친 것이다. 아마도 원광이 칼을 들었다면 일본 무사는 이렇게 긴 탐색전을 펼치지 않았을 것이다. 칼로 일생을 살아온 사람일 터이니 넘치는 자신감으로 초장에 밀어부쳐 승부를 보려 했을 것이다.

원광은 여의봉을 앞으로 내민 채 가볍게 제자리에서 약간 웅크린 자세로 무사의 눈만 응시하며 조금씩 방향만 상대 움직임에 따라 움직였다. 고수와 무술 시합을 하면 원광은 대부분 초장 일격으로 승부를 결정짓는다. 그런데 일본도장에서는 두 사람이 상당히 떨어진 거리에서 시합을 시작하기에 초장 탐색전이 길게 전개되었다. 이제 일본 무사는 감을 잡고 승부를 결정짓기로 작정한 모양이었다. 무사의 움직임이 커지면서 갑자기 앞으로 쑥 찌르고 나왔다. 워낙 빠른 동작이라 원광은 몸을 뒤로 빼지 못하고, 몸을 누이며 비틀어 칼을 피했다. 바로 이때, 원광이 등을 보이며 바닥에 바짝 주저앉은 자세라 온몸이 허점으로 보였다. 이 틈을 놓칠세라, 무사가 뻗었던 칼을 관성을 이용해 그대로 앞으로 쳐 올리며 공중으로 뛰어올라 번개같이 아래로 내리그으며 들어왔다. 찰나에 원광은 몸을 그대로 주저앉은 채로 여의봉을 쑥 내밀며 칼을 맞받았다. 회전하던 여의봉이 갑자기 원광 몸속을 관통해 나오듯이 겨드랑이 사이로 쑥 직선으로 튀어나왔다. 두 무기가 강하게 부딪치며 불꽃이 튀고 일본도가 떨어져 버렸다. 원광은 더 이상 공격 동작을 하지 않았다. 단 한 번 강한 충돌로 승패가 결정 났다. 10kg짜리 여의봉은 제3자가 보기에 무겁고 둔탁해 보이지만, 원광은 매일 이것을 팔다리 어깨로 돌려가며 가지고 논 상태라 자유자재로 동작을 구현할 수 있었다.

　자존심이 상한 일본 도장 측에서 며칠 후 두 번째 대결을 신청해 왔다. 상대는 이전보다 훨씬 더 고수임이 분명하였다. 일본 측 상대는 여의봉으로 맞았을 때 당할 충격에 대비해 머리에 오토바이용 헬멧을 쓰고 나왔다. 일반적인 검도용 보호구로는 머리를 보호할 수 없다고 판단한 모양이었다. 아마도 여의봉 기법에 대한 대책도 세웠을 것이다. 이에 청운도 다른 작전으로 일본 검을 상대하기 위해 가벼운 여의봉을 원광에게 들게 했다. 상대가 회전무술의 허점을 공부하고 그 순간을 놓치지 않고 아주 빠르게 치고 들어오는 전략을 구사하면, 무거운 여의봉으로는 행동반경이 작고 수세적 입장이 되어 시간이 갈수록 상대에게 더 유리해지리라는 판단에서 였다. 이전보다 더 날렵하게, 여의봉이 눈에 보이지 않을 정도로 빠르게 돌아가며 치고 나가는 전법을 구사할 작전이었다. 드디어 시합 개시!

　상대는 역시나 가볍게 앞뒤로 스텝을 밟으며 칼을 위아래 좌우로 움직이면서 원광의 반응 태세를 점검했다. 원광은 처음에

창을 든 자세처럼 여의봉을 길게 꼬나잡고 가볍게 앞뒤로 일본 무사의 스텝에 맞추어 같이 움직였다. 어느 순간 무사가 크게 공격해 들어오면 맞받아치면서 승부를 결정지을 요량이었다. 하지만 상대가 워낙 신중한지라 유인작전이 필요했다. 원광이 일순간 작전 지시를 받으려는 듯 청운을 흘낏 쳐다봤다. 이때다. 하수는 상대방 무기의 움직임을 따라가고, 중수는 무기를 든 팔을 보고, 고수는 상대방의 눈을 본다. 눈을 통해 상대방의 의도까지 미리 꿰뚫는다. 눈길을 놓친 하수를 향해 무사는 질풍노도처럼 기합을 내지르며 검을 직선으로 쑥 들이밀었다.

하지만 이는 원광이 의도했던 바다. 똑바로 쳐다보지 않아도 움직임을 읽고 있었다. 장님 무사가 결투를 하는 무협영화가 꽤 있지 않은가. 시력을 잃어도 다른 육감이 발달하면서 이를 보완해 준다. 원광은 어릴 때부터 온갖 공력을 닦아오지 않았던가. 칼이 거의 원광의 가슴을 스치며 지나가는데, 원광은 몸을 사선으로 비껴 틀며 여의봉으로 칼을 교차시키며 막았다. 여의봉이 칼등을 타격하여 상대는 칼을 놓치고 전해진 진동의 고통에 손을 부여잡았다. 하지만 다시 재도전, 여의봉이 칼과 다르다는 점과 원광의 수준이 예사롭지 않다는 것을 비로소 실감한 듯했다.

2회전에 접어들자 원광이 다른 술법을 쓰기 시작했다. 갑자기 여의봉을 여덟 팔자로 빠르게 휘두르며 전진해 들어갔다. 마치 프로펠러 비행기가 전진해 오듯 여의봉은 보이지 않고 붕붕거리며 돌아가는 여의봉 소리와 원광 주위로 번쩍거리는 빛만 보였다. 일순간 일본무사는 당황스러웠다. 여의봉의 움직임을 파악할 수 있어야 대응해 칼을 휘두르는데, 워낙 빨라 번쩍거리는 빛만 보일 뿐이니 계속 후퇴할 수밖에 없었다. 다행히 원광이 돌진하는 속도가 빠르지 않았다. 초대받은 손님이니 일본 측의 체면을 생각해 속도를 조절하면서 어떻게 대응할지를 압박하는 입장이었다. 하지만 일본 무사들의 대결에서 계속되는 후퇴, 뒷걸음질은 없다. 몇 번의 전·후진, 옆걸음은 있어도 계속되는 후퇴는 무사의 자존심이 허락하지 않는다. 상대와 맞부딪치며 누가더 빠른가, 누가 상대 공격을 막아내며 더 빠르게 반격할 수 있는가, 속임수 헛동작으로 상대를 유도한 후 재빨리 낚아채 제압해 버릴 수 있는가 하는 것들이 일본 무사들의 대결 정신이다. 이번 무사도 마찬가지였기에 반격을 해야 하는데 무턱대고 칼을들이밀 수는 없었다. 회전하는 여의봉의 궤도 안에 걸리면 그대로 칼이 날아가 버린다. 상대의 허점을 재빠르게 파악하고 이를공략해야 한다.

　모든 무술에는 자세히 살펴보면 어딘가 허점이 보이기 마련이다. 여의봉으로는 회전을 주로 걸면서 직선 전·후진도 변칙적으로 튀어나오는 운용을 한다. 바로 이때 태풍의 눈, 여의봉을 잡은 손에 직각으로 빈 공간, 칼이 들어갈 허점이 아주 짧은 순간이나마 노출된다. 이 허점을 만들지 않기 위해 여의봉을 삼차원입체적으로 돌리면서 왼손, 오른손으로 축을 바꾸어 상대를 교란시킨다.

작전 포인트를 잡은 일본 무사는 계속 후퇴하면서 원광의 손과 팔의 움직임에만 신경을 썼다. 오른손으로 봉을 돌리고 왼손으로 넘어가 돌아 들어오면서 다시 오른손으로 잡아 가슴 쪽으로 팔이 가는 순간, 태풍의 눈이 일본무사 쪽에 직각으로 형성된다. 이때다. 일본 무사가 칼을 오른쪽으로 페인트 모션으로 한번 튕긴 다음 "아악-" 세찬 기합 소리와 함께 칼을 왼쪽으로 꼬나잡고 한발 내밀며 전광석화같이 쭉 내밀었다.

보통 강한 기합을 넣으면 상대는 일순 동작을 멈칫하게 된다. 무사의 칼이 길이 방향으로 봉의 운동을 따라가면서 원광의 손을 찔러 들어갔다. 하지만 원광이 조금 더 빨랐다. 칼 측면을 오른팔 전체로 튕기면서 여의봉은 왼손으로 들어가 돌아 나오면서 일본 무사의 머리를 향했다.

일본 검도의 빠르기는 전 세계가 인정하는데 검의 운용에는 단점이 있다. 검은 손잡이 부분만 잡고 운용하며 칼날로만 상대를 제압할 수 있다. 또 검의 움직임은 직선이나 곡선운동이다. 즉, 검의 운동역학과 궤도만 주시하면 몸의 나머지 부분은 다 약점이 된다. 원광은 이를 파악했다. 한편 여의봉은 양쪽 끝 쇠뭉치가 주요 타격점이면서도 여의봉 전체 어느 부분이라도 잡고 운용할 수 있다. 동선도 직선, 곡선, 회돌이 운동으로 다양하게 나아간다. 검만으로 대결해 온 사람이라면 이렇게 다양하게 운동궤적을 보여주는 여의봉에 당황할 수밖에 없다.

일본 무사가 태풍의 눈에 칼을 찔러넣는 순간, 원광은 몸으로 들어온 칼날을 피해 밀쳐내면서 그 사이 운동궤도를 바꾼 여의봉을 헬멧 쓴 머리로 날렸다. 상대는 이를 피하지 못했다. 여의봉이 헬멧에 부딪치자 상대는 충격으로 쓰러지고 말았다. 비전되어 오던 여의봉 무술이 실전에서 유용성이 확인되는 순간이었다.

2.2
속세로의 하산과 제자 양성

원광이 19살 때, 청운선사가 이제 시간이 얼마 안 남았다며 장독 속 훈련을 시킬 때는 그 말이 무슨 뜻인지 몰랐다. 청운은 상당히 연로했었지만 쩌렁쩌렁 목소리에 기운이 치솟는 풍채로 인해 젊은 원광은 인생사를 아직 몰랐다. 20대 초반이 되었을 때 어느 날 청운선사가 "장작을 준비해 올려라"해서 그렇게 했더니, 그만 다음날 청운이 열반에 들어버렸다.

갑자기 스승을 잃고 몇 년 전에 아버지마저 잃어버린 원광은 심한 공허감과 무기력으로 삼 년 동안 봉을 깎으며 스승을 그리워하는 마음을 달래며 지냈다. 그러다가 마침내 태백산을 나와 한동안 정처 없이 이리저리 떠돌아다니며 살게 되었다. 다시 젊은 혈기가 끓어올라 여기저기 무술 도장을 찾아다니며 무술 대결을 벌였더니 무술인들 사이에 '악명'이 알려지기 시작했다.

그러던 중 식당에서 해병대원들과 조우하게 되었다. 전쟁 후인 당시는 해병대원들이 기고만장해 세상을 마구 휩쓸고 다녔다. 이들과 식당에서 마주쳤을 때 똑바로 쳐다만 봐도 시비를 걸어오는 기세였다. 그래서 결국 "어린 까까중 놈이 째려 본다"고 시비가 붙었는데, 여태까지 천하무적이었던 해병대원들이 묵사발이 나버렸다.

이에 부대에 돌아가서도 분을 삼키지 못한 대원들이 복수를 위해 트럭을 타고 원광을 찾아왔다. 대원들은 무려 40여 명이었다. 싸움에서는 초반 제압이 중요한지라 대원들이 트럭에서 뛰어내리는 족족 걷어차서 다 해치워 버렸다.

이 사건이 동네나 해병대에서도 소문이 났다. 지역TV 뉴스에도 나왔다고 한다. 해병대에서는 원광을 정중히 초대해 무술 교관으로 있게 되었고, 미군에게도 알려져 월남의 미국 CID^{Criminal Investigation Division} 교관으로도 가게 되었다. CID는 미 육군 범죄수사단으로 상당히 끝발 있는 군조직이다. 범죄인을 상대하기 때문에 요원들이 이들을 제압할 체력이나 무술실력이 필요했다. 그곳에서도 레슬링 교관과 자주 부딪치고 패싸움까지 나게 되어 원광은 결국 군 생활을 정리하였다. 이 시기에 영어도 상당히 익힌 것 같다.

월남 외에 해외에도 나갈 기회가 몇 번 있었다. 필리핀에서는 스피드 카 대회에서 일등을 했고, 홍콩에서는 당랑권 일인자와 겨루었다. 당랑권을 포함해서 중국 무술은 대부분 공격수를 펼치면서도 항상 수비를 염두에 두고 권법을 전개한다. 예로 오른손을 뻗어 상대방을 공격하면서, 왼손은 복부 주변을 막아 상대 공격에 대처한다. 그래서 중국무술은 크게 전진하는 동작이 없이 오밀조밀하면서 완벽한 공수 자세를 취하려고 노력한다.

중국 무협지를 보면 삼천합을 겨루었는데 승부가 나지 않았다는 장광설이 어김없이 나오는데 이런 측면에서 타당성이 있는 이야기다. 반면 일본무술은 공격 위주로 수를 펼치기에 대부분 누가 빠른가로 승부를 본다. 그래서 몇 수만에 승부가 결정나 버린다. 아마도 수많은 전쟁으로 실전성을 가장 중시했기 때문일 것이다.

한국무술인 태권도나 택견은 동작이 크다. 그래서 파괴력도 크지만 허점도 크게 노출된다. 빠른 스피드로 이런 허점이 노출되지 않도록 하는 게 중요해진다. 풍류도 무술은 휘돌아 치는 게 특징이다. 역시 파괴력도 크다. 또한 공격 동작이 쉬지 않고 끝없이 이어진다. 짧은 권법이라 해도 30분 정도 치고 나가며 계속 다른 공격 동작으로 이어진다. 여기에 한 번 걸리면 계속 뒤로 후퇴하다가 당하기 십상이다. 당랑권과의 시합에서는 이런 무술의 특징이 잘 드러났다.

초장에는 둘이 서로 탐색전을 벌이며 가볍게 권을 서로 주고받다가, 막판에 원광이 휘몰아치며 들어갔다. 당랑권 상대는 계속 뒤로 밀리며 허둥대다가 뒤로 나자빠지고 말았다. 후일담으로 당랑권 상대는 두 손과 팔이 마주쳤을 때 너무 고통스러워 참아내기 힘들었다고 한다. 기운이 실린 원광의 팔과 주먹을 상대하기에는 너무 벅찼던 모양이었다. 이 기운이라는 게 무엇인지 앞에서 설명했지만, 다음 장에서는 독자들도 실습해보며 느껴보기를 바란다. 대회 후에는 중국 무술인들이 공경하는 마음으로 원광을 잘 대접했다고 한다.

미국 LA에도 지인 초청으로 갔었는데, 원광이 무술의 고수란 소문을 듣고 태권도를 수련하는 한인교포들이 찾아왔다. 얼마 전 이 동네 태권도장에 거구의 흑인이 찾아와 시비를 걸며 한판 대결을 요청해 왔는데, 처음에는 점잖게 거절했으나 계속 시비를 걸어와 대결을 할 수밖에 없었다.

이 흑인은 큰 덩치에 몸이 둔할 줄 알았으나 의외로 빨랐다. 헤비급 권투선수 출신이었다. 권투와 태권도가 대결할 경우, 권투선수는 무조건 가까이 붙어서 주먹을 날려 승부를 보려 하고 태권도는 계속 떨어져서 타격을 주어야 한다. 붙으면 끝장이다. 태권도 사범은 계속 낮은 잔발질을 날리며 접근을 차단하고 큰 발차기 하나 얼굴에 날려 승부를 보려 하였다.

그러나 거구에 비해 상대적으로 왜소한 한국인 태권도 사범이 초장에는 몇 차례 발차기 공격을 유효하게 전개했으나 거한에게는 별 충격을 주지 못했다. 자신감을 얻은 흑인이 양손으로 얼굴을 방어하며 그냥 밀고 들어오니 대책이 없었다. 체급 차이가 너무 크게 났던 것이다. 이후 거한에게 붙잡혀 죽사발 나게 터져 병원에서 치료받고 있다는 거였다.

이에 한국인으로서 자존심이 상한 한인 교포들이 혹시 원광

이 무술의 고수라 하니 도움을 청해 온 것이다. 이대로라면 태권
도장을 계속 운영하기도 힘들었다.

　　결국 원광이 흑인을 찾아가 대결을 청했다. 자심감이 충만한
흑인이 흔쾌히 응해 대결이 성사되었다. 마주 보고 서서 흑인이
한두 번 상체를 좌우로 움직이며 가볍게 잽을 뻗어보는데 원광이
거의 움직이지 않는 자세로 양팔만 좌우로 부채처럼 가볍게 흔들
었다. 순간 거한이 빠르게 원투 양손 스트레이트를 날린 다음 오
른손 주먹을 원광의 얼굴을 향해 큰 스윙 동작으로 날렸다. 그러
자 원광도 왼 주먹으로 날아오는 주먹을 향해 약간 비껴 맞받아
날렸다. 두 주먹이 퍽하고 부딪쳤다.

다음 순간, 원광이 주먹에 가한 운동 관성 때문에 거한이 오른손을 따라 빙그르 한바퀴 돌며 바닥에 주저앉아 버렸다.

그리곤 왼손으로 오른손 주먹을 부여잡고 고통스런 표정과 신음을 내며 땅에 뒹굴었다. 구경꾼들이 급하게 병원에 데려가 진찰해보니 손가락 뼈가 부서져 있었다. 거대한 무게와 가속도로 날아온 권투 주먹과 기운을 실어 날린 풍류도의 작은 주먹이 맞부딪치자, 야구 방망이와 쇠망치가 서로 강하게 충돌한 듯이 하나가 박살나 버린 것이다. 이때 원광이 쓴 주먹을 '매화오엽'이라고 한다. 뒤에서 한번 더 언급하겠다.

그림2.2에 주먹을 쥔 원광의 자태를 보라. 대단하지 않은가. 실제 마주 서면 뿜어내는 기운에 압도당한다. 특히 손을 편 왼손을 잘 살펴보라. 전혀 무술인답지 않게 보드랍다. 반면 중국무술인들은 철사장이니 뭐니 해서 손을 뜨거운 모래 속에 넣고 담금질하는 등 손을 돌덩이처럼 단단하게 만든다. 그래서 손이 상당히 거칠다. 풍류 무술인들은 이런 방식으로 손을 단련하지 않는다. 대신 기운용 수련을 통해 하늘과 땅의 기운을 내 안에 끌어들여 손을 통해 뿜어낸다. 그러면 강력한 힘이 펼쳐나가는 것이다. 이후로는 흑인이 한국무술의 힘을 알게 돼서 태권도장을 다니며 잘 지내게 되었다고 한다.

원광의 회상에 의하면 자신의 전생은 수련승으로, 꿈에도 절에서 수련하던 전생이 자주 나타난다고 한다. 그래서 제도권 불

그림2.3 서울에서의 제자 지도 모습
(좌)수벽치기의 일종인 매화오엽, 매화삼엽 시연 (우)봉술도

교에도 발을 들여 조계종 인곡선사 문하로 들어가 그의 제자인 해인사 봉주스님으로부터 계를 받았다. 하지만 풍류도맥인 두몽, 청운, 원광은 법적으로는 불교 승려들이지만 산속에서 독자적으로 살아가며 풍류도 수련에 매진하는 생활을 유지했다.

40대 이후에는 서울에 정착하여, 북한산 자락인 이만산에서 인연 있는 제자들을 하나둘씩 모아 풍류도를 전수해 주기 시작했다. 이때부터 조금씩 일반인들에게 알려지기 시작했는데 종로3가에 백련문 풍류도 도장을 차리고 문하생들을 지도하였다. 이외에도 경희궁에서도 지도하였는데 풍류도의 세계가 워낙 넓다보니 제자들 그룹 특성에 따라 가르친 내용이 달랐다. 검술을 배우고 싶은 사람들에게는 칠현반검, 태을검, 비룡검, 무영검 등을 가르쳤다. 권법이나 봉술 그룹, 입선수련을 주로 하는 그룹 등도 있었다. 이 당시 찍은 스님의 권법과 단봉 시연 사진이 그림2.2다.

　무술인들 사이에 고수로 소문이 조금씩 나자 많은 무술인들이 도전해왔다. 제자들 증언에 의하면 유도7단에 몸무게 100kg이 넘는 거한이 일격에 쓰러져버렸고, 한국적 검도를 표방한 검도단체의 창시자도 찾아와 대결을 청했다가 패했다. 3~5미터 거리를 두고 마주 선 상태에서 검도자가 칼을 빼려고 오른손을 칼자루로 가져가는 눈 깜짝할 사이에 손등을 강타당해 칼을 빼보지도 못하고 돌아갔다고 한다.

　전국에서 알음알음으로 조금씩 제자들이 늘어나자, 멀리 남쪽에서 찾아오는 제자들을 위해 토요일에는 대전 식장산에서 가르쳤다. 필자도 식장산 그룹에 속해 수련을 했다. 머리말에서 필자가 늘어놓은 경험담이 이때의 사건이다. 이때의 경험담을 조금 더 이야기하고 싶다.

　식장산 수련은 보통 오후 한 시에 시작한다. 가볍게 각자 몸을 푼 후 태공유수 자세를 잡고 오후 다섯 시까지 버틴다. 네 시간 정도 벌을 서는 셈이다. 이렇게 식장산 그룹에서는 입선수련 위주로 진득하게 수련을 한다. 반면 서울에서는 바쁘게 돌아가는 생활패턴 탓인지 입선수련을 오래 하지 않고 무예쪽에 치중해서 수련하였다. 제자들이 한창 수련에 열중하고 있으면 원광이 서울에서 내려와 식장산으로 올라온다. 보통 한 시 반 정도다. 그런데 가끔 늦을 때가 있다. 그러면 입선자세로 버티는 것이 고통스럽기에 떠드는 사람이 나온다.

그림2.4 대전 식장산에서 제자들을 지도하고 있는 모습. (좌)상단전 수련 자세 (우)제자들 특성에 따른 다양한 입선수련 자세 지도(사람과 산, 1997.1월호에서 인용)

"스님이 왜 늦으시지? 무슨 일이 생기셨나?"

그러면, 자신의 세계에 침잠하던 고참이 한마디 한다.

"스님은 지금 대전역에 내리셔서 차를 타고 원동을 지나고 계셔. 십오 분 후에 도착하실 거야."

그러면 실제로 십오 분 후쯤이면 스님이 도착하셨다. 오래 수련한 고참들이 기막히게 스님의 도착시간을 알아차리는 걸 참 신기하게 여겼는데, 나도 어느덧 짬밥이 늘어 몇 번의 사계절을 맞이하자 스님의 도착시간을 자연스럽게 알게 되었다. 태공유수 자세를 잡고 있으면 어느 순간 저 아래 멀리서 파장이 밀려온다. 바로 스님이 내뿜는 기운이다. 나는 2~3km 수준에서 감지하는 데 고참들은 더 일찍 알아차렸다. 스님의 공력이 대단하다는 걸 이때 진하게 느꼈다.

원광스님 같은 고수들은 좋은 기운을 세상에 전하고 다닌다. 자연에서도 기운이 뭉친 곳이 있어서 사방에 좋은 기운을 내뿜는다. 그래서 이를 감지하는 사람들이 풍수를 이야기하고 좋은 수도처를 찾는다. 나도 자연에서 이런 경험이 있다. 뒤에서 사방석四方石과 희양산을 언급하면서 다시 한번 다루겠다.

그림2.4의 좌측 사진은 스님이 가르친 풍류도 상단수련 자세인데, 두 손바닥을 마주보게 잡고 두 손을 위로 끝없이 끌어올린다. 그러면 척추가 곧게 쭉 펴지면서 몇 시간을 버티면 가슴이 열리고 천지가 연결된다. 내가 청소년기에 유도를 하다가 허리를 다쳐 오랫동안 고생했는데 이 수련으로 해결을 보았다. 척추 4, 5번에 문제가 생기면서 디스크가 삐져나오고 좌골신경통으로 고생했었는데 척추근육들이 바로잡히면서 문제가 해결되었다. 허리디스크로 고생하시는 분들은 참고하시라. 이전에 수박도 황기무덕관 관장이 전래 내공법으로 가기법呵氣法을 공개했었는데, 두 팔을 들어올리는 자세는 비슷하나 수박도에서는 호흡 위주로 수련하는 반면 풍류도에서는 전혀 호흡에 신경쓰지 않는다.

다섯 시 이후에는 해질 때까지 스님 지도로 무술 수련을 하고 산을 내려와 같이 식사를 하는데 이때 스님은 피리를 분다. 이 피리 소리의 파장이 제자들을 묶어 놓고 혼을 흔들어 놓는다. 온몸에 경련을 일으키는 제자들도 있다. 피리 소리에 기운이 실려 퍼져 나오기 때문이다. 다음 절에서 조금 더 자세히 이야기하겠다.

그림2.5처럼 언론에도 가끔 취재 기사가 실렸고 공공기관이

그림2.5 인사동 길거리에서 아코디언을 연주하는 원광스님. 거리의 악사라고 불렸다.
관객 중 오른쪽에 모자 쓰고 누더기 장삼을 걸친 이가 걸레스님 중광인 듯.

나 대기업에서 직원연수 프로그램으로 지도하는 일도 생겼다. 말
년에는 인사동에서 누더기 장삼을 걸치고 길가에 주저앉아 대금
을 불고 아코디언을 연주하며 세월을 낚았다. 2007년에 타계했
다. 이후 뜻있는 제자들이 고조선 무술협회를 창립해 스님의 뒤
를 잇고 있다.

2.3
원광을 통해 보는 풍류도의 다양성

스님은 무술에만 능한 것이 아니라 음악이나 시서화에도 능했다. 과히 르네상스적인 사람이었다. 예로부터 풍류도인들이 그랬다. 신라시대 화랑들도 다방면에서 전인적 교육을 받았다. 그래서 풍류도의 세계는 다양하고 광범위하다. 아마도 경지에 오르면 이 모든 것들이 통합되기 때문일 것이다.

우선 무예 쪽을 살펴보자. 중국에서는 무술, 일본에서는 무도, 한국은 무예로 표현한다. 무술이 절정에 가면 예술로 표현되는 것이다. 본인이 체험한 원광스님의 무술과 예술, 특히 음악과의 관계를 이야기해 볼까 한다.

몇 시간 동안 같이하는 산속에서 수련이 끝나면 스님이 으레 대금을 연주했다. 필자도 대금을 조금 배워봤고 대가들의 연주도 들어봤기에 대금 소리에 대해서는 조금 아는 편이다. 그런데 스님의 대금 소리는 다르다. 강력한 파장이 가슴을 파고든다. 내공이

┃그림2.6 대금을 불고 서예를 하며 예술인의 모습을 보이는 원광스님

대금소리에 실려 퍼져 나온다. 이는 나 혼자만 느끼는 것이 아니라 오래 수련한 제자들은 다 느끼는 것이기에 객관적인 인식이다.

만파식적萬波息笛이라고 들어보았는가? 신라 신문왕 때 왜구가 들끓어 나라가 혼란스러웠는데, 꿈에 아버지인 문무왕이 나타나 대나무를 주면서 피리를 만들어 불면 나라가 평온해질 것이라고 하였다. 이에 신문왕이 시키는 대로 하였더니, 거친 파도가 잠잠해지고 왜구가 물러나고 아픈 사람들의 병이 나았다는 전설이다. 엄청난 과장으로 여겨진다면, 유대인의 성경에 나오는 여리고 성 함락은 어떤가. 여호수아가 백성들을 이끌고 여리고 성 주위를 돌면서 나팔을 불고 함성을 지르자 여리고 성이 결국 함락되었다는 이야기다.

소리는 파장이다. 현대 기술로 건설한 다리에서도 파장이 중요하다. 다리 위로 자동차가 다니고 바람이 계속 불면 다리에 진동이 생기는데, 일정 파장에 도달하면 갑자기 파장이 중첩되는

제2장 20세기 풍류도 계승자 원광스님

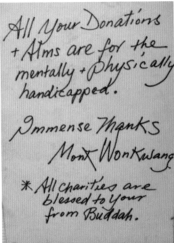

All Your Donations
+ Alms are for the
mentally + Physically
handicapped.

Immense Thanks
Monk Wonkwang

* All charities are
blessed to your
from Buddah.

┃그림2.7 시서화에 능했던 원광스님의 그림과 외국관광객용 기부 권유글

효과에 의해 파고가 급증하면서 다리가 회복력을 상실해 무너질
수 있다고 한다.

　　스님의 피리 소리에 기운이 실리면서 청중들의 가슴에 공명
을 일으키면서 제자들의 몸이 들뜨게 되는 것이다. 풍류도 무술
은 기를 운용하는 것이다. 기운이 몸 밖으로 뻗어나오는 건 과학
적으로 보면 일종의 전자파다. 음악 소리도 파장이다. 파장의 변
화를 인간이 아름답게 느끼는 게 음악이다. 그래서 이 모두를 통
섭해서 하나로 운용할 수 있지 않을까. 무협지에 나오는 피리 부
는 고수가 연원이 있는 거라 하겠다.

　　스님은 예술을 좋아해서 대금은 김동준, 국악 창소리은 박봉
술, 사군자와 산수화는 계산 선생에게 각각 배웠다. 계산은 구당

과 의재 허백련 문하라고 한다. 서예 작품 쪽으로 살펴보자. 꽤 많은 사람들이 유명한 선승들의 작품을 선호한다. 선승들의 글에는 기운이 실려 있어 그 작품을 마주보고 있으면 좋은 영향을 받을 수 있다고 믿는다.

또한 고승들은 자신이 도달한 경지를 선시로 표현한다. 유명한 불교 선사禪師들이 남긴 선시禪詩들은 여전히 많은 사람들이 애송하며 그 경지를 알아채고자 한다. 풍류도 도인들도 선시仙詩들을 많이 남겼다. 원광스님도 아주 많은 선시들을 남겼는데 이 책에서도 몇 편 소개하겠다. 그 중 천도天道란 시를 이 장 마지막에 실었다.

이처럼 풍류도는 고수가 될수록 예술인의 면모를 보여준다. 그림2.6과 2.7에 예술가적인 원광스님의 면모를 사진으로 실었다. 그림2.6은 잡지에 실린 대금 부는 모습, 서예 작업, 자필로 쓴 시 한 수를 촬영한 사진이다. 그림2.7은 원광스님의 동양화 그림과 손으로 쓴 영문 글씨다. 그림의 수준을 평할 바는 못되나 힘찬 기상이 느껴진다. 오른쪽 영문은 스님이 인사동 거리를 주유하면서 지나가는 외국 관광객들에게 기부를 권유하는 글인데 영어를 몇십 년간 배우고 써온 필자보다도 글씨가 멋스럽다. 아마도 미군 범죄수사단CID 무술교관을 하면서 익힌 영어 솜씨로 짐작된다.

무술 쪽 이야기를 조금 더 해보자. 보통 무술인들이 다루는 무기는 다섯 가지를 넘지 않는다. 칼, 창, 봉이 주된 무기류다. 그

그림2.8 고구려시대 고분인 안악3호분 무덤 벽화. 행진하는 부대에 다양한 무기 대열이 보인다. 맨 아래가 도끼부대인 월부군(鉞斧軍). (우)원광스님이 훈련용으로 사용하던 다양한 무기들

런데 풍류도에서는 수십 가지 무기를 다룬다. 그림2.8의 오른쪽 사진은 원광스님이 수련하던 무기류들을 모아놓은 사진이다. 처음 보는 무기류도 많을 것이다.

고구려 고분벽화에서도 다양한 무기를 지닌 병사들이 나온다. 예로 그림2.8에서 처럼 고구려시대 고분인 안악3호분 무덤 벽화에 등장하는 행군하는 전사들의 무기를 눈여겨보면 다양한 무기 대열이 보인다. 고대 및 풍류도 무기류들에 대해서는 다음 무예 장에서 다룰 예정이어서 여기서는 다양성만 가볍게 언급한다.

원광스님이 쓴 선시 한 수를 읊조리며 이 장을 마무리 한다.

천 도	天 道

도를 알고 허공을 배웠고	知道學虛空
도를 깨닫고 산에 달을 그렸네	覺道山畵月
강 속에 달을 품고	江中胞一月
도를 체득하고 잔 속에 달을 그렸네	悟道盞圖月
도를 이루어 뱃사공이 되었네	成道爲舟人

제3장

기운용과 풍류 수련

3.1
풍류도에서 주목해야 할 핵심 사항

풍류도의 본질

—

풍류도 역사를 증빙해 줄 자료는 상당히 빈약하다. 특히 고대로 갈수록 더욱 그렇다. 그렇기에 이 분야를 연구하는 학자들도 적고, 그들 자료의 기원이 중국 문헌이거나 중국 도교의 영향을 받은 한국 문헌인 경우가 대부분이다. 그래서 학계에서는 풍류도의 본질을 놓쳐버린 안타까운 상황이 계속되고 있다. 이에 풍류도의 본질을 먼저 간단히 정리하고 본격적인 풍류도의 수련내용을 소개하고자 한다.

먼저 중국 도교를 살펴보자. 도교에서는 정기신精氣神의 핵심 3요소를 수련을 통해 연정화기, 연기화신, 연신환허煉精化氣, 煉氣化神, 煉神還虛를 이루는 것이 목표이다. 이 요절을 구체적인 수련방법으로 나타내면, 주로 단전호흡을 통해서 정精이 모여있는 단전에 기를 축적하고 이 기가 척추를 타고 올라가 최종적으로 백회로 도태道胎가 빠져나가 출신성선出神成仙하는 일이다.

중국 도가 계통 책을 살펴보면 대부분 이런 내용을 펼쳐놓고 있다. 그리하면 생사를 초월하게 되어 불로장생의 경지에 도달하는 것이다. 그러나 이 일이 그리 쉬운가. 현실적인 중국인들은 다른 길을 찾으니 바로 불로장생 약을 자연에서 찾거나 단약丹藥을 제조하는 일이었다. 시대가 갈수록 이 경향은 점점 더 강해졌다. 한국의 선도 수련도 당나라 유학파들이 중국 도교를 들여와 추종하다 보니 왜곡돼 버렸다. 한국의 선도 수련 역시 단전호흡을 통해 출신성선하는 일이 목표가 되어버렸다. 현시대 한국의 선도 수련단체들 대부분이 이런 유파에 속한다.

하지만 풍류도 수련의 주된 목표는 천지인天地人 합일이다. 자연과 합일하여 자연을 알고 느끼며 내 안의 소우주가 자연의 대우주와 합치하여 춘하추동 밤낮으로 같이 돌아가고, 하늘의 뜻을 알고 그 뜻을 땅에 실현시키는 것이 사람의 도리라는 생각이다. 우리 민족의 태고적 제천의식이 바로 이것이고 현시대 무당들이 산에서 신내림 받는 일이 변질된 제천의식이다. 풍류도에서는 땅에 발을 딛고 하늘을 바라보는 입선立禪자세 수련으로 천지인 합일을 이뤄내고자 한다. 자세한 내용은 태공유수 편에서 다룬다.

이런 수련 목표나 자연이나 인생을 보는 입장 차이를 단적으로 드러내는 예를 하나 살펴보자. 중국 도교에서는 수련 목표가 불로장생이다 보니 설화적인 모델로 삼천갑자 동방삭東方朔이 있다. 삼천갑자三千甲子를 살았으니 얼마나 오래 살았겠는가.

그런데 풍류도에서는 이를 동방석東方石으로 부르며 장생의 모델로 보지 않는다. 삼천갑자를 환생하며 살아온다고 본다. 봄 여름 가을 겨울 계절의 순환에 따라 인생도 순환하는데, 인생의 황혼기에는 죽고 해가 뜨는 여명기가 되면 새싹 나듯 다시 환생하여 살아난다고 본다. 물론 도통했기에 때로는 아주 오래 장수할 수도 있다. 자세한 이야기는 뒤에서 살펴볼 예정이다.

좌선은 더운 지방인 인도에서 적합한 수련자세인데, 불교를 따라 중국에서 크게 유행하면서 도교에까지 주된 수련 자세로 자리잡았다. 단전에 있는 쿤달리니를 각성시켜 머리 위로 승화시키는 요가 수련의 요체가 변형되어 중국 도교에 전수된 것으로 생각된다. 하지만 풍류도는 출발부터 내가 아니라 하늘과 땅을 내안에서 연결해 그에 맞추어 사는 일이다. 즉, 개인인 내가 신선이되는 것이 목표가 아니라 대자연과 합치된 대아大我를 이루는 일이 목표다. 이를 천지합일도天地合一道라고 불렀다.

우리나라 상고대에는 이렇게 자연과 합치된 경지를 이룬 사람들이 사회의 지도자가 되고 나라를 이끌었다. 나라가 커지고 전쟁도 빈번해지면서 천지합일은 기를 운용해 무예를 펼치는 방면으로 진화하기 시작했고 이를 일러 풍류도라 칭했다. 삼국시대까지 풍류도가 나라의 중요한 역할을 맡았다.

풍류도의 범주

___

풍류도는 고대인들의 사고방식과 우주관, 인생관을 알 수 있는 사상체계이자 행동양식이다. 구체적인 삶 속에서는 선가 수련, 무술, 예술 등의 형태로 나타난다. 또한 고조선과 삼국시대까지는 국가인재를 양성하는 엘리트 교육프로그램의 역할을 담당했었기에 천문, 지리, 병법 등도 포함된다.

중국 역사를 통해 우리가 익히 알고 있는 장량, 제갈량 같은 왕의 책사들이 바로 천문, 지리, 병법에 능통한 사람들이었다. 우리 역사에서도 을지문덕, 연개소문, 강감찬, 곽재우, 이순신 같은 분들이 바로 그런 사람들이었다. 그런데 근현대로 들어오면서 사회체제가 바뀌고 전쟁 양태도 바뀜에 따라 더 이상 병법 학습의 필요성이 사라짐에 따라 소멸되었다.

하지만 풍류도 수련의 일정 경지에 올라 자연과 합일을 느낄 수 있다면, 천문지리는 어느 정도 수준까지는 저절로 느끼고 알게 된다. 풍류도는 이렇게 광범위한 분야를 포함한다. 그런데 현대는 사회 각 분야가 세분되고 편린화되다 보니 옛 문화를 살펴보는 형태도 현대 학문 분야처럼 각자 자신의 좁은 범주에서만 바라보고 전체적인 조망을 놓치고 있다. 풍류도에 대한 역사 중에서 종교, 문화, 예술 분야는 유동식 교수가 평생에 걸쳐 연구해서 잘 정리해 놓았다 [유동식, 1997].

무술 분야는 문치주의 조선과 일제 강점기를 거치다 보니 문헌적으로는 거의 전통을 상실한 상태이다. 임진왜란과 병자호란을 거치고 나서 문약에 빠진 나라에 대한 반성으로 정조대에 종합 무예서인 <무예도보통지>를 편찬해 군사훈련용으로 사용했는데, 이 <무예도보통지>에 얼마나 전통 무술이 녹아 있는지는 판단할 근거가 아직 부족하다. 앞으로 많은 연구가 필요하다. 현재 시각은 중국의 무예서인 <무비지>를 바탕으로 한국판 무예서를 만들었다는 시각이 대세이다. 다만 지금까지 전해지는 산중 무술이 조금 남아있다. 그나마 알맹이가 남았으니 불행 중 다행이라 할까.

선도 분야는 자료가 상대적으로 풍부하지만 대부분 중국 도교의 영향으로 중국 도교의 한 지파로 파악되는 수준이다. 자료를 남긴 사람들이 대부분 그 시대 엘리트 계층인 중국 유학생들을 중심으로 수련과 역사가 정리된 까닭으로 판단된다. 그렇지만 한국 고유의 수련문화는 맥이 끊어지지 않고 이어지고 있다. 다만 문헌적 자료는 아주 빈약하고 대신 설화와 야사 형태로 존재한다는 게 아쉬울 뿐이다.

이렇게 각기 편린화된 풍류도의 일면들을 합체해서 전체적인 모습을 조망하고 거기에 생명력을 부여해 주는 작업이 필요한데, 필자의 역량이 부족하니 한스러울 따름이다. 그래서 기존 학계에서 잘 정리되어 있는 종교, 예술, 문화 분야는 빼고 고유 선도 모습과 무술 분야를 중심으로 수련 내용뿐만 아니라 역사와 인물들을 소개하고자 한다. 하지만 깊은 내용은 말이나 글로 감당할 수 없으니 스스로 수련해서 알아내기를 권장한다.

풍류도는 각기 따로 독립해서 서술하기가 어려울 정도로 서로 밀접하게 연관되어 있고 그것이 바로 풍류도이다. 그럼 왜 풍류도는 무술과 종교, 선도, 예술, 문화와 같이 엮여있다고 말하는가. 앞장의 원광스님 편에서 서술했듯이 풍류도 수련을 하면서 수련 심도가 깊어지면 제각기 산재해 있던 분야들이 통합되어서 모여진다. 그러다보니 세상에 대한 인식도 달라지고 사람도 달라진다.

일반 무술에서도 이와 조금 비슷한 면모를 발견할 수 있다. 검객들 사이에 "검술이 절정에 달하면 더 이상 칼이 필요 없다. 무술이 지팡이와 부채에 들어간다"란 말이 있다. 중국무협영화를 보면 주인공 무사가 식사를 하고 있는데 갑자기 괴한들이 칼을 들고 들이닥친다. 그러면 무사는 즉시 식사하던 젓가락을 표창처럼 상대에게 던져 쓰러뜨린다. 약한 젓가락에 내공이 실리면 무기가 되는 것이다. 무술이 생활 속에 스며든 경우다.

풍류도는 한발 더 나아가 수련이 깊어질수록 무술을 넘어 세상의 본질에 대한 이해를 경험하게 된다. 이런 인식의 전환을 몸짓이나 음악으로 표현하게 되고 그것이 곧 예술이나 종교 행위가 된다. 중국은 무술을 소림무술, 태극권, 당랑권 식으로 표현하고 일본은 검도, 합기도하는 식으로 도道로 표현한다. 기술의 극치를 추구하기에 도의 수준에 이르기를 소망한다. 우리나라는 무예로 표현한다. 무술이 예술이 된다. 원광스님의 피리소리가 강력한

파장으로 사람들을 흔들어 놓으면서 만파식적의 경지를 연상시
킨다는 표현을 앞에서 했었다. 그렇다면 이런 특성을 지닌 풍류
도를 다른 선도 수련과 비교해 보면 어떤 차이가 있을까. 다음 절
을 살펴보자.

선도수련의 갈래와 성명쌍수

—

우리나라에 퍼져 있는 선도 수련을 두 가지로 대별해 보자.
천지인 합일에 핵심을 두고 전래되어 내려오는 수련법을 선가仙
家라고 칭하고, 중국에서 크게 번창하고 무위자연無爲自然이나 불
로장생에 관심을 두고 있는 수련법을 도교道敎라고 부르자. 그런
데 사실 우리나라 고유 선도를 표방하는 수련단체들도 대부분 중
국 도교식 수련을 하고 있다. 중국 역사를 보면 많은 기간 북방
유목민족들이 지배하면서 북방 선가가 중국에 큰 영향을 끼쳤겠
지만, 노자나 장자로 대표되는 자연주의 철학이 수련과 결합되어
도교로 발전했고 이후로는 오두미교 같은 종교로 변하거나 불로
장생을 추구하는 현실적 수련법으로 더 번창해졌다.

고려, 조선시대 이래로 우리는 중국문화에 극도로 의존하다
보니 선도수련문화도 중국화 되어버렸다. 다만 불교를 숭상한 고
려와 유교를 숭상한 조선시대에 산속으로 밀려난 풍류도가 겨우
그 명맥을 잇고 있고, 속세에서는 무속이 한국의 기저 문화로 존

재하고 있었다. 즉, 무당으로 표현되는 직업군은 고대의 제사장을 대치해 현대인들에게 카운슬러 역할을 하고 있다.

우리나라 선도수련의 맥을 짚어보면 두 갈래 흐름이 있다. 도가道家식 용어로 표현하자면 수련은 성性과 명命을 닦는 일인데, 어디에 우선을 두고 수련할 것인가 하는 점이다. 도가에서는 성과 명을 분리할 수 없고 같이 가야 한다는 입장에서 성명쌍수性命雙修란 표현을 쓴다. 그런데 우리나라에서는 조금 다르다. 먼저 마음을 일깨움으로써 몸을 다스릴 수 있다는 주장과 몸을 먼저 바르게 굴림으로써 마음을 바르게 해나갈 수 있다는 주장이다 [박현, 1999].

이 두 갈래 흐름이 지리적으로도 나타났다. 백두대간을 중심으로 산속에서 수련하는 이들은 몸부터 다스리는 수련을 했기에 좌방左方이라 했고, 백두대간 오른쪽, 주로 사람들이 많이 모여 사는 곳에서는 마음부터 닦아야 한다는 입장이었기에 우방右方이라 하였다. 결가부좌를 하고 참선하는 불교수행이나 비슷한 자세로 하는 좌선 호흡 등은 우방 수련의 갈래에 속한다. 한편으로 중국 도교 영향을 받아 유학에서도 명상수련이 도입됨에 따라 유학자들도 체계적인 마음수련 방법론을 개발하고자 노력하였다. 즉, 성性을 우선시 하는 수련이다.

그런데 고조선 풍류도는 철저히 좌방수련의 전통을 따르고 있다. 즉, 명命을 우선시 하는 수련이다. 풍류도에 입문하면 철저히 몸을 달구는 입선 자세로 수련을 한다. 우방이나 불교의 좌선

坐禪과 대치되는 개념이다. 풍류도에서는 좌선을 금기시하며 입선을 유독 강조한다. 원래 풍류도는 대지에 두 발을 붙박고 수련하는 것이 원형이기에 그렇기도 하지만, 시대를 거치면서 중국 도교나 불교 좌선의 폐해를 많이 목격했기 때문이기도 하다.

오랫동안 앉아있다 보니 다리에 기혈이 막히고, 지기를 받지 못하고 천기만 받음으로써 주화입마에 걸리는 경우가 생긴다. 풍류도 정통 수련에서 좌선은 무릎 꿇고 앉는 정도가 있을 뿐이다. 인도는 날씨가 더워 앉아서 몸을 꼬았지만 고조선은 춘하추동 사계가 뚜렷해 서서 몸을 꼬았다. 인도의 좌선 수행과 고조선의 입선 수련을 석가불과 미륵불에 비유해 설명할 수도 있다.

즉 인도에서 도를 깨친 석가모니가 주로 앉아 있는 형상이라면, 우리 전통 신앙을 대표하는 미륵불은 항상 서 있다. 서산 마애삼존불을 위시해서 산속 바위에 새긴 불상들은 대부분 서 있다. 절간 안에 들어있는 불상들만이 주로 앉아 있다.

풍류도인들이 항상 서서 수련을 하였다 하여 고구려 시대에는 나무같이 서있는 사람木人이라고 하였다. 풍류도에서 수련할 때에는 거친 비바람을 맞으며 바위 위에 휘늘어져 장구한 세월을 견디어내는 소나무를 닮으라고 가르친다. 이 입선은 좌선에 비해 엄청나게 몸을 힘들게 만들며 달군다. 다음 장에서 이 내용을 본격적으로 다룰 예정이다.

풍류도는 철저히 좌방수련이라고 강조했지만 사실 수련이 깊어지면 이 문제는 오묘해진다. 성명쌍수의 문제가 새로운 차원에서 드러난다. 수련을 해보면 알게 되겠지만 마음은 몸에 실려 다닌다. 몸을 통괄하는 것이 마음이다. 풍류도에 입문해서 힘든 몸 수련을 열심히 하다 보면 어느 순간 깨닫게 된다. 몸이 극단적인 상황에 처했을 때, 바로 내가 수련한 것이 사실은 마음이었음을.

일제항쟁기에 많은 독립투사들이 혹독한 고문을 당했다. 제3공화국 때도 많은 민주지사들이 고문을 당해 죽어나가기도 했다. 이때 그들이 알게 된 깨달음이 있다. 처절한 고문으로 온몸이 망가지지만 이를 못 견뎌 하는 것은 사실 마음이었다는 것을. 즉 몸과 마음은 분리된 실체가 아니라 서로 다른 꼭지점에 있되 얽혀 있는 한 몸이라는 것을 온몸으로 온 마음으로 알게 된다.

3.2
기운용 수련과 호흡

일반 무술과 풍류도 무술에는 대별되는 특징이 있는데, 바로 풍류도에서는 기운용의 관점에서 무술 동작을 펼쳐나간다는 점이다. 물론 아시아권 많은 무술에서 기운용을 중요하게 여기지마는 실전성을 중요시하다 보니 그런 전통은 쇠퇴하고 화석화 되어가고 있다. 풍류도에서는 세 가지 종류의 기운용 수련을 별도로 하고 있다.

첫 번째가 도인술로 내 몸의 기혈 유통을 시키는 훈련이고, 두 번째가 입선立禪수련으로 내 몸에 하늘과 땅의 기운을 연결하는 수련이다. 세 번째는 회돌이 풍류 수련으로 회돌이 반복 동작을 통해 기운을 생성하고 운용하는 단계다. 입선수련은 풍류도에서 가장 핵심적인 내용이라 다음 장에서 자세히 다룰 예정이고, 이 장에서는 도인술과 회돌이 풍류수련을 설명하고자 한다. 도인술로 먼저 몸의 기혈을 연 다음에 주로 손을 사용한 회돌이 동작으로 기운을 충만하게 한다. 그 후에 맨손으로 하는 권법이나 무기를 들고 하는 각종 무술들을 연마하는 과정을 밟는다.

기운용을 이야기하면서도 유의해야 할 것이 있는데 풍류도에서는 기란 단어를 제한적으로 사용한다. 즉, 의념으로 단전에 기를 축적하는, 도가적으로는 정을 기르고 기로 변화시켜서 신을 잉태시키는 개념을 사용하지 않는다. 대신 단천丹天 수련이라고 해서 호흡과 동작을 통해 내 몸에 막힌 기혈들을 열어서 하늘의 기운과 땅의 기운을 내 몸에서 합치시키고 증폭시켜서 필요시에는 이를 응축시켰다가 뿜어져 나가게 하는 훈련을 한다. 이 수련이 외부인의 시각으로 보았을 때 도인술의 형태이고 기를 운용하는 방식이기에 독자들의 이해와 편의를 위해 기운용 수련이라 이름 붙인 것이다.

참고로 중국 기공에서는 천단법天丹法이라는 호흡 조절 수련법이 있다. 풍류도의 단천수련과는 단어 순서만 다르다. 이처럼 한국과 중국에서는 사용하는 의미는 같되 글자 순서가 다른 단어가 상당히 있다. 단천과 천단 수련은 호흡을 운용한다는 점에서는 같으나 구체적인 내용은 전혀 다르며 다음 절에서 자세히 소개하고자 한다. 또한 중국 기공이나 도교에서는 정精을 기르고 오행五行에 맞춰 식단을 조절하는 지단법地丹法, 방중술을 포함하는 인단법人丹法도 있는데 풍류도에서는 이런 전통이 없고 한의학에 편입된 듯 하다.

기氣와 에너지

—

앞으로 설명할 기운용이나 무술 동작의 원리를 설명하기 위해 바탕이 되는 기에 대해 간략히 언급하고자 한다. 나아가서 이 기는 우주론까지 연결되므로 수련의 목적과도 연결된다.

기氣란 무엇인가.

동양인들에게 아주 친숙한 개념이고 누구나 다 잘 아는 개념이라고 생각하지만 막상 설명해 보라고 하면 막연하다. 그렇지만 기는 관념적으로만 설정한 개념은 아니다. 기란 확실히 실재하고 지각될 수 있는 것이다. 중화 문화권에서 쓰는 기란 개념은 다른 문명권에서도 비슷한 개념들이 발견된다.

생명의 힘, 프라나, 카, 마나, 아르케우스 등이 그런 것이다. 인도 문헌 리그베다에서 프라나Prana는 호흡, 숨이란 뜻인데 호흡하는 공기 속에 들어오는 생명의 근원을 말한다. 프라나는 우주에 가득 차 있으며 모든 현상은 프라나의 드러남이다. 즉, 프라나는 한자권의 기와 아주 유사하다.

이렇듯이 다른 문명권에서도 인체내 무형의 생명에너지를 인식하고 있었다. 아시아에서는 이 기 개념이 모든 방면으로 확산되어 의학, 철학, 우주론 등의 기반을 형성하고 있다. 특히 한의학에서는 인체 내에서 기가 흐르는 길을 경락이라 정의하고 이 경락을 자극함으로써 막힌 기혈을 뚫어 병을 고치는 원리를 채택해 오늘날까지 사용한다. 기에 대해서는 오랜 세월 동안 많은 저술들이 있기에 자세한 설명을 하지 않겠고 앞으로 전개할 기운용과 무예에 관련된 개념들을 중심으로 정리하겠다.

<설문해자>에는 '기氣란 땅에서 모락모락 수증기가 올라가 구름이 되어 하늘에 길게 뻗쳐있는 모양'이라고 설명했다. 이 개념은 나아가 '땅이 하는 호흡'으로 연결된다. 인간을 위시해 모든 생명체는 호흡을 통해 알 수 없는 무언가가 드나들며 생명이 유지된다. 이 알 수 없는 무언가를 기라고 불렀고 요즘 말로 생명에너지라고 불러보자.

> 기란 현상계에서 일체의 존재나 기능의 근원이며, 물질 생명 마음의 삼계三界를 성립시키고 있는 본바탕이다. 기가 응집하거나 확산을 거듭하며 끊임없는 운동과 흐름을 계속하는 사이에서 모든 현상이 일어난다. 그리고 그 기가 바탕이 되어 철학, 의학, 무예 등 여러 방면의 기본 개념이 되었다 [마루야마 2001].

주요 고전인 노자 <도덕경> 42장 충기편을 보자.

> 도는 하나를 낳고, 하나는 둘을 낳고
> 道生一 一生二 (도생일 일생이)
> 둘은 셋을 낳고 셋은 만물을 낳는다.
> 二生三 三生萬物 (이생삼 삼생만물)

만물은 음을 등에 업고 양을 안는다.

萬物負陰而抱陽 (만물부음이포양)

상승하는 기운이 합하여 조화를 이룬다.

沖氣以爲和 (충기이위화)

워낙 유명한 책이고 구절이니 상세한 설명은 삼가겠고, 무에서 음양의 두 기가 생겨나 서로 화합하여 만물을 이루는데 기가 이들을 화합하는 에너지 역할을 하고 있음을 말하고 있다. <회남자>淮南子 천문훈天文訓에는 우주생성론이 담겨있다. 한 구절만 요약해 보자.

하늘과 땅이 아직 형성되지 않았을 때 크고 환히 빛나나 아무런 형태가 없었다. 이를 태시太始라고 한다. 도道는 무한히 넓은 태시에서 비롯되고, 여기서 우주가 생겨났으며 우주에서 기가 생겼다. 맑고 밝은 기는 하늘이 되고, 흐리고 무거운 기는 땅이 되었다. …

아무것도 없는 허공에서 우주가 생성되었고, 만물은 기의 특성에 따라 다양하게 생겨났다는 이론이다. 이런 우주생성론은 현대물리학에서 보는 대폭발로 인한 우주창조설Big Bang과 아주 유사하다. 다만 현대물리학에서는 태초에 무한히 넓은 허공이 아니라 그야말로 한 점도 찍을 수 없게 작은 무형의 엄청난 에너지 덩

어리가 순간적으로 대폭발을 일으켜 우주와 시공간을 창조했다
고 본다.

다음으로 <장자莊子>를 살펴보자.

사람의 태어남은 기가 모임이다.
人之生 氣之聚也
기가 모이면 삶이 되고, 기가 흩어지면 죽음이 된다.
取則爲生 散則爲死
그래서 옛말에 천하를 통해서 오직 기 하나 뿐이라 했다.
故曰 通天下一氣耳
……
대개 이 땅덩어리가 뿜어내는 숨을 바람이라고 한다.
夫大塊噫氣 其名爲風

삶과 죽음, 이 세상 모든 것이 기의 역할이라는 선언이자 우
주관이다. 즉, 물질, 생명, 마음 등 모두가 기의 작용이라는 물심
일원론이다. 그렇기에 자연과 합일하려는 행동양태를 보이고, 복
잡한 체계의 전체는 단지 각 부분의 기능의 총합이 아니라 각 부
분을 결정하는 통일체라는 전체론적holistic 관점을 보인다. 가장
명확하게 이런 관점이 드러나는 분야가 한의학이다.
병을 국부적 현상으로 보지 않고 전체의 균형과 통일이라는

관점에서 침을 놓고 치료를 한다. 또한 마음이 육체의 병을 가져올 수 있다고 보았다. 한편 서양에서는 데카르트가 정립한 물심이원론의 세계관을 가진다. 그렇기에 동서양의 문명은 각기 다른 길을 걸었다. 서양에서 자연은 이용의 대상이기에 개발하고 착취하며 의학에서는 병든 병소에 집중해 수술로 환부를 도려내서 치료를 한다.

다시 <장자> 구절로 돌아가서 마지막 구절에, 마지막에 땅덩어리가 뿜어내는 숨을 바람이라고 본 점이다. 풍류도에서도 이런 개념을 가진다. 자연의 바람 같은 움직임을 따라 사람의 몸을 움직이는 것이 풍류도風流道다.

하늘의 기는 구름이나 바람처럼 끊임없이 움직이며 땅에 영향을 준다. 여름에는 비를 내리고 겨울에는 눈을 내린다. 낮에는 햇빛을 비추어 만물이 자라게 하고 밤에는 어둠으로 휴식을 취하게 한다. 그래서 고대 사람들은 항상 하늘의 기운을 살폈다.

그러다 보니 고대 천문학이 발달했고 태양계에서 가장 큰 행성인 목성의 주기를 기준으로 목성이 동방에 나타나는 시기를 일년의 시작으로 삼아 달력을 만들었다. 이때가 양기가 음기를 타고 만물이 생동하는 시작점으로 보았다. 그래서 하늘 기운의 움직임을 미리미리 살펴 알고 거기에 상통하는 방식으로 인간이 살아가는 것이 가장 이상적인 삶이라고 보았다.

이렇게 우주적인 스케일로 기가 운행하고 있듯이, 소우주인 인체도 기가 운행하고 있으며 이를 걸림 없는 바람처럼 잘 유통시켜 몸을 원활하게 만드는 것이 풍류도에서 하는 수련이다.

　필자가 과학을 공부했기에 자연과학의 시각으로 기의 다른 측면을 조금 언급하겠다. 현대과학의 용어로는 기를 에너지라고 볼 수 있겠다. 에너지란 개념도 원래 열역학적 개념에서 출발해 광범위하게 사용하기에 한마디로 정의내리기 어렵다. 하지만 우리 일상에서 이들은 생활용어로 서로 대체 가능하다. 지쳐서 기가 빠지면 에너지를 보충해주려고 에너지 드링크를 마시듯이 기나 에너지는 무형의 개념이다. 그래서 그 실체를 볼 수가 없다. 다만 기나 에너지가 발현되는 현상을 볼 수 있다.

　20세기에 양자역학이 발달하면서 엄청난 우주의 비밀을 알게 되었다. 바로 에너지와 물질은 서로 변환될 수 있다는 사실이다. 아인슈타인의 식으로 유명한 $E=mc^2$이 바로 이를 가리키는 식이다. 태초에는 엄청난 에너지만 한 점에 집약되어 있었고 아무것도 없었다. 텅빈 우주공간이 아니라 공간과 시간도 없었다. 어느 순간 우주의 미세한 떨림이 물질을 창조하기 시작했다. 그것이 현대과학에서 이야기하는 대폭발Big Bang이다.

　에너지가 물질을 창조한 것이다. 거꾸로도 가능하다. 물질이 에너지로 변하면 어마어마한 에너지가 나온다. 바로 원자폭탄이다. 이런 우주의 숨겨진 법칙을 고대의 지성들은 직관적으로 알고 있었다. 천부경, 노자 도덕경 등등에서 태초에는 허공에서 하나가 생기고, 하나가 음양의 둘을 낳고, 둘이 3, 4를 낳으며 만물을 생성한다고 서술하고 있지 않은가.

우리는 이렇게 고대 지성들이 이룩해 놓은 기의 운용체계를 공부함으로써, 몸과 우주에 대한 이해를 풍부하게 갖게 되었다.

도인술 전통과 단천수련

—

앞에서 풍류도는 호흡에 신경 쓰지 않는다고 말하였다. 호흡에 신경을 쓰면 의념이 몸을 지배하기 때문이다. 그래서 단전호흡과 같이 의념으로 호흡을 조절하는 그런 종류의 수련을 하지 않는다. 그래서 입선 수련인 태공유수 등에서 호흡은 전혀 의식하지 않고 자연 호흡에 맡긴다. 그런데 풍류도에서 호흡 수련이 전혀 없지는 않다. 동작과 함께하는 호흡수련이 있다. 즉, 몸동작을 통해 기혈 순환을 시키면서 호흡과 기를 같이 들이고 내뿜는 훈련을 한다. 도인술導引術의 일종으로 보면 되겠다. 다르게 표현하자면 동공動功으로 들어가는 내단 수련이라 하겠다.

몸 안의 기나 피는 끊임없이 순환한다. 순환이 잠시만 끊어져도 몸이 상하고, 끊어짐이 조금만 길어져도 곧 죽음에 이른다. 많은 만성 질병들이 울혈이 생기거나 혈관이 좁아지는 등 기나 혈의 순환이 원활하지 못해 생긴다. 그래서 기나 혈을 유연하게 순환키려는 운동이 오래전부터 있어 왔다. 현대 한국에 전해진 도인술은 대부분 중국에서 유래되었다. 달마 역근경과 화타의 오금희五禽戲, 팔단금八段錦 등이 유명한 중국 유래 도인술이다.

오금희는 다섯 가지 동물동작을 흉내낸 운동이란 뜻으로, 호랑이가 돌아보듯이, 사슴이 깡충깡충 뛰듯이, 곰이 똑바로 서듯이, 원숭이가 나무를 타듯이, 새가 목을 늘리듯 몸을 쭉 뻗는 동작과 자태를 모방한 운동이다. 이들 도인술導引術은 온몸의 관절을 펴거나 굽히며 신선한 공기를 몸속에 들여와 기혈을 원활하게 하는 각종 건강 체조로 볼 수 있다. 그림3.1은 중국 서한시대 무덤인 마왕퇴馬王堆 3호묘에서 출토된 백화 도인도導引圖다. 4열로 각 11명이 제각기 동작을 취하고 있는 건강 체조로 해석하고 있다.

이 자세들 중에는 용, 솔개, 사마귀의 동작을 본뜬 자세도 있다 하니 찾아보는 재미도 있겠다. 특히 공, 그릇, 자루, 곤장 같은 기구를 사용한 운동도 있어 흥미롭다. 도인술이 이 당시에 꽤 유

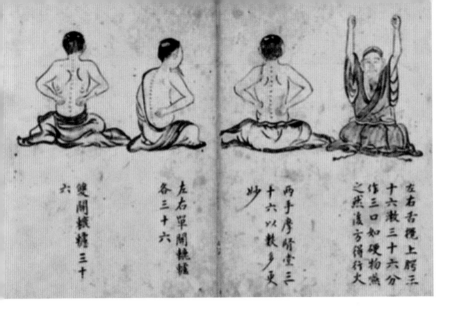

| 그림3.2 퇴계 이황이 저술한 <활인심방>에 있는 팔단금좌공법 도해 중 일부

행하였고 중요한 위치를 차지하고 있었음을 알 수 있다.

우리나라에서도 도인술은 다양한 형태로 전개되어 왔는데 선교, 불교를 넘어 유교 계통에서도 건강을 위해 중요한 건강비결로 삼았다. 퇴계 이황은 명나라 주권이 지은 《구선활인심법臞僊活人心法》을 공부한 후 이를 새롭게 정리하여 《활인심방活人心方》을 저술하였다. 《활인심방》 전반부는 마음을 다스리는 법, 즉 정신 건강법을 제시했고, 후반부는 신체 건강법으로 호흡과 소리, 체조를 조합한 팔단금좌공법八段錦坐功法을 펴냈다. 그림3.2에 일부 도해를 실었다. 조선시대 선비들은 책 읽는 짬짬이 주로 이 공법으로 건강 수련을 하였다.

현재 전해지고 있는 중국 유래 도인법들이 상당히 유연하고 부드러운 체조 형식의 운동방식을 드러내고 있다면, 풍류도에서 수련하는 도인법은 처음 단계에서는 부드럽게 상체 동작들을 하면서 특정 자세에서 입선 수련하듯이 잠시 정지한다. 기운을 끌어모으는 작용이다. 물론 여기에 심취해 깊이 들어가면 그대로 입선수련이 되는데, 도인법에서는 기운용이 목적이므로 조금만 머물고 몸을 다시 풀어낸다. 단계가 점점 진행될수록 훨씬 더 가압해서 격하게 호흡을 토출하는 형태를 띤다. 또 이 기혈순환 호흡법에 각 단계별 수련체계가 짜여져 있는데 상당히 방대하다.

풍류도의 모든 수련 자세에서 좌선 형태로 앉거나 양반다리로 다리를 꼬고 앉아서 하는 방식은 없다. 그러면 다리의 기혈이 막혀 역효과를 본다고 생각하기 때문이다. 하지만 고수가 되면 의념으로 모든 기혈을 돌릴 수 있기 때문에 이런 제한이 무의미해진다. 풍류도 기운용 수련에서도 모든 자세를 기마자세로 서서 하는 것이 원칙인데, 현대인들이 책상에 앉은 자세로 생활을 많이 하기에 쉽게 생활화된 도인술을 익히기 위해 의자에 앉아서 하는 수련도 허용한다.

처음에는 하·중·상기 단천 수렵법을 시작해서 음양이 교차하고 오행으로 순환시키면서, 기운이 정체된 곳과 손상된 부분들을 자극해 위아래가 서로 이어지고 사지팔환四肢八還이 서로 연결되어 순환토록 만든다. 그러면서 폐기는 강한 토기 호흡으로 뱉어내고 신선한 기운을 빨아들인다. 최고 단계에서는 기마자세로 온몸의 12경락을 자극시키고 순환시키면서 호흡을 토해내고 받아들인다. 이 책은 풍류도 수련서가 아니고 풍류도의 내용을 소개하는 목적이므로 한두 가지만 소개하고자 한다. 독자분들도 한번 따라서 해보시기를.

단천 수련 1단계

—

첫 시작은 번잡하고 시달린 마음을 평정시키는 작업이다.

1) 기마자세나 의자에 앉아서 허리를 곧게 펴고, 양손의 엄지와 검지를 서로 맞대고 두 손으로 원을 만들어서 단전 앞에 놓는다.

2) 천천히 호흡을 한다. 들이마실 때는 공기가 아랫배에까지 전달되는 느낌으로 아랫배를 내밀고, 내쉴 때에는 모든 탁기를 뿜어낸다는 기분으로 아랫배가 쑥 들어갈 때까지 내뱉는다. 처음 몇 번은 크고 강하게 하나, 이후로는 천천히 마음을 가라앉히며 고요히 행한다. 마치 거문고 현을 처음에 강하게 튕겨 진동이 크나 점차 잠잠해지는 것과 같이 한다. 마음이 안정되지 않을 때에는 크고 강한 호흡을 계속 반복한다.

3) 마음이 안정되면 두 손을 풀어 자연스럽게 내리고 호흡은 잊어버린다. 이제 양미간 사이 인당혈에 의식을 집중한다.

인당혈은 제3의 눈이다. 모든 기혈이 열린 사람은 이 상태만으로도 깊은 경지에 도달한다. 인당혈에 의식을 집중하기 위해 두 눈을 감을 수도 있으나 풍류도에서는 보통 눈을 감지 않는다. 한 점을 응시하거나, 눈으로 들어오는 정보를 의식하지 않기 위해 멍한 듯 초점 잃은 눈으로 수련에 임하면 된다. 단천 수련을 위한 기본마음의 마당이 열렸으니 이제 본격적인 기운용 수련에 들어간다.

4) 시작 : 천천히 두 팔을 가슴까지 올려 항아리를 껴안듯 둥근 원 모양을 만든다.

5) 하기 단천 : 양팔을 새가 날갯짓 하듯 양 옆으로 벌린다. 손바닥이 하늘로 향하게 천천히 돌린다. 대부분 이때 팔근육과 신경을 따라 강한 자극을 느끼게 된다.

6) 중기 단천 : 두 팔을 이전의 자세로 돌려 가슴부위에 모은다. 이때 손안에 여의주를 잡은 듯한 느낌과 자세를 취한다.

7) 상기 단천 : 두 손을 가슴안으로 돌려 여의주를 밖에서 보이도록 한다. 이 여의주를 천천히 머리 위로 들어 올린다. 이때 두 손바닥이 하늘을 향하게 한다. 그러면 두 손이 약간 벌어진다. 두 팔은 쭉 뻗어도 되고 약간 오므린 형태가 되어도 상관없는데, 두 자세가 서로 받는 자극이나 기혈 유통은 조금 다르지만 수련자에 따라 몸의 상태가 다르므로 각자 몸이 가는 대로 맡기면 된다.

8) 서서히 팔을 내리고 항아리를 껴안듯 4)의 자세를 다시 취

해 위의 동작들을 반복한다.

이상의 동작이 초기 단천 수련인데, 준비동작 외에는 호흡을 의식하지 않는다. 그러나 팔을 오르내리는 동작을 통해 자연스럽게 호흡이 따라가게 된다. 단천수련 각 단계마다 걸리는 시간에는 제한이 없다. 상·중·하 각 단계마다 수련자는 기운이 느껴지는 만큼, 머물고 싶은 만큼 머물면 된다. 그래서 태공유수처럼 각 단계를 한 시간 이상씩 머물며 입선 수련을 하는 사람도 있다. 물론 빨리 할 수도 있다. 그러나 보건 체조하듯이 빨리빨리 해치우면 기운이 동작을 따라가지 못해 좋은 효과를 기대하기 어렵다.

단천 수련 2단계

—

단천수련 1단계는 몸으로만 설명하자면, 팔을 지나가는 경락들을 자극시키고 팔을 들어올리고 내리는 동작을 통해 횡격막을 크게 움직이면서 몸통을 자극시켜 사지팔환四肢八還으로 온몸이 서로 연결, 순환되게 만드는 수련이다. 2단계는 여기에 더해 인위적인 호흡을 통해 순환운동을 펌프질해 탁기를 강하게 뽑아낸다.

1) 앞에서 수련한 상기 단천 자세에서 양 손바닥으로 하늘을 받치고, 하늘의 기운을 손으로 받는다는 생각을 한다.

2) 호흡을 깊고 길게 들이마시면서 하늘의 기운을 받는다고 생각하고, 기운이 온몸을 돈 다음 천천히 길게 내쉰다. 이 동작을 한동안 반복한다.

3) 이제는 호흡을 의식하지 않으면서 양손을 서서히 가슴까지 내린다. 이때 양 손바닥을 안으로 돌려 조금 둥글게 잡으면서 두 손에 여의주가 살포시 들어와 앉게 한다.

4) 의념으로 손안의 여의주가 내 몸쪽으로 천천히 돈다고 생각하면서 숨을 깊게 들이마신다. 여의주 기운이 온몸을 돈 다음, 여의주가 반대 방향으로 다시 돌아간다고 생각하면서 숨을 천천히 길게 내쉰다. 이 동작을 한동안 반복한다.

5) 다시 양손을 천천히 머리 위로 들어올려 상기단천 자세를 취하고 처음부터 다시 반복한다. 이 수련에서는 동작할 때는 호흡을 의식하지 않고, 정지상태에서는 의식적으로 느리고 긴 호흡을 반복하면서 기혈을 열어나간다.

단천수련은 이런 식으로 계속 단계를 높여가면서 동작과 소리, 호흡이 더해진다. 30여 단계가 더 있다. 그 예로, 3단계에서는 다른 동작을 취하면서 호흡에 더해 티베트 불교에서 "옴~" 하는 만트라 수행처럼, "흠~, 치~" 등 소리 수행이 더해진다. 이 소리는 기운을 뿜어내는 오장육부의 위치에 따라 다르다. 다음 단계는 강하게 뿜어내는 "푸<<, 파<<" 등이다. 그다음 단계는 기운을 강하게 뭉쳐 탄환처럼 뿜어낸다. "압!, 합!" 등의 소리와 함께.

나간 기운은 "스흡~" 소리와 함께 거두어들인다. 호수상천, 호룡쌍수, 호룡출파 등 계속되는 수련 내용이 있다. 자세한 설명은 생략한다.

만트라 수련

—

만트라 수련은 티베트 불교에서 주로 하는 수련법으로 알려져 있다. 한국 불교에서는 주문呪文수련이라 한다. 풍류도에서도 아침 일찍 일어나 만트라 수련을 하는 전통이 있다. 초급자에게는 잘 전수하지 않는데, 풍류도를 적극적으로 수련하는 사람들에게는 스승이 몇 가지 짧은 만트라를 준다. 주문만 반복적으로 암송하거나, 불교와는 다르게 단천 고급단계 동작이나 뒤에서 나올 풍향동천風向動天이나 비가비세飛佳秘勢 같은 동작을 하면서 운율에 맞추어 주문을 읊조리기도 한다. 단천수련시 읊조리는 "옴~" 하는 것과 유사한 것들이다.

가장 많이 하는 주문은 을지문덕의 도력 진법進法이다.

分分山天 日月辰 분분산천 일월진
人力回手 無明進 인력회수 무명진
산과 하늘을 나누고 나누니 해와 달이 길구나
사람의 힘은 손을 돌림에 어둠이 나가는구나

이 주문은 도력의 비수秘授라 할 수 있는데, 풍류도인들에게 대를 이어 전해졌다. 비수인지라 직계 제자에게만 심의를 전했다. 사명당이 이 주문을 자주 외워 풍운조화를 일으켰다 한다. 일반인에게는 그냥 글월로만 밝혀진 바이며 인연 있고 연분 있는 자가 있으면 터득할 수도 있을 것이다. 필자도 비법을 전수받지 못했고 그냥 혼자 수련 중에 '분분산천 일월진, 인력회수 무명진'을 쉽없이 반복해서 읊조려 보았는데 몸과 정신이 하나로 통일되며 허공에 떠오르는 듯한 상태로 들어갔다. 원래 주문이란 천지의 신성과 생명을 나의 몸과 마음속에 빨아들이는 글이라는 뜻이니 그 의미가 실감났다. 티베트 불교의 주된 수행방법 중 하나가 만트라 수행인데 여러 종교나 수행단체에서 주문 암송 수련을 활발히 하는 것을 보면 그 효과가 검증된 방법이라고 하겠다.

가장 본격적이고 긴 만트라는 의상대사가 지은 법성게法性偈다. 오래 수련한 사람들은 길지만 외워서 낭송한다. 법성게는 의상대사가 화엄일승華嚴一乘의 사상을 7언 30구 210자의 게송으로 표현한 것으로 알려져 있고 현대에도 많은 불교인들이 이를 공부하고 있다. 그런데 풍류도에는 의상대사가 전한 또 다른 버전version의 법성게가 전해져 내려오고 있다. 7언 60구 420자로 이루어져 있는데 문헌으로 전해진 것은 없고 수련의 일환으로 암송하면서 대를 이어 전해져 왔는데, 현시대 원광스님이 새로이 문서로 작성했다.

불교 쪽에 전해진 법성게와 비교해 보면 같은 구절이 몇 개

제3장 기운용과 풍류 수련

있고 전체적인 맥락은 유사한 부분이 많다. 또한 특이하게 태극기 문양처럼 음양이 교대로 돌아가는 구조로 되어있다. 즉 전반부 30구는 불교 법성게 30구처럼 법法으로 시작해 불佛로 끝나는데, 후반부는 음양이 바뀌어 전체 문장이 전반부를 거꾸로 뒤집은 형태로 불佛로 시작해 한자 한자 거꾸로 돌아가 법法으로 끝난다. 그래서 계속 음양이 꼬리를 물고 돌아가는 형태로 암송을 한다.

전반부는 선천 세계를 서술하는데 법法은 물이 흘러가는 모습이다. 자연의 이치인 물이 흘러가는 법칙에 순응해 살아가는 문명이다. 그래서 치수治水가 중요하다. 선천 문명은 물이 과하게 흘러넘쳐 끝난다. 길가메쉬 서사시에 나오는 대홍수나 유대 창세기에 나오는 노아의 방주, 한국의 구비문학에 있는 목도령 설화 등 대홍수로 지구상 거의 모든 문명이 파괴되었음을 설화로 남겨 놓았다.

후천세계는 불佛로 시작해 법法으로 끝난다. 현대문명은 전기 문명이고 불火의 문명이다. 전기는 화석연료를 태워 만든다. 전쟁을 하면 칼이나 화살 대신 불을 뿜는다. 포탄, 미사일 모두 엄청난 불을 낸다. 현대문명은 아마도 엄청난 불로 인해 종말을 맞이할 것이다. 핵폭탄이 이미 모든 준비를 마치고 대기하고 있다.

풍류도에서는 순환을 중요시한다. 사계절이 돌아가고 별자리들이 돌아간다. 인체도 오장육부와 구궁九宮이 이에 부합해 순환한다. 풍류도 무술도 이에 기반해 짜여져 있기에 상당히 길다.

필자의 역량이 부족해 더 이상 법성게 해설을 삼가겠지만 뜻있는 분들이 연구 검토해서 의상대사가 어떻게 불교의 핵심과 풍류도의 핵심을 다르게 표현했는지 살펴보기를 기대한다. 아래에 풍류도에 전해진 법성게 전문全文을 싣는다 [한명준, 2012].

[전반부 : 선천 세계]

法性圓融無二相 법성원융무이상
一卽世互相卽仍 일즉세호상즉잉
不雜亂隔別成方 불잡난격별성방
卽是無量劫九世 즉시무량겁구세
無一念一卽量遠 무일념일즉량원
劫念一切塵中赤 겁념일체진중적
如是十一切多卽 여시십일체다즉

一一微塵中含十 일일미진중함십
初發益生滿虛空 초발익생만허공
衆生隨器得利益 중생수기득이익
理繁出如意不思 이번출여의불사
議雨普賢大人境 의우보현대인경
中事冥然無分別 중사명연무분별
印三昧能仁海十 인삼매능인해십

佛寶心是便正覺 불보심시변정각

生死涅槃相共和 생사열반상공화

是故界實寶殿窮 시고계실보전궁

坐實際中道相得 좌실제중도상득

羅尼無盡寶莊嚴 나니무진보장엄

歸資糧以得家隨 귀자량이득가수

分陀無 緣善巧捉 분타무연선교착

如意法行者還本 여의법행자환본

際叵息妄想必不 제파식망상필부

舊來自性隨緣成 구래자성수연성

一中一切多中一 일중일체다중일

諸智所知非餘境 제지소지비여경

妙不無相絶一切 묘불무상절일체

深極微眞性甚證 심극미진성심증

法不動本來寂無 법부동본래적무

名守不動名爲佛 명수부동명위불

[후반부 : 후천 세계]

佛爲名動不守名 위명동불수명

無寂來本動不法 적래본동불법

證甚性眞微極深 심성진미극심

切一絶相無不妙 일절상무불묘

境餘非知所智諸 여비지소지제

一中多切一中一 중다체일중일

成緣隨性自來舊 연수성자래구

不必想妄息叵際 부필상망식파제

本環者行法意如 본환자행법의여

捉巧善緣無陀分 착교선연무타분

隨家得以糧資歸 수가득이량자귀

嚴莊寶盡無尼羅 엄장보진무니라

得床道中際實坐 득상도중제실좌

窮殿寶實界故是 궁전보실계고시

和共常槃涅死生 화공상반열사생

覺正便是心寶佛 각정변시심보불

十海仁能昧三印 십해인능매삼인

別分無然冥事中 분무연명사중

境人大賢普雨議 인대현보우의

思不意如出繁理 불의여출번리

益利得器隨生衆 이득기수생중

空虛滿生益發初 허만생익발초

十含中塵微一一 함중진미일일

卽多切一十是如 즉다체일십시여

赤中塵切一念劫 적중진체일념겁

遠量卽一念一無 원량즉일념일무

世九劫量無是卽 세구겁량무시즉

方成別隔亂雜不 방성별격란잡부

仍卽相互世卽一 잉즉상호세즉일

相二無融圓性法 상이무융원성법

하림장법夏林掌法

—

　입선자세로 하는 도인술인 하림장법夏林掌法 하나만 더 소개하겠다. 뒤에 나올 맨손 무술인 하림장권夏林掌拳과는 다르다. 무술을 하기 위한 준비운동이나 몸풀이라고 생각해도 되겠지만, 이 자체로 심오한 세계가 있고 몸과 기에 대한 놀라운 체험을 하는 경우들도 있으므로 따라해 보기를 권한다. 이 동작은 숨을 쉬면서 우주의 기의 흐름과 동조하여 내 몸의 기운을 여름의 맑고 풍

118

부한 숲처럼 만드는 동작이다. 그래서 하림장법이라고 한다. 팔의 위치와 모양에 따라 일곱가지 동작으로 나뉜다.

첫 동작은 하림장하夏林掌下이다. 이 동작만 자세히 설명하고 나머지는 간략히 언급만 하겠다. 그림3.3을 참조하면 되겠다.

0) 먼저 기마자세로 선다.

1) 양 팔을 자연스럽게 늘어뜨렸다가 왼쪽 상단 사진처럼 왼팔을 배 앞으로 느리고 가볍게 돌리고, 오른팔은 반대로 허리 뒤로 간다.

2) 반대로 오른팔을 앞으로 왼팔은 허리 뒤로 돌린다.

3) 이렇게 양손을 교대로 돌리는 동작을 천천히 계속한다. 그러면 손에서 열감과 기감이 느껴지기 시작한다. 온몸에 기운이 오르면 두 손의 운동이 무의식적으로 점차 빨라진다. 호흡은 의식하지 않아도 되는데, 양손의 움직임에 따라 호흡은 따라간다.

두 번째 동작은 하림중하夏林中下다. 하림장하에 같은 동작을 하는데, 팔의 위치가 사진의 상단 중앙처럼 가슴으로 올라간다. 세 번째는 하림상천夏林上天인데, 팔을 사진 상단 오른쪽처럼 얼굴까지 올린다. 이때 뒤로 가는 팔은 높이를 의식하지 말고 자연스럽게 돌린다. 호흡은 의식하지 말고 자연스럽게 팔 동작에 맡긴다.

제3장 기운용과 풍류 수련

그림3.3 하림장법 시연모습. 상단 왼쪽부터 하림장하, 하림중하, 하림상천, 하단 왼쪽부터 하림후풍, 하림역풍, 하림획풍 자세

네 번째는 하림후풍夏林後風이다. 팔을 귀 뒤가 아니고 완전히 머리 뒤로 돌리는 동작이다. 사진에서 하단 왼쪽이다. 나머지는 하림천풍과 같다.

다섯 번째는 하림역풍夏林逆風이다. 사진에서 하단 중앙이다.

팔을 첫 번째 동작인 하림장하와 같이 배 부위에서 돌리되, 다리는 고정하고 시선과 몸통이 팔을 따라간다. 그래서 몸통이 꼬이게 된다. 이 동작도 처음에는 상체 허리만 꼬이지만 동작이 반복되면서 다리까지 꼬이게 된다. 호흡은 의식하지 말고 자연스럽게 하면, 팔 동작에 맞추어 호흡이 이루어진다.

여섯 번째는 하림획풍夏林獲風이다. 사진에서 하단 오른쪽이다. 하림천풍에서 두 팔을 몸통 뒤로 돌렸다면, 여기서는 두 팔을 몸통 앞에서 돌린다. 한 팔을 배 앞에서 손바닥이 하늘 방향을 향하도록 한다. 다른 팔은 얼굴 높이에서 손바닥이 아래를 향하도록 해서 크게 원을 만든다. 이제 반대로 아래 팔은 위로, 위 팔은 아래로 가게 돌린다. 이 동작들을 반복한다. 마치 큰 원에 두 손을 잡고 돌리는 운동기구와 같은 요령이다. 원을 크게 그리면서, 들어올리는 팔 쪽에 갈비뼈와 이두박근도 크게 벌려준다. 여기서도 의식적으로 동작과 호흡을 일치시킨다.

기본 호흡은 팔 동작을 하면서 숨을 들이쉬고, 팔이 정점에 도달했을 때 잠깐 동작을 멈추고 숨을 내뱉는다. 이 수련도 오래 하다보면 호흡이 바뀌는 경험을 하게 된다. 예로, 먼저 두 팔을 벌려 몸을 십자로 만들었다가 한쪽 팔을 위로 올린 후 그 팔을 천천히 내리면서 숨을 들이쉬고, 두 팔이 수평에 도달하면 빠르게 숨을 뱉으면서 내리던 팔을 배 쪽에 가져가고 반대 팔은 올린다. 사람 몸에 따른 하늘의 처방이라고 이해하면 되겠다.

3.3
손을 통한 기운용 수벽치기

앞에서 서술한 단천 수련으로 몸과 호흡과 기혈이 한 사이클로 동조되어 활성화되었다면, 온몸을 움직이는 무예 수련에 들어갈 차례인데 풍류도에서는 몇 단계 더 거치고 간다. 손동작을 통해 기운용을 하는 단계로 수벽치기가 있다. 수벽치기 다음 단계는 단형백수라 하여 손과 팔을 이용한 동작으로 기를 운용하는 백 가지 동작이 있다. 수벽치기나 단형백수 모두 크게 보면 권법에 해당하고 근거리 실전무술로도 유용하지만, 하체를 쓰지 않고 그 수가 짧으므로 단수라고 부르고 온몸을 쓰는 맨손 무술은 권법이라고 부른다.

우리나라 옛 문헌에 나오는 수벽치기와 연관이 있지만 동일하지 않다. 역사학계에서는 문헌에 나오는 수벽치기를 그림3.4의 고구려 고분벽화에서 볼 수 있는 두 사람이 마주 보고 하는 무술로 이해하고 후대 택견으로 이어진 무술로 해석한다. 한편, 풍

┃그림3.4 고구려 고분벽화에서 보는 수박희 모습 (좌)무용총 (우)안악3호분

류도에서는 수벽치기를 손을 사용한 기운용을 이르고, 그림3.4의 고구려 고분의 무술동작은 뒤의 그림4.9에서 보듯이 약속대련의 일종으로 본다. 큰 범위에서 보면 수벽치기는 이상의 것들이 다 포함되는 맨손 무술 유형이라고 볼 수 있겠다.

풍류도 수벽치기는 두 손을 천천히 부딪혀서 박수를 치는 것으로 부딪치는 손의 부위와 부딪치는 위치에 따라 여러 가지 형태의 수벽치기 수가 있는데, 손등, 손바닥끼리 또는 서로 교차하며 부딪치기, 전진하기, 원으로 돌며 치기 등등 32가지의 수벽치기가 전해오고 있다. 현재 시중에서 만날 수 있는 수벽치기는 이 중 일부만 소개된 것이며 풍류도에서 전해진 수벽치기를 간단하게 원리만 소개한다.

수벽을 칠 때는 세게 치는 것이 아니고 서서히 달래는 기분으로 치기 시작하되 박자는 국악의 박자와 같아서 '강약 강약 강약 강약 장자 자자자' 하는 리듬으로 이어지도록 치는데 장시간 수벽을 치다보면 국악의 리듬이 자연스레 나오게 되는데, 구체적인 형태는 한 가지 방법을 일정시간 이상 수련해보아야 각 행공법의 맛을 느끼게 되므로 차례 차례 수련을 해야 한다. 또한, 이 수벽치기는 손바닥에 퍼져 있는 경락과 기혈을 풀어주게 되어 관련된 오장육부가 골고루 좋아지도록 자극하는 효과가 있는데 손바닥을 칠 때 생기는 기의 파장으로 온몸의 기혈 순환을 촉진시킨다.

다섯 손가락에는 각기 다른 경혈길이 있어 자극되는 경락이나 장부가 다르다. 그래서 손가락을 오므리고 비벼주고 펴줌으로써 오장육부의 기능을 활성화시킬 수 있다. 이렇게 다섯 손가락으로 하는 운동을 지동파수地動波手라고 한다. 손가락을 계속 움직이면, 처음에는 작은 파동이었다가 점점 큰 파동으로 변해 전신으로 퍼져나간다. 이 파동이 점점 쌓이면 축기가 되고 내공으로 응축된다.

여기에서 흔히 하는 가위, 바위, 보에 대하여 풍류도는 특이한 개념을 가지고 있다. 본래 이것은 무술의 기초에서 유래된 것으로 가위는 찌르는 송곳에 비유되며, 바위는 뼈를 부러뜨리지만 손바닥의 뼈와 살을 지나서 내장을 파열시키는 것이며, 송곳은 바위를 뚫고 바위는 바람을 타지만 바위를 견딘다. 그 속에 무술의 천변만화하는 동작과 기술이 내포되어 있다. 가위, 바위, 보하는 데는 무술의 전체적인 비밀이 숨겨져 있다. 이것은 해동풍류도에 숨겨진 낱말이다. 주먹을 쥐었을 때는 매화꽃의 봉우리가 되고, 주먹을 폈을 때는 매화꽃 봉오리가 피었을 때이다. 다섯 손가락을 매화오엽이라 하고 세 손가락은 매화삼엽이라 한다. 기운을 실어 매화오엽이나 매화삼엽으로 타격한 자리는 마치 매화무늬가 찍힌 듯 나타난다.

더 이상 자세한 설명은 하기 힘들지만, 앞 2장의 원광스님편에서 원광이 미국 LA에서 권투선수 출신 흑형과 대결하던 장면을 묘사했다. 이때 원광이 쓴 주먹이 바로 매화오엽으로 상대의 손가락뼈가 부서져 버렸다. 또한, 다음에 언급할 진묵이나 그림 6.7에 있는 개운이 바위에 손가락으로 글을 새긴 공력이 바로 이것이다. 무협영화에서 보듯이 주인공이 손바닥으로 바위를 쳤는데, 바람이 불자 바위가 스르르 무너져 내리는 공력이다.

손가락을 움직이면 전신의 기혈이 풀리며 관절의 마디마디가 풀린다. 손가락이 풀리면 팔목이 풀리고, 팔목이 풀리면 팔굽이 풀리고, 팔굽이 풀리면 어깨가 풀려 동시에 견정혈이 저절로 따라 풀리고, 대추혈에서 위로는 경추혈과 뇌혈이 풀리며 아래로는 흉추, 요추, 미추, 골반, 무릎, 발목, 발가락까지 하여 손가락에서 시작하여 발가락을 끝으로 가면서 다시 순환 반복한다.

처음에 왼손 다섯 손가락을 움직이고 다음은 오른손 다섯 손가락을 움직이며, 이것을 약 6개월 동안 움직여준다. 다음에 왼손과 오른손 손가락을 한꺼번에 움직여주며, 6개월 후에는 엄지손가락을 뺀 상태에서 새끼손가락부터 차례로 쥔 다음, 차례로 새끼손가락부터 엄지손가락까지 펴나간다. 이 운동을 반복하면, 엄지부터 새끼손가락까지 오장이 연결되어 있어서 오장육부를 풀어주며 뇌혈까지 풀어주는 역할을 한다.

한의학 관점에서 보면, 손에는 수태양대장경을 비롯해 많은 경락이 지나가므로 손을 통한 기운용은 몸을 크게 활성화시킨다. 건강차원에서 보면 이러한 손가락의 움직임은 노인병인 치매를 미연에 방지할 수 있고, 특히 손가락에 관절염이 있는 사람은 더욱 효과가 있으며, 손이 차가운 사람도 이 운동을 반복하여 줌으로써 손이 따뜻해짐을 느끼게 된다.

3.4
회돌이 풍류 수련과 단형백수

수벽치기로 몸이 활성화된 다음에는 짧은 동작을 유선형으로 연결해 끝없이 반복해서 수련하는 동공動功 수련단계로 들어간다. 다음 장에서 우주의 운행구조와 풍류도의 특징에 대해 자세히 언급하겠지만, 풍류도에서는 반복되는 회전운동, 회돌이 동작을 통해서 기운을 생성하고 활성화시키며 이를 운용하는 것이 무예란 개념을 가지고 있다. 영어로 표현하면 볼텍스vortex나 뫼비우스띠Moebius band 동작이라 하겠다. 고대 조상들이 자연관찰을 통해 얻어낸 지혜다. 십여 가지의 수련동작들이 있는데 몇 가지만 간략히 소개하겠다.

회수자천回繡自天

—

회수자천回繡自天은 우리에게 익숙한 쌍접시 돌리기 운동이라고 할 수 있다. 다른 점은 풍류도에서는 처음에는 가슴에서 조그마하게 손동작으로 양손이 각각 여덟 팔자를 동시에 그리다가 점점 키워나간다. 이때 양손이 데칼코마니처럼 서로 대칭되게 움직인다. 동작이 커질수록 온몸을 써서 궤도를 그리게 된다. 30분 이상을 하면, 머리에 눌러앉은 모자가 벗겨진 듯 시원한 바람이 머리를 휘감으니 그야말로 풍류風流다. 허리는 굵은 소나무 기둥이 들어선 듯 든든해진다.

바로 몸에서 천지기운이 화합하고 태풍이 회오리치듯 몸에서 기운이 생하면서 뻗쳐 나가니 온몸의 세포가 이를 따라가며 활성화된다. 마치 태풍이 처음에는 미약하다가 점점 회오리 반경이

┃그림3.5 회수자천 동작 시연 모습. 양손이 각각 8자를 그린다.

커지면서 강력한 힘을 펼쳐내는 것과 같은 메카니즘이다. 그래서 오십견, 허리디스크, 편두통 등 각종 질병을 달고 지내던 사람들이 만성질병의 고통에서 탈출하게 된다. 쌍접시 돌리기를 해보지 않은 사람들을 위해 그림3.5에 회수자천 동작 모습을 실었다.

첫 그림처럼 손바닥을 하늘을 향하게 두 손을 모아서 안으로 감은 다음, 두 번째 그림처럼 옆 사선으로 양손을 펼쳐낸다. 세 번째는 허리를 뒤로 재끼면서 두 손을 머리 위로 들어올리며 교차시킨다. 네 번째는 두 손바닥이 하늘을 향하게 하고, 서서히 크게 원을 그리며 풀어내린다.

비가비세飛佳秘勢

—

이 동작은 중국 태극권에서 나오는 야마분종野馬分縱 자세와 조금 비슷하다. 근본적인 차이점은 야마분종은 기운용 수련이기는 하지만 상대를 막고 밀치는 동작, 즉 앞으로 전진해 나아가는 개념이 강하고, 비가비세는 그림4.1에 있는 뫼비우스 띠처럼 기운을 펼쳐내다가 다시 돌려 회수해서 안으로 끌어당기고, 다른 손이 이를 받아 다시 펼쳐내면서 대기의 기운을 같이 잡아 끌어당겨 기운을 증폭시키는 데 주안점을 둔다. 그림3.6에 실은 사진을 참조하며 운동자세를 설명하면 다음과 같다.

| 그림3.6 비가비세 (飛佳秘勢) 동작

0) 먼저 기마자세로 선다.

1) 그림의 왼쪽처럼 오른손을 위에 왼손은 아래로 큰 공을
   감싸안듯이 자세를 취한 다음, 두 번째 사진처럼 공을 돌
   리듯 둥글게 시계방향으로 오른손을 아래로 왼손을 위로

돌리고

2) 세 번째 사진처럼 양손이 교차한 후, 네 번째 사진처럼 오른손을 대각선 앞으로 쭉 뻗는다.

3) 뻗어나간 오른손을 위로 큰 원을 그리며 회수한다. 그림 4.1에 있는 뫼비우스 띠 모양이다.

4) 네 번째 사진처럼 다시 몸으로 들어온 오른손이 위에, 받치는 왼손은 아래에 있는 상태에서

5) 이제는 왼손을 앞 대각선 쪽으로 뻗어 오른손과 같은 동작을 한다.

6) 이와 같이 양손을 교대로 양쪽으로 돌리며 뫼비우스 운동을 반복한다.

이 수련을 계속하면 저절로 손동작이 한없이 빨라지기도 하고, 동작이 한없이 커지기도 한다. 또한 어느 순간 응축된 기운이 폭발하듯 터져나가려는 상태가 되기도 한다. 산속에서 한나절 이상 수련했던 사람 중에는 이 순간 큰 소나무 기둥을 치니 나무가 그대로 쓰러져 버렸다는 경험담도 있다.

비가비세 자세에 대한 권결拳訣이 있어 여기에 싣는다.

아름답고 은은한 자세 길고 긴 하늘   飛佳秘勢長長天
두 손은 해와 달 음양을 이루고   兩手日月陰陽成
앞으로 돌고 뒤로 돌아 교차해 도네   前回後回交又回

태극은 상승하여 삼태극이 되고	太極上昇三太極
두 손은 나무 가지로 변하여	兩手木之爲化技
바람과 더불어 취한 춤에 일월이 밝고	風與醉舞日月明
아름답고 은은한 자세 긴 하늘이여	飛佳秘勢長長天
천하대세 요람처로구나	天下大勢搖籃處

풍향동천 風向動天

―

이 자세는 중국 태극권에 있는 운수雲手와 비슷한 동작이다. 태극권 수련하는 사람들은 본격적인 태극권 수련 전에 이 운수 동작을 반복 수련함으로써 기감을 증폭시키는데, 주로 손바닥에 기감을 느끼는 데 집중한다. 한편 풍류도에서 풍향동천은 태극을 돌려 기운을 생성하는 데 주안점을 둔다. 그림3.7에 실은 사진을 참조하며 운동 자세를 설명하면 다음과 같다.

0) 먼저 기마자세로 선다.

1) 그림의 왼쪽처럼 오른손을 위에 왼손은 아래로 손바닥이 하늘을 향하게 잡는다.

2) 그림의 두 번째 사진처럼 왼손바닥을 뒤짚어 땅으로 향하고 둥글게 원을 그리면서 왼쪽으로 들어 올린다. 이때 오른손은 뒤짚어 땅을 향해 내려간다.

3) 세 번째 사진처럼 양손이 교차한 후, 네 번째 사진처럼 오른손을 대각선 앞으로 쭉 뻗는다.

4) 뻗어나간 오른손을 위로 큰 원을 그리며 회수한다. 그림 4.1에 있는 뫼비우스 띠 모양이다.

5) 이제 다시 몸으로 들어온 오른손이 위에, 받치는 왼손은 아래에 있는 상태에서

6) 왼손을 앞 대각선 쪽으로 뻗어 오른손과 같은 동작을 한다.

7) 이와 같이 양손을 교대로 양쪽으로 돌리며 뫼비우스 운동을 반복한다.

풍향동천 자세에 대한 권결拳訣이 있어 여기에 싣는다.

바람 불어와 놀래 움직이는 하늘	風來驚動天
십장생 꽃을 달고	十長生花活
두 손으로 태극을 만들어	二手作太極
바꾸고 바꿔 또 돌고 돌아	換換又回回
몸의 기혈이 살아나네	體之氣血生

이밖에도 이용화수二恿花繡, 이수화용二繡花恿, 상비천上飛天 등이 있다. 이용화수는 기운을 안으로 끌어들이는 동작이고, 이수화용은 기운을 밖으로 펼쳐내는 동작이다. 자세한 설명은 생략한다.

단형백수單形白手

기운용 수련 마지막 단계는 단형백수다. 단형백수는 주로 손과 팔을 빨리 움직이며 단순한 무술 동작 백 가지를 연결해서 하는 것이다. 물론 상체도 동작에 따라 조금씩 움직임이 있다.

그림3.8에 원광이 단형백수 시범을 보인 장면을 실었다. 이렇듯 몸을 쉼 없이 계속 움직여 줌은 마치 물의 흐름에 있어 물살을 더욱 세게 하여 잘 흐르도록 하는 이치요 우주에 비유한다면 천체의 운행을 더욱 순조롭게 하는 것과 같은 이치이다.

불교 불상을 보면 다양한 수인자세가 있다. 항마촉지인降魔觸地印, 지권인智拳印, 천지인天地印 등 다양하다. 풍류도에서는 이 불

| 그림3.8 원광스님의 단형백수 시범

교 수인이 단형백수와 근원이 같다고 본다. 그래서 이 수인 동작
들을 같이 엮어서 움직이는 동작을 만들어내면 단형백수와 유사
한 형태가 된다. 다만 단형백수는 이 손동작을 통해 기를 운용하
면서 공격성을 띠는 동작들이라면, 불교 수인은 무예적 성격은
사라지고 평화와 자비를 상징하는 형상만이 후대로 가면서 정착
된 것으로 본다.

태공유수가 도라면 무술은 움직이는 술에 해당된다. 집중하
면 분산시켜 기혈을 돌려 더욱더 강한 내공이 이루어지니 도와
술이 한데 어울림이 형성된다. 그런데 여기서 핵심은 무술 동작

이 아니라 바로 손으로 허공의 기운을 움켜잡고, 손을 펼치며 온몸의 기운을 펼쳐내는 일이다. 허공을 움켜쥐는 힘을 여러 종류의 장법掌法으로 기르는데 흡장, 진공장, 천침장, 유엽장 등이 있다. 이 장법들은 오랜 수련으로 내공의 기초가 튼튼해야 그 진가를 발휘할 수가 있다. 여기서는 단형백수 다음으로 계속되는 수련 내용이 있다는 언급 정도로만 그친다.

입선수련과 천지인 합일

4.1
입선 수련의 전통과 사방석四方石

고조선 시대에는 넓은 선도세계를 분할해 책임지는 사방을 담당하는 선인들이 있었다. 이는 마치 절간 입구를 사천왕이 지키고 있는 것과 같은 것이다. 고구려 시대 고분에는 사방을 지키는 좌청룡, 우백호, 북현무, 남주작의 사신이 있고 중앙에는 칸韓, 幹, 天皇, 왕 등 주인공이 있었다.

풍류도에는 사방석四方石이 있는데, 그림4.1에 고구려 고분벽화 사신도와 풍류도 사방석에 대한 도식을 실었다. 서론에서 풍류도에서는 입선수련을 가장 중요하게 수련한다는 점을 언급했다. 이 입선수련은 수련하는 사람의 몸의 상태나 인종, 기후 등에 따라 다양한 자세를 취한다. 대표적으로 사방석들은 수련하는 자세가 다르고 제각기 다른 역사적 근원들이 있다. 또 각 자세들을 자극시키고 활성화시키는 몸의 부위가 조금씩 다르다.

풍류도에서 동방을 책임진 사람을 동방석東方石이라 불렀는

북 현무(北 玄武)
북방석 고족신명(北方石 高族神命)

우 백호(右 白虎)
서방석 반태신장(西方石 半太神將)

중(中)
공천(空天)

좌 청룡(左 靑龍)
동방석 태공유수(東方石 太公有水)

남 주작(南方石)
남방석 연공수화(南 朱雀 蓮空水花)

┃그림4.1 고구려 고분벽화에 있는 사신도와 풍류도의 사방석

데, 바로 태공유수가 동방석이었다. 그러니 시대에 따라 동방석
은 사람이 바뀌게 된다. 금강8인의 태두인 태공은 백두산 근처
물가에 살면서 주로 물고기를 잡아 생계를 유지했는데, 입선자세
는 바로 태공유수가 물고기를 잡기 위해 투망을 던지는 자세다.
한반도는 동방석이 지키는 지역이기에 백두산파나 후예인 태백

그림4.2 반태신공 자세. 위의 ㉮그림이 기본형이고, 아래는 네 가지 변형이다.

산파는 태공유수 자세를 위주로 수련한다. 입선수련의 방법이나 도달하려는 경지 등에 대해서 태공유수를 중심으로 다음 절에서 자세히 설명하겠다.

서방을 책임진 서방석은 반태신장半太神將으로 이 사람이 잡

142

은 입선자세를 본따서 반태신권半太神拳이라 한다. 중국무술이나 태극권에서 하는 참장공과 같다. 서방은 만주와 위구르 지역을 포함하는 중국 북쪽이기에 자연스럽게 중국에 전래되었다. 풍류도에서는 무릎을 좀 더 안쪽으로 당기고 더 많이 앉는다. 연개소문이 이 자세로 수련해서 한 경지에 도달했다고 전해진다.

그림4.2에 반태신권 자세를 실었다. 위의 ㉮그림이 기본형에 해당한다. 마치 소나무를 끌어안듯이 양팔을 벌려 둥글게 감싼다. 이 자세를 계속 유지하고 있으면, 팔과 다리가 아파오기 시작하고 경련이 일어난다. 대부분 이런 순간이 오면 포기하고 마는데 가능한 지극히 평온한 마음으로 이 고비를 넘어가야 한다. 참고 참고 또 참고 있노라면 서서히 기운이 차 오르면서 사람마다 다양한 무의식의 동작이 일어난다. 태공유수가 양의 동작이라면 반태신권은 음의 동작이다. 그래서 처음 입선자세에 들어갈 때 그 사람에 맞는 자세를 선정하면 좋다. 이는 수련을 지도하는 스승의 몫이다.

기운이 차오르면 서서히 팔이나 몸통이 움직이는데, 예로, 양팔이 허공으로 선을 그리고 이 선들이 삼태극의 모양으로 돌아간다. 그러면서 몸의 동작이 ㉯ ㉰ ㉱ ㉲ 그림과 같은 형태를 띠기도 한다. 이 자세들은 수련 중에 자연스럽게 나오기도 하지만, 사실 대부분의 입선동작들은 네 다섯가지 정도 정형화된 변형이 있다. 수련 수준이나 몸의 상태에 따라 합당한 자세를 스승이 정해준다. 뒤에서 설명할 태공유수나 다른 동작들도 그렇다. 이는 춘하추동 계절에 따라, 해가 움직이는 동서남북 중의 오방의 방위에 따라 동작을 달리하고 각자의 몸이 다르기 때문이다. 뒤에 나올 무예 장에서 춘하추동에 따라 다른 권법을 익히는 것과 같은 개념이다. 이처럼 풍류도에서는 계절에 따라 시간에 따라 생체 반응이 다르다는 점을 중히 여긴다.

변형동작을 조금 더 설명하면 다음과 같다.

㉯ 동작은 앙 팔을 눈높이로 뻗고, 두 손바닥을 직각으로 들어 올린다. 그러면, 온몸의 기운과 의념이 이 꺾인 손목에 집중된다. 손목이 풀어지면 의념도 풀어짐을 유의해야 한다.

㉰ 양팔을 등 뒤로 돌려 두 손바닥을 위로 직각되게 뻗어 올린다. 이때 두 팔을 최대한 위로 뻗어 올려야 하고 두 손바닥도 최대한 직각되게 꺾어야 한다. 그래야 기운이 강하게 돈다, 조금만 집중도가 떨어지면 팔이 내려가고 두 손바닥이 풀어진다.

㉱ 자세는 ㉮와 같은 자세를 먼저 잡은 다음, 두 손을 뒤집어서 손등이 서로 마주보게 한다. 이 때 최대한 새끼 손가락 쪽 손등이 서로 맞붙게 잡도록 한다.

㉲ 자세는 ㉮와 같은 자세를 먼저 잡은 다음, 두 손바닥을 밖으로 돌려 편 다음 두 손바닥을 직각으로 꺾는다. 이때 두 손이 서로 마주 보게 하거나 한 손을 다른 손 위로 올리는

| 그림4.3 (좌)각저총 벽에 그려진 씨름꾼 모습. 매부리코에 서양인 외모다.

또 다른 변형도 있다. 이 자세는 기천에서 수련하는 내가
신장과 같은 유형이다.

북방을 책임진 북방석은 고족신명高族神明으로 흰눈 쌓인 높
은 산악지대에 살았기에 고족이란 이름이 붙었다. 히말라야 산맥
인 곤륜산에서 시베리아 툰드라 지대에 걸쳐 살았다. 혹자는 이
부족이 한민족과 전혀 관련이 없을 것으로 생각하겠지만 그렇지

제4장 입선수련과 천지인 합일

않다. 고조선을 구성하는 구이족九夷族 중의 하나다. 곰 토템을 가진 웅족의 일파로 볼 수 있는데, 한민족이 조상으로 여기는 만주 지방에 주로 거주하던 웅족熊族과 다른 점은 만주족 웅족은 반달곰 같은 검은곰 토템인데, 고족은 북극곰으로 불리는 흰곰 토템이다. 역사학계에서는 신석기시대 시베리아족은 곰숭배사상을 가지고 있었다고 본다 [이정원 2000].

많은 사람들이 한민족을 순수한 단일민족으로 생각하는데 그렇지 않다. 예족, 맥족, 숙신족 등등 많은 부족들의 연합체가 고조선이다. 그림4.3은 고구려시대 고분인 각저총 벽에 그려진 씨름꾼 모습이다 [이태호 2020]. 한 사람은 매부리코에 서양인의 골격을 가진 것으로 보아, 고구려 시대에도 서양인종이 낯설지 않았음을 증거한다. 여담으로 그림4.3에 있는 나무 아래에 희미하지만 곰과 호랑이가 나란히 있어, 단군신화의 이야기가 고구려 시대에도 중요한 상징으로 인식되고 있었음을 알 수 있다. 그러므로 일부 사학자들이 고조선과 단군신화는 삼국유사를 지은 일연의 창작품이라는 주장이 타당치 않음을 알 수 있다 [이덕일 2006].

현대 한민족의 DNA를 분석해 봐도 여러 민족의 피가 섞여 있다. 이 고족 사람들은 흰머리를 가진 백인족이다. 삼신오제본기三神五帝本紀에 고조선을 이룬 구환족九桓族 각각의 특징에 대한 묘사가 있다. 그중 백색인의 특징을 묘사한 부분을 살펴보자.

'백색인은 피부가 밝은 백색이고 광대뼈가 나오고 코가 높다. 머리털은 잿빛과 같다 白部之人皮膚晳 顴高鼻隆 髮如灰.'

바로 오늘날 유럽 백인에 대한 묘사임을 알 수 있다. 장자 소요유莊子 逍遙遊 편에도 중국 북방에 백인이 살았음을 연상시키는 구절이 있다.

'견오가 말했다. "막고야산에 신인이 살고 있었는데 살갗은 얼음이나 눈같이 희고 몸은 처녀같이 부드러웠는데, 오곡을 먹지 않고 바람과 이슬을 마셨으며, 구름을 타고 나는 용을 몰면서 세상 밖에 노닐었다 합니다. 그가 정신을 모으면 만물이 상하거나 병들지 않게 하여 곡식들도 잘 여문다고 합니다. 나는 허황하게 여겨 믿지 않았습니다."
『曰:「姑射之山, 有神人居焉, 肌膚若氷雪, 綽約若處子. 不食五穀, 吸風飲露. 乘雲氣, 御飛龍, 而遊乎四海之外. 其神凝, 使物不疵癘而年穀熟.」吾以是狂而不信也.』

연숙이 말했다. "장님은 무늬의 아름다움을 모르고, 귀머거리는 악기의 소리를 모릅니다. 어찌 형체에만 장님과 귀머거리가 있겠습니까?
連叔曰:『然! 瞽者无以與文章之觀, 聾者无以與乎鐘鼓之聲. 豈唯形骸有聾盲哉?

지혜에도 있는 것입니다. 이 말은 바로 당신 같은 사람에게 해당되는 말입니다. 그 신인이 지닌 덕은 만물과 함께 어울려 하나가 되는 것이니, 세상이 스스로 다스려진다면 고생하며 천하를 위해 일할 필요가 없지요.'"

夫知亦有之. 是其言也, 猶時女也. 之人也, 之德也, 將旁礴萬物

以爲一, 世蘄乎亂,

孰弊弊焉以天下爲事

막고야산은 중국 북쪽에 있는 전설상의 산인데, 고조선의 강역을 암시한 표현일 수도 있겠다. 눈같은 흰 피부를 가진 이 신인

神人이 고족신명과 관계있는 백인족인 것으로 유추된다. 만물과 어울려 하나가 되어 구름을 타고 다니는 사람이란 이미지는 산속 풍류도인의 모습이다.

고대 한반도 무덤에서 간간이 유럽 인종의 유골이 나온다. 충북 제천 황석리에 있는 청동기시대 고인돌에서 북유럽계 인골이 나왔고, 부산 가덕도에서 발견된 7000년 전 유골 48구 중 17구가 유럽계 모계 유전

그림4.4 고족신명자세

┃ 그림4.5 (좌)비공무수(飛空無水) (중)연공수화(蓮空水花) (우)지공무수(地空無水) 자세

자가 나왔다. 초기 신라에서 화랑 지도자들이 바로 이들이었다 [김정민 2023]. 영화에서 화랑이 등장할 때 얼굴에 백색분을 바르는 이유가 바로 이것이다.

고족신명이 주로 수행한 입선 자세는 그림4.4의 그림과 같다. 추운 지방에 사는 흰곰이 두 발을 들고 일어서서 사냥감을 내려치려는 듯한 자세다. 말을 타듯이 양발을 어깨너비로 벌리고 무릎을 가볍게 구부려준다. 왼손을 밑으로 내리고 최대한 시계반대방향으로 돌린다. 오른손은 왼손 팔꿈치에 대고 오른 손목을 위로 꺾어 손가락이 하늘을 향하게 하여 마찬가지로 최대한 시계반대방향으로 돌린다. 그러면 두 다리와 양어깨, 손목에 상당한 긴장이 유발된다.

이 상태로 계속 버티어 나가야 한다. 고주몽도 이 자세로 입선수련했다고 전해진다. 고족신명으로 일가를 이룬 사람은 다음 단계로 신라시대 의상대사가 수련한 군계입선 자세를 연결해서 수련한다. 물론 인연에 따라 군계입선을 처음부터 수련한 사람도 있지만 초심자는 십분도 버티기 어렵다.

나머지 자세들은 그림4.5의 그림과 함께 간단히 언급만 하고 자세한 설명은 다른 기회를 도모하고자 한다.

- 비공무수飛空無水 : 비비상천하는 용의 형상이며 번개를 잡아 휘두른다. 몸은 정지하고 정신은 허공에 머물러 도술을 부린다. 비룡검 수련하는 사람들이 연개해서 수련한다.

- 연공수화蓮空水花 : 두 팔을 용틀임하듯이 태극으로 펼친다. 중국식 태극권에서 백학량시白鶴亮翅와 비슷한 자세다. 어둠속에서 불빛을 보듯 정면을 응시한다. 변화세로 연화비천이 있다.

- 천공유수天空有水 : 공기를 압축하여 풍운조화를 일으킨다. 서산과 사명당이 이 수련을 많이 했다. 사명당 편에 자세한 사진을 실었다.

- 지공무수地空無水 : 지기를 잡아당겨 몸의 균형을 잡아 상생 상극하는 원리가 숨어있다. 변화자세로 지공웅수와 지공현수가 있다. 후에 중국으로 건너가 지단공으로 변했다고 전해진다. 현시대 파룬궁은 이 지단궁에 근원을 두고 있다고 본다.

- 운공유수雲空有水 : 기문둔갑을 바탕으로 갑자를 돌려 다시 갑자를 만드는 천신의 자세로 풍운조화를 이루는 데 적절한 자세로 알려졌다. 변화자세로 동자타파, 백련천공, 월류통천 자세가 있다. 연개소문이 이 자세를 주로 잡았다고 한다.

4.2
고인돌과 삼천갑자 동방석

앞에서 사방석 중에 동방을 책임진 동방석에 대해 잠깐 언급 했었다. 동방석은 한반도를 책임진 사람이고 풍류도에서는 중요한 인물이기에 좀 더 관련된 유래를 이야기하고자 한다. 한국인이나 중국인들은 어릴 때부터 들어서 알고 있는 삼천갑자三千甲子 동방삭東方朔이란 말이 있는데, 중국에서는 동방삭이라고 하는데, 동방삭이란 동쪽에 사는 족속이란 뜻으로, 삭이란 발음을 한자로 표기한 것이다 [김정민 2018]. 우리나라 민간이나 풍류도에서는 동방석東方石이라도 한다. 특히 풍류도에서 동방석이라고 하는 데는 특별한 이유와 역사적 유래가 있다.

우리나라 상고시대나 고조선시대에 죽은 이를 위해 다양한 형태와 규모로 고인돌을 조성한 사실을 알 것이다. 역사학계에서는 고인돌의 분포로 고조선의 강역을 파악하는 수준이다. 왜 고인돌을 조성했을까. 역사학 자료에서 그 이유를 추적한 자료는 아직 보지 못했다. 필자가 생각하는 이유는 바로 다음 역사 장에서 서술할 하늘숭배사상과 천지인 합일에 있다.

지구 내부에는 강력한 에너지를 뿜어내는 마그마가 꿈틀거리고 있다. 이 에너지 덩어리가 지각을 뚫고 나와 화산으로 폭발하고 응축되어 거대한 바위산이 된다. 이 바위 속에 강력한 지구의 에너지가 들어있다. 옛 분들 표현으로 강력한 지기地氣다. 그래서 예로부터 수련하는 사람들은 이 지기가 응축된 곳에서 수련을 하였다. 그래서 고인돌은 지기가 특별히 강한 큰 바윗돌을 죽은 이 위에 올려놓아 하늘의 별 기운과 조응해 천지인 합일을 이루라는 기원을 담은 영혼의 안식처다.

뒤에서 다룰 서유기에서 손오공은 오백년을 화과산 바위 속에 갇혀 있다가 삼장법사가 그를 꺼내 제자로 삼는다는 이야기가 나온다. 풍류도에서는 단군신화의 곰과 호랑이처럼 바위굴 속에서 수련했다는 뜻으로 해석한다. 삼장법사란 천지인 합일을 이루어 완성된 인격체란 뜻으로 손오공 스스로 삼장법사가 되어 세상으로 나왔다고 본다. 즉, 단군신화나 서유기나 다 지기가 강한 바위 속에서 수련한 내용이다. 이런 현상에 주목하고 살펴본 사람이 조용헌이다 [조용헌 2015].

'단단한 바위가 밀집되어 있는 지세는 기운이 강하다. 바위는 지기地氣가 응축되어 있는 신물神物이다. 바위가 많으면 기운도 강하다. 에너지가 있어야 도를 닦는다. 바위 속에 있는 광물질로 지구의 자석 에너지가 방출되고 있는데, 인체의 피 속에도 철분을 비롯한 각종 광물질이 함유되어 있기 때문에 바위에 앉아 있으면 이 에너지가 피 속으로 들어와 온몸을 돌아다니게 된다.

그래서 몇 시간 동안 바위에서 뒹굴면서 머무르면 나도 모르게 땅의 기운이 몸으로 들어오게 된다. 몸이 빵빵해진다. 신선들이 바둑을 두면서 놀았다고 하는 지점들을 유심히 보면 거의 대부분 이처럼 지기가 강하게 뿜어나오는 너럭바위들이다. 땅 기운을 받으려고 너럭바위에 머무른 것이다.'

필자도 이와 관련된 특이한 경험이 있다. 동료들과 삼도봉 일대 등반을 하던 중 멀리서 거대한 파장의 기운이 해일처럼 밀려왔다. 진원지를 살펴보니 저 멀리 떨어진 곳에 종 모양을 한 바위 봉우리가 보였다. 그 봉우리가 거대한 종이 되어 울려나오는 소리의 파장처럼 거대한 기운이 몰려왔다. 주위에 그 봉우리보다 높은 산들이 있었지만, 오히려 주변 높은 산들은 왕을 에워싸는 신하들로 여겨졌다. 옆에 백두대간 산행에 정통한 친구에게 물어보니 그 봉우리가 바로 희양산이라고 한다. 지체 않고 다음 주에 바로 희양산으로 갔다. 그랬더니 놀랍게도 거대한 바위산 아래 기의 회오리 바람을 뿜어내는 진원지에 봉암사가 자리 잡고 있었다.

알다시피 봉암사는 불교에서 최고 어른인 종정을 연이어 배

그림4.6 (좌)항공사진으로 본 고창 부곡리 고인돌 위치 (우)함양 구북면 동촌리 지석묘에 새겨진 북두칠성 별자리, 문화유산 채널에서 인용

출해내는 불교 최고의 수행처다. 근세에 유명한 도인이었던 개운 조사는 이 희양산 봉우리에서 풍류도를 배웠다. 필자가 느낀 산 기운과 바위산의 정기를 옛 선인들도 같이 느끼고 있다는 것에 희열에 감싸였고, 기감이라는 것이 주관적 환상이 아니라 객관적 실체라는 것을 알게 되었다.

이렇게 산과 바위는 수련하는 사람들에게 특별한 상징이다. 그래서 고대에 고인돌을 세우고 각 지역의 대표적인 바위 혈처에서 수련해 신선급이 된 사방석을 내세웠다. 그림4.6에 고인돌을 분석한 사진을 실었다. 고창 부곡리 고인돌들의 위치를 지도에서 표시해보니 신기하게도 북두칠성 모양을 하고 있었다. 또, 함양에 있는 지석묘의 큰 널바위에 나 있는 인위적인 구멍들을 연결하면 북두칠성 형상이 된다. 바로 북극성, 북두칠성, 삼태성을 중심으로 하는 우리 조상들의 하늘숭배사상을 그대로 보여주는 징표다. 하늘의 뜻이 땅에서도 이루어지도록 천지 조응하려는 문화유산이다.

이렇게 죽어서도 천지조응하려는 풍습은 고조선을 이었다고 자부하는 고구려까지 그 문화가 전승되었다. 지금은 중국 영토가 되어버렸지만, 옛 고구려 강토였던 길림성 집안에는 고구려 왕릉군이 있다. 대표적으로 광개토호태왕릉이나 장군왕릉 등이 있는데 이집트의 피라미드처럼 거대한 규모로 돌을 쌓아올린 적석묘 형태다. 왕의 무덤방은 이 피라미드의 상부에 위치한 공중혈空中穴 형태다. 또 시신의 머리는 모두 하지 때 해가 떠오르는 방향을 향하고 있다. 고조선 시대와 마찬가지로 하늘의 기운을 받아 감응한 기운을 땅에 펼치려는 의도로 읽힌다 [안영배 2023]. 신라나 백제도 초기에는 이런 풍습을 유지했으나, 불교와 유교문화가 팽배해지면서 사라졌다.

그래서 사방석은 하늘의 뜻을 땅에 실현하도록 책임지는 신장이다. 풍류도에서 전해지는 동방석은 아버지가 고합, 어머니가 고아모라고 한다. 동방석이 삼천갑자를 살만큼 장수한 유래는 몇 가지가 있다. 동방은 오행으로 봤을 때 불기운이 넘치는 곳이다. 기운을 조화롭게 하려면 물기운을 받아 서로 대립 조화시켜야 한다. 태극기가 바로 이 뜻이다. 그래서 동방석이 동해 용왕을 찾아가 읍소했다. 용왕이 어여삐 여겨 천도복숭아를 주었다. 그런데 이 복숭아가 수박만한 크기로 엄청 무거웠다.

동방석은 아기 업듯이 두 손을 뒤로 해 천도복숭아를 부여잡고 귀환해, 귀한 과일을 쉽게 먹지 못하고 누가 훔쳐 갈까 매일 이 자세로 생활하며 수련하였다. 마침내 천도복숭아를 먹고 난 다음에는 등짝이 허전했는지 등판에 맷돌을 메고 다녔다. 이 맷돌 짊어진 자세를 2000여 년 후 조선조 초기에 장원심이 따라 하며 수련해 발공하는 장면을 사람들이 목격해 유명해졌다. 제6장 장원심 편에서 더 이야기하겠다.

현대에도 필자와 같이 수련한 도반 중 최고참이 이 자세를 상당 기간 수련하였다. 큰 배낭에 진흙을 가득 채우고 등에 배낭을 짊어진 자세로 입선에 임해 장시간 정중동靜中動의 자세를 유지하는 것이다. 나도 한번 따라 해보았는데, 마치 엄청난 하늘 기둥을 짊어진 듯 거대한 중량감이 나를 압박했고 20여 분이 지나가자 온몸이 땀으로 흠뻑 젖어 들었고 발이 땅속으로 파고 들었다. 아무나 따라 할 수 없는 묵직한 수련법이다.

풍류도에서는 이 동방석 이야기가 중국에 전해져 중국판 동방삭이 된 것으로 본다. 중국 문헌 설화에서 서왕모의 선도仙桃를 훔친 인물로 묘사된다. 또한 중국 역사에서 동방삭이란 기록상 인물도 있다. 동방삭東方朔 BC154년~BC93년은 전한前漢 시대의 인물로서, 산둥성 출신으로 선도仙道에 관심이 많았던 인물로 전해진다. 한무제漢武帝가 사방으로 인재를 구할 때 동방삭이 스스로를 추천하여 낭郎이 되었으며 상시랑, 태중태부 등의 벼슬을 거쳤다. 그런데 이 사람은 특별히 드러난 도인의 모습을 보여준 적이 없으니 설화상 인물로 보기 힘들다.

우리나라 교과서에서도 동방석 이야기가 있었다. 넘어져 구르면 3년 밖에 못산다는 전설의 고개가 있었는데, 아마도 경사가 급하고 험해 많이들 다친 모양이다. 옛날에는 의료체계도 부실하고 특히 나이 많은 여자들은 자식을 많이 낳다보니 골다공증이 심했다. 이런 사람들이 여기서 넘어져 굴러버리면 뼈가 부러지고 제대로 치료 못받고 방안에서 연명하다 보니 근육이 쪼그라들면서 영영 일어나지 못하는 경우들이 생겼을 것이다. 그러니 3년밖에 못 산다는 전설이 생겨날 법하다.

그런데 그만 동방석이 넘어져 구르고 말았다. 그렇지만 동방석은 좌절하지 않고 역발상으로 한번 구르면 3년 살지만 10번 구르면 30년, 백번 구르면 300년이니, 열심히 굴러 3000년을 살았다는 이야기다. 비극이나 절망도 생각을 바꾸면 전혀 다른 가능성을 볼 수 있다는 멋진 교훈이다.

다음으로 우리나라 숯내, 한자명으로 탄천炭川의 유래도 동방석을 전하고 있다. 바로 경기도 용인에서 발원하는 숯내인데 매년 전설을 중심으로 탄천 문화제를 열고 있다고 한다. 재미있는 동방석 설화이지만 쉽게 접할 수 있는 이야기이므로 여기서는 생략한다.

이렇듯 동방석은 장수의 대명사로 오랜 세월 동안 동남아인들에게도 사랑을 받아 온 인물이다. 삼천갑자 동방석은 실제로 그가 오래 살았는지 여부에 관계없이 장수하는 사람을 비유적으로 이르는 말이었으니, 이는 '수명은 정해져 있지만 바꿀 수도 있다'라는 적극적 인생관을 나타낸다. 그런데 풍류도에서는 삼천갑자를 다르게 해석한다. 동방석이 삼천갑자를 살았다는 뜻이 아니라 삼천갑자를 윤회하며 살아오고 있다고 본다. 티벳 불교에서 달라이 라마가 환생하듯이, 환생하면서 역사에 영향을 끼치고 있다고 생각한다.

컴퓨터 파일이 지워지듯이 많은 사람들이 윤회하면서 자신의 과거 생을 완전히 잊고 태어나지만, 환생하는 사람은 뚜렷한 목표의식을 가지고 있기에 다시 태어나서도 때가 되면 전생뿐만 아니라 본래의 자신을 확실히 알아낸다고 한다. 동방석은 중국에서는 중화족으로, 한국에서는 한민족韓民族, 東夷族으로 보는데, 삼천갑자를 살았으면 민족이나 국경이 무슨 의미가 있겠는가. 더구나 환생을 거듭했다면 유럽에도 가보고 남미도 가서 살아보지 않았겠는가. 공동의 역사와 유산으로 간직하는 것도 괜찮을 듯 싶다.

4.3
태공유수 입선수련

태공유수는 풍류도의 가장 기본이면서 거의 모든 것이라 할 수 있는 입선立禪자세이다. 중국식 수련 분류법으로 보자면 정공靜功의 한 형태다. 태공유수란 고조선의 전설적 존재인 금강8인金剛八人 중 한 분인 태공유수太空有水가 즐겨 잡았던 자세라고 해서 붙여진 이름이다.

활 모양의 궁弓자로 서서 오른발은 45도, 왼발은 뒷꿈치를 들고 한 보폭 정도의 사이를 둔다, 걸乞자 모양 자세라고도 불린다. 걸乞자는 사람 인人자와 새 을乙자를 합성한 형태라 새 위에 사람이 있으니 신선이 학을 타고 날아가는 자세라 신령스런 글자로 본다. 원광선사는 이를 등산세登山勢, 또는 '삼천갑자 동방삭이 고기를 낚기 위해 그물을 던지다가 멈춘 자세'라고 표현했다.

같은 좌도선방인 태백산파로 분류되는 기천문에서는 입선자세로 내가신장 자세를 취한다. 태공유수보다 훨씬 더 어렵고 오래 견디기 힘든 자세다. 단지 안타까운 일은 기천이 무술 쪽에 관심을 두고 수련하는 사람들이 많다 보니, 내가신장도 체력과 인내력을 신장하는 쪽으로 주로 활용되고 있는 일이다.

그리고 한가지 주목할 내용은 앞으로 설명할 태공유수 수련에 임하는 중요한 개념들이, 단군시대 옛 문헌이라고 알려진 참전계경參佺戒經의 성誠 편에 짧은 경구 형태로 많이 서술되어 있다는 점이다. 고대 천지인 합일의 정신세계가 녹아있고 영성수련의 절차와 에센스가 서술되어 있으므로 여기에서는 참고사항으로 그 편린들을 가볍게 언급하겠다.

예비 수련
—

수련 자세

태공유수는 입선 자세를 잡고 오랫동안 유지해야 하기에 무척 힘들다. 그래서 몸과 마음이 준비할 수 있도록 몸 적응 기간을 갖는다. 먼저 그림4.7의 제일 왼쪽과 같은 자세를 잡는데 다음 절차를 따른다.

1) 두발을 어깨 넓이로 벌리고 선다.

그림4.7 태공유수 자세. 상단 두 그림은 기본형이고, 다음 두가지는 수습, 정리 동작

2) 두발을 오른쪽으로 45도 각도로 돌리고 무릎을 조금 구부린다.

3) 윗몸을 오른쪽으로 90도 각도로 돌린다.

4) 두팔을 눈 높이까지 나란히 들어올리되 주먹 하나 들어갈 만큼 사이를 벌린다.

5) 허리를 뒤로 휘지 않도록 곧바로 세운다.

6) 시선은 양 주먹 사이를 지나 어느 한 곳을 정해 집중적으로 바라본다. 처음에는 온 신경을 집중해서 한 점을 바라보나, 후에 수련이 깊어지면 한점을 무심히 바라본다.

다리를 굽히는 정도에 따라 상세, 중세, 하세의 세 단계 높낮이를 취할 수 있는데, 다리를 많이 굽힐수록 힘들므로 자신이 없는 사람은 처음에 다리를 약간만 구부린 자세로 시작해보라. 그리고 서서히 자신이 생기면 자세를 낮추면 된다. 물론 자세를 낮출수록 더 힘들게 되고 고통도 빨리 온다. 이상과 같이 자세를 잡고 최대한 오랫동안 흔들리지 않고 이 자세를 유지하려고 노력해본다.

대부분의 경우 20여 분 정도가 지나면 다리근육에 경련이 일어나면서 참기 힘든 상태가 온다. 그러면 자세를 풀고, 그림4.7에서 두 세 번째 있는 자세대로 팔을 접었다가 앞으로 내미는 동작을 반복한다. 이때 다리도 같이 들었다가 앞으로 내려놓으며 반복한다.

그러면 온몸의 긴장이 완화되면서 몸이 회복된다. 그리고 나서 다시 동작을 취하고 싶은 욕심이 생기면 왼쪽 자세를 다시 취하고 이전보다 조금 더 오래 버티도록 노력해 본다. 이제 태공유수 자세를 잡고 40분 이상을 견딜 수 있다는 자신이 생기면 본 수련을 시작한다. 앞에서도 언급했지만, 본 수련을 시작하는 시점은 내 근육에 힘이 붙어 견딜 수 있는 체력이 되는 시점이 아니다. 체력하고는 관계가 없고 내 마음이 할 수 있다는 자신감과 욕심이 생겼냐는 점이다.

수련시 호흡

　수련시 호흡은 상당히 중요한 주제가 된다. 천기가 들어가고 나가면서 내 몸에 작용이 일어나는 일이니 그럴 수밖에 없다. 그래서 우방선도나 좌선수련에서는 호흡에 집중해서 들숨 날숨을 의식하고, 어떤 수련 단체에서는 인위적으로 한 호흡 시간을 길게 늘리는 수련을 시킨다. 더 나아가서는 역호흡 수련도 한다. 역호흡에서는 숨을 들이쉴 때 아랫배를 안으로 끌어당기고 숨을 내쉴 때 아랫배를 내미는 호흡법이다.

　이런 호흡수련에는 몇 가지 긍정적인 효과가 있다. 우선 호흡에 집중해서 들숨 날숨을 따라가다 보면 수련시 가장 큰 장애인 잡념을 잊을 수 있다. 또 인위적으로 한 호흡 시간을 늘리면 자연히 깊은 호흡인 복식호흡을 하게 된다. 그런데 이런 인위적인 호흡에는 치명적인 단점이 있다.

　인체는 호흡과 연관되어 생체순환주기가 있다. 호흡respiration은 대기와 혈액 사이에서 산소O_2와 이산화탄소CO_2를 교환하는 일련의 과정이다. 그림4.8을 보자. 인체는 호흡을 통해서 신선한 산소를 허파를 통해 혈액에 공급하고 이산화탄소와 불필요한 공기를 내뱉는다. 혈액은 이 신선한 피를 인체 각 장기에 공급한다. 성인의 정상 호흡수는 12~20회/분이고, 호흡수와 깊이 등은 신체의 산소 요구와 이산화탄소 농도 등에 의해 조절된다.

　혈압, 맥박, 호흡수의 변화를 쉽게 이해하기 위해 빠른 달리

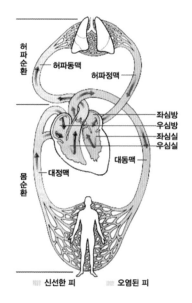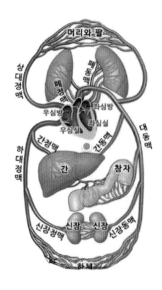

그림4.8 호흡과 인체 혈액순환의 관계 그림

기를 한다고 생각해 보자. 갑자기 달리면 근육은 많은 ATP를 만들기 위해 충분한 산소와 포도당 공급이 필요하게 된다.

충분한 혈액을 공급하기 위해서 심장은 높은 압력으로 강하게 수축하고 더 빠르게 수축 횟수를 증가시킨다. 즉, 혈압과 맥박이 증가한다. 또 콩팥에서 걸러낸 피는 배뇨기관을 통해 밖으로 뽑아낸다. 그러므로 인체 각 부분은 이렇게 호흡과 피의 순환과 생체 리듬들이 서로 잘 부합되어야 한다.

그래서 태어나자마자 하는 호흡을 통해 인체는 자신만의 생체 순환주기와 리듬을 갖는다. 즉, 많은 인체신진대사 사이클이 호흡과 연관되어있다. 이 사이클은 사람이 몇 십년 살아오면서

제4장 입선수련과 천지인 합일

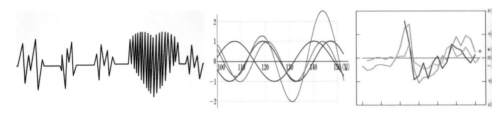

그림4.9 (좌)인체 맥박 곡선 (중)인체 각 순환계 주기 (우)교란된 생체 주기

아주 잘 정비되어 있다. 그런데 인위적으로 이 호흡주기를 바꾸게 되면 인체에 혼란이 일어나게 된다.

　그림4.9를 보자. 왼쪽은 맥박 곡선인데 호흡이 빨라지면 맥박도 덩달아 급하게 빨라지는 모습을 보여준다. 평소에는 그림4.9 가운데 곡선처럼 각 순환체계가 안정적으로 돌아간다. 그런데 인위적으로 호흡을 끊거나 길게 하면, 이와 연관된 다른 순환주기에 혼란이 와서 그림4.9 오른쪽처럼 순환주기가 망가지게 된다. 그래서 호흡수련을 오래한 사람 중에 상기병 같은 인체 부조화 병을 앓게 되는 것이다. 상당히 위험한 수준까지 갈 수 있으니 조심해야 한다.

　그래서 태공유수에서는 호흡에 전혀 신경을 쓰지 않는다. 자연과 더불어 자연을 느끼며 자연스러운 호흡을 하면 된다. 그런데 수련시간이 길어짐에 따라 몸이 고통을 이겨내려 용을 쓰면서 나도 모르게 복식호흡을 하게 된다. 그러면서 인체 모든 작용들이 태공유수 자세를 유지하는 데 초점을 맞추어 총력전을 펼치게 됨을 알아차릴 수 있다.

수련이 깊어지면 나중에 나도 모르게 역호흡도 하게 된다. 마치 정수기에서 물을 정화시킨 다음, 역순환으로 필터 찌꺼기를 제거하듯이 자연스레 역호흡으로 인체 대사작용을 거꾸로 돌려내어 정화시킨다. 즉, 이런 과정을 사람이 의념으로 인위적으로 만들어 가는 것이 아니라 자연의 흐름에 맡기면 인체 순환계가 자발적으로 필요한 행동을 하게 된다.

수련시 잡념 제거

수련에 가장 큰 방해 요인은 잡념이다. 사람이 한가지 자세로 가만히 있으면 왜 그리 생각이 많은지 끊임없이 많은 상념들이 꼬리를 물고 계속 일어난다. 특히 호흡 수련이나 불교 좌선 공부는 잡념과의 싸움이라고도 할 수 있다. 그래서 모든 촉각을 동원해서 호흡에 집중하거나 한 점을 응시해서 잡념이 생길 기회를 주지 않으려고 한다. 남방불교, 위파사나 수련에서는 그래서 오히려 그 잡념을 일으키는 나를 알아차리라는 주문을 한다.

태공유수에서도 잡념이 일어난다. 그러나 큰 방해 요인은 되지 못한다. 자세를 잡으면 초기 약 오 분 정도 후부터 슬슬 잡념이 일기 시작해 20분 정도까지가 머리에서 갖가지 상념을 일으킨다. 이때에는 모든 촉각을 동원해 한점을 응시하거나 무심히 자연을 바라보면서 바람을 느끼고 햇살을 느끼고 자연을 즐기는 자세를 취하는 것도 좋다. 20여 분 이후부터는 팔 다리에서 전해지는 고통이 내 온몸을 엄습해 다른 잡념이 사라져 버린다. 단지 하나, 내가 여기서 무릎을 꿇고 자세를 풀 것인가, 아니면 더 밀어붙일 것인가 하는 갈등만이 존재한다.

본 수련

무㢡, 수련에서 성취하고자 하는 바

태공유수 본 수련은 그림4.7의 왼쪽에 있는 자세를 잡고 사생결단의 각오로 갈 때까지 가는 것이다. 최소한 한 시간 이상은 버텨내야 한다. 초기에 한 시간 이상 자세를 잡게 되면, 근육에 무리가 와서 팔과 다리를 제대로 움직일 수가 없게 된다. 그렇다고 몸에 큰 지장을 초래하는 수준은 아니다.

본인의 경우 다리는 예비 수련에서 했던 몸풀기 동작을 몇 번 반복했더니 금방 회복되었는데, 팔은 후유증이 오래가 숟가락을 들지 못하여 그릇에 입을 대고 식사를 했던 기억이 있다. 다리는 땅에 의지하고 있지만, 팔은 허공에 뻗고 있으니 더 힘이 들었던 모양이다. 몸이란 것이 희한하게도 이런 일이 몇 번 반복되자 적응해서 더 이상 심한 후유증은 생기지 않아 시간을 계속 늘려

잡을 수 있었다.

한의학적으로 보면 대부분 사람들은 어깨쪽 기혈들이 막혀 있다. 그래서 처음 태공유수 자세를 잡고 버티다 보면 팔과 어깨에서 심한 고통을 느낀다. 그래도 반복해서 또 오래 자세를 잡고 있으면 두 팔에 자장이 형성되면서 손바닥 노궁혈勞宮穴에 서서히 하늘의 기운이 소통되면서 팔을 타고 위로 올라가 어깨 쪽 견료혈肩髎穴까지 간다. 이곳이 팔이 끝나고 몸통이 시작되는 부분인데 여기에서 가장 강한 저항이 걸려 넘어가는 데 많은 시간과 노력이 필요하다. 그래서 이 부위가 후유증이 가장 크다.

참고 버티다 보면 원군이 나타난다. 바로 발에서 땅과 접촉한 용천혈湧泉穴에서 땅의 기운을 받아 다리를 타고 올라와 단전이라 불리는 기해혈氣海穴에서 돌고 돌면서 신장腎臟을 정화한 다음, 나무가 가지 뻗듯이 위로 기운이 차고 올라가 어깨 쪽에서 팔에서 들어온 양의 기운과 만나게 된다.

하늘과 땅의 기운이 합해지니 더욱 기운이 세져 목뒤 견정혈肩井穴을 타고 머리 위로 올라가 모든 기운이 만나는 백회혈百會穴에 도달하고 드디어 하늘과 통하는 통천혈通天穴에 도달한다. 이때부터 하늘과 땅, 음양의 기운이 새끼 꼬이듯 합해져서 머리에서부터 온몸 아래로 서서히 퍼지면서 탁기를 몰아내며 온몸을 정화하고 임독맥도 서서히 풀리기 시작한다. 그러나 아직 갈 길이 멀다. 몸통 곳곳에 기혈이 막혀있기에 이들을 뚫어내는 데 많은 노력과 정성이 필요하다.

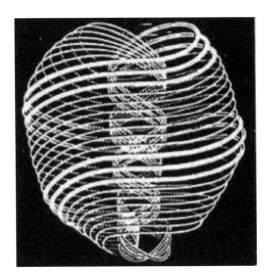

태공유수에서 태太자는 태양을 의미한다. 즉 불기운이다. 두 손을 앞으로 뻗어 태양을 응시하든가 대기 중 한점을 응시하고 있으면 하늘의 불기운이 상체로 들어온다. 유수流水는 글자 그대로 물기운이다. 땅에 박고 있는 다리를 통해 물기운이 몸에 들어온다. 이 다른 성질의 기운이 몸속에서 융합해서 새로운 기운 덩어리를 만들어낸다. 그 모양은 오컬트에서 표현하는 원자구조와 유사한데 그림4.10의 도형과 유사한 모습이다.

자세를 계속 잡고 있다 보면 정중동靜中動의 이치를 느끼게 된다. 겉모양 몸은 굳건히 움직임이 없는 정을 유지하려고 하지만, 몸 안에서는 이 정적인 몸을 유지하기 위해 세차게 몰아치는 움직임들이 있다. 피가 강하게 돌기 시작하고 근육들이 꿈틀거리며 동하고 마음이 동하기 시작한다. 이것이 한계에 도달하면 팔 다리 근육들이 떨리기 시작한다. 동動이 외부로 터져나오는 것이다. 이때 몸속 폐기도 같이 터져 나온다. 태공유수의 자세를 계속해서 잡다 보면 점점 기운이 축적되고 축적된 맑은 기운은 탁한 기운을 밖으로 몰아내어 건강한 몸이 만들어지고 심신의 조화가 이루어짐을 느낄 수 있다.

두 다리는 땅을 굳건히 딛고 올라오는 지기를 받아들이는데 발가락, 발목, 무릎을 걸쳐 골반에서 명문혈로 들어간 후 천기와 만나서 하단전으로 들어가 전신의 기혈을 돌려준다. 두 팔은 태양을 향해 뻗고, 두 눈은 태양을 지긋이 응시하면서 천지 기운을 받아들인다. 바로 하늘과 땅을 내가 연결하는 것이다. 이를 회기통천回氣通天이라 한다.

하늘과 땅을 내 영이 연결하는 것이다. 바로 이것이 무巫자의 표상이며 숨겨진 비밀이다. 우리의 역사가 이 수련의 전통을 거의 잃다 보니 이제 무巫자는 무속인의 표상으로 남게 되었다. 이 천지의 보물을 하늘에서는 누구나 다 받아먹을 수 있게 온 천지에 뿌려준다. 잠시 옛 분들은 무巫에서 더 나아가 영靈을 어떤 의미로 표상했을까를 살펴보자.

마음을 항복 받으라, 수련 장벽

영靈자는 원래 하늘에서 내려온다는 의미였다. 영靈자를 파자해 보자. 하늘에서는 이 세상에 하늘 기운을 비雨처럼 모든 사람들口口口에게 내려준다. 아무런 구별이나 차이를 두지 않고. 지상의 모든 생명체들은 하늘 기운을 먹고 산다. 호흡을 통해 산소를 들이마시고 이산화탄소를 내놓는다. 햇빛을 받아 식물들은 탄소동화작용으로 햇빛에너지와 이산화탄소를 이용해 살아가는 영양원인 포도당을 만든다. 동물들은 비타민을 합성한다.

이것은 현대과학이 밝혀낸 옛 분들이 표현한 하늘과 생체와의 대사반응들이지만 어디 이 뿐일까. 옛 분들은 통틀어 기氣라고 표현했다. 그런데 하늘에서 비처럼 내리는 하늘 기운을 받아먹는 사람으로 딱 한 가지 장벽이 있다. 바로 온 정성을 다해 간절히 염원하는 사람에게만 주어지는 것이다.

태공유수에서는 간절한 염원으로 고통을 참아내는 수련장벽을 넘어서야 한다. 모든 우주의 법칙은 이와 같다. 화학반응이 일어나기 위해서는 두 반응물질이 화학장벽chemical potential을 뛰어넘어야 한다. 뛰어난 악기 연주자가 되기 위해서는 피나는 훈련을 해내야 한다. 그야말로 절차탁마切磋琢磨의 시간을 진득하게 가져야 하는 것이다.

건장한 젊은 청년들이 태공유수 수련을 하다 보면, 대부분 20분 정도 경과 되면 근육들이 떨리기 시작하면서 고통을 느끼기 시작해서 40분 정도 경과하면 고통을 참지 못하고 대부분 다 포기해 버린다. 고통을 못 견디고 자세를 풀은 사람들은 무리하게 참았다가 근육이 파열되는 등 몸이 망가질까봐 걱정한다. 하지만 여태까지 태공유수를 하면서 무리하게 참았다가 몸이 망가진 사람은 없었다.

태공유수 첫 단계를 통과하면서 알게 되는 비밀이 바로 '고통은 내 몸이 아니라 내 마음이 느끼는 것'이라는 깨달음이다. 그래서 옛 불교 선사들이 좌선에 임하면서 '네 마음을 먼저 항복받으라'했다. 좌선도 태공유수보다는 몸이 힘들지 않지만 오랫동안 결가부좌를 하고 앉아 있으면 다리에 쥐가 나고 고통이 엄습해 온다. 그래서 다리에 피가 통하지 않아 문제가 생길까봐 겁이나 다리를 푼다.

요즈음 불교선방에 가면 철야수련을 한다고 하면서, 50분간 좌선하고 10분간 일어나 걸으며 뭉친 다리를 푸는 과정을 반복한다. 이것은 태공유수 예비수련과정을 계속 반복하는 것과 같다. 고통과 타협하려는 그 마음을 항복받고 몸은 잊은 채 일념으로 정진해 들어가야만 성불의 경지에 다다를 수 있다고 옛 선사들은 말한다. 옛날 진묵선사 같은 분들은 해 뜨는 새벽에 일어나 땅에 굳건히 두 다리를 딛고, 온종일 태양을 응시하면서 해가 서녘에 떨어질 때까지 자세를 풀지 않았다는 전설이 전해진다. 새벽에 왼쪽으로 꼬았던 몸을 일몰 때는 오른쪽으로 꼬아 끝나는 과정이다.

참전계경에서는 진산塵山과 지감至感 편에 다음과 같이 수련에 임하는 정성과 노력에 대해 서술했다.

> 진塵이란 티끌이라. 티끌이 바람에 날려 산기슭에 쌓이길 오랜 세월이 지나면 마침내 산 하나를 이루나니, 지극히 적은 흙으로 지극히 큰 언덕을 이루는 것은 바람이 쉼없이 티끌을 모았기 때문이라. 정성도 이와 같아서 지극한 정성을 쉬지 않으면 정성의 산을 가히 이룰 수 있으리라.
> 塵 塵埃也 塵埃隨風 積于山陽 年久 乃成一山 以至微之土 成至大之丘者 是風之驅埃不息也 誠亦如是 至不息則誠山 可成乎

> 정성이 지극할 때 사람이 하늘과 통하고, 하늘이 사람과 통한다. 사람이 느낄만한 정성이 없으면서 어찌 하늘이 느끼길 바라며 사람이 능히 답할 만한 정성이 없으면서 어찌 하늘이 답하길 바라겠는가? 정성이 지극함이 없으면 이는 정성이 없는 것과 같으며 느껴도 응답함이 없으면 느끼지 않는 것과 다를 바 없다.
> 至感者 以至誠 至於感應也 感應者 天感人而應之也 人無可感之誠 天何感之 人無可應之誠 天何應之哉 誠而不克 與無誠同 感而不應 與不感無異

정중동靜中動 최고 속도로 몸을 돌려라

태공유수는 움직이지 않고 한 자세를 끝까지 유지하는 수련이다. 그러면 어떤 일이 일어날까. 몸을 한 자세로 유지하는 데는 팔다리 근육들에서 엄청난 에너지가 소요된다. 자세를 잡은 시간이 길어질수록 고통과 동반해 소요되는 에너지는 점점 더 커진다. 몸 내부에서는 이 근육들을 지원하느라 총력전을 펼친다. 혈액순환이 빨라지면서 신선한 피를 근육들에 공급해줘야 하고, 신선한 산소를 많이 빨아들이기 위해 호흡도 바뀐다. 그뿐인가, 연관된 순환계통과 호르몬분비도 왕성해진다. 한마디로 온몸이 총력전을 펼치는 것이다.

또 다른 비유를 들자면, 태공유수 본 수련은 '나'라는 로켓을 대기권 밖으로 쏘아 올리는 것과 같다. 엄청난 화력으로 지상에서 중력을 극복하고, 대기의 마찰을 극복해 내면서 강력하게 끊기지 않고 나를 대기권 밖으로 밀어 올려야 한다. 이 힘이 부족해 중도에 그치기를 계속하면 태공유수는 신체단련에 그친다. 겉으로는 아무런 움직임도 없이 자세를 잡고 있지만 인체 내부는 비상체제로 바삐 돌아간다. 고요하게 보이는 가운데 엄청난 내부 움직임이 있는 정중동靜中動이 일어난다.

이렇게 에너지 소비가 많다 보니 몇 시간의 수련이 끝나면 식욕이 왕성해진다. 매사에 의욕이 없거나 밥맛이 없는 사람도 몇 번의 태공유수 수련으로 식욕이 돋고 변비가 사라지는 등 몸의 순환체계가 제대로 작동하면서 마음도 적극적으로 변하고 생활습관도 바뀌게 되는 것을 볼 수 있다. 수련을 계속하다 보면 내부 순환계통이 활성화되기에 몸에 기운이 넘쳐나고 생명력이 살아나 성욕도 왕성해진다. 하지만 너무 몸을 쓰는 데 욕심을 부리지 말아야 한다. 중차대한 목표를 향해 지금은 몸에 원기를 축적하고 있는 단계니까.

원광스님이 수련 후 제자들에게 시로 전한 내용을 여기에 싣는다. 자신이 수련을 통해 깨달은 만큼 이 시의 내용을 이해할 수 있다.

허공 속에 자세를 잡으니 허공 유유등등하고 진공 속에 해탈하네.
모든 기운이 상생상극하여 작은 것에서부터 아주 작은 것, 큰 것으로부터 아주 큰 것,
그 자체도 작은 구슬 안에 있네.
그것이 바로 천신의 마음을 이해할 수 있는 길이라.
원이 점이요, 점이 우주다.
단순한 한마디가 팔만 노선이 되었다.
길은 하나인데 생각이 많으니,
생각한 바를 한데 뭉쳐 허공에 던져버리는 게 부처의 해탈이다.

삼천갑자가 몸을 바꾸어서 오래 살았다.

동파권설파역근으로 견정이 부서지고 대추가 열리는 것이

마치 한겨울 수도파이프가 동파되듯이 기가 터져나오리라.

용수만청 용천지공은 작고 큰 차이이다.

터좋은 곳에서 자세를 잡으면 신령이 알려준다.

영계의 신을 느낌으로 보기도 하고 형상으로도 나타난다.

인시寅時에 영산에 올라 양명을 받으라.

밤에 잡은 이유는 달의 기운을 받아 신을 보기 위함이다.

눈높이는 수평의 기운이다.

위를 보는 것과 하늘 아래를 보는 것 사이에서

땅의 수평은 땅과 하늘이 만나는 곳이므로

수평을 볼 때 수평 속에서 기운이 상생상극하므로

수평을 잡아야 대안이 열린다.

곤창지불변坤槍之不變이라

찌를 듯이 하늘의 눈을 파서 세상을 이기는 지혜를 얻으라.

태양을 보고 잡아라.

태양 반대쪽에서 벽을 보고 잡으며 태양을 끌어당기면 벽공지락이 된다.

이렇게 음양을 취하면 이음도수법이다.

고통을 넘어서 환희로, 천지합일

귀가 먹어서도 음악을 했다는 베토벤이 '고통을 넘어서 환희로' 라는 유명한 말을 남겼다. 적막 속에서 희미하게 들리는 깊은 심연의 소리와 리듬, 모든 오감과 육감을 동원해서 절차탁마하는 어느 순간 천상의 소리를 들었으리라. 태공유수 동작을 잡고 고통을 참고 또 참다 보면 어느 순간 엄청난 일이 일어난다. 바로 하늘이 내 지극정성을 받아주는 순간이다.

사람마다 조금씩 다르지만 기독교 신자들이 성령 체험을 하는 순간과 유사하게 엄청난 하늘의 기운이 내 몸에 벼락치듯 내리거나, 화사하고 따뜻한 기운이 내 온몸을 감싸면서 나를 하늘로 고양시키는 체험을 하게 된다. 이때부터 고통은 사라지고 감격스러운 환희가 나를 충만하게 채운다.

로켓으로 비유하면 비로소 대기권을 벗어나 무중력 진공상태의 우주공간에 진입한 것이다. 이때부터는 연료를 태울 필요도 없이 관성으로 계속 앞으로 전진하게 된다. 수련에서는 놀랍게도 이때부터 하늘에서 단계적으로 내 몸을 변화시키면서 나를 이끌어감을 느끼게 된다. 이 얼마나 감격적인 우주와의 만남인가. 내 영靈이 자유로와지는 순간이다.

이런 체험을 하게 되면 이후로 내 몸 수련 자세가 자연스럽게 변하게 된다. 그 이전까지는 최대한 태공유수 자세를 흐트리지 말고 유지하려고 최대한 노력해야 하지만, 이후로는 하늘에 내 몸을 맡기게 된다. 사람마다 살면서 헝클어진 몸의 상태가 다 다르다. 그래서 몸을 심하게 떨거나, 비틀거나, 소리치거나, 특정 동작을 반복하면서 막혔던 경락을 뚫고 망가진 세포를 재생하고 찌그러진 몸을 바로 세우게 된다. 내 몸이 바로 서야 내 영이 안정적으로 정착할 수 있지 않겠는가. 나 같은 경우는 어느 순간부터 머리를 땅에 박기 시작했다. 수련 고수들은 이런 나의 모습을 보고 평생 머리만 쓰면서 살아온 티를 낸다고 했다. 과열된 머리를 식히고 자연의 기운 땅의 기운을 받기 위해 그러는 것이라 했다.

그러면서 또 역발상의 생각이 머리를 스쳐갔다. 인간은 거꾸로 선 나무라는 사실을. 식물은 땅속 뿌리에서 양분을 흡수해서 줄기와 잎으로 보낸다. 사람은 뿌리를 거꾸로 세워 머리에 있는 입과 코로 양분을 흡수한다. 나무는 줄기에 달린 생식기인 꽃을 하늘로 활짝 열어젖혀 바람과 곤충을 유도해 수정을 하고 열매를 맺는다. 사람은 생식기를 나무가지에 해당하는 다리 아래로 숨기고 필요할 때만 생식행위를 한다. 식물 중에는 꽃과 가지를 움직여 곤충을 잡아먹는 식충종들이 있다. 지구 원시시대 어느 시기에 뿌리를 뽑아올려 먹이를 움직이며 사냥하고픈 욕망을 가진 어느 별난 식물이 혹시 동물의 조상, 나아가 인류의 조상이 되지 않았을까. 생물학적으로 식물이나 동물이나 세포에는 별다른 차이가 없지 않은가.

원광스님이 태공유수 수련방법에 대해 가르치신 내용이 있어 여기에 옮겨 적는다 [배종렬 2001].

봉새가 태양을 쪼듯이 노려보면서 태양 속으로 들어가라.
석달 열흘 그속에 살면서 태양의 정기를 끄집어당겨 나와라.
다시 삼개월간 마음이 구만리 창공을 질주하면서
거대한 우주의 정기를 몸속에 받아들인다는 생각으로
두 눈을 허공을 노려보며 파고 또 파라.
흔들림 없는 그 자세가 하늘을 노려보는 봉새의 형상이라.
양어깨가 부서져 나가더라도 절대 두 손 사이로 허공 파는 것
을 멈추지 마라.
눈을 들어 하늘을 바라보며
두 손을 뻗어 두 손 간격이 주먹 하나 형상을 만들어라.
주먹을 다부지게 쥐어라.
오른손은 양산陽山이요, 왼손은 음산陰山이라.
음양이 두 주먹 속에 있다고 생각하고 허공을 쥐어라.
힘을 주어서 끌어당겨라.
초기에는 어깨가 아프고 쑤실 것이나
두세 시간을 넘어 무의식에 들어가면 아프고 쑤신 모든 것이
물이 되리라.
오염된 니 몸을 무너뜨리고
새로운 정기를 너의 몸속에 넣는 과정이니 두려워마라.

새벽닭이 울 때까지 일심으로 버텨라.

중도에 쓰러지더라도 그냥 쓰러져라.

절대 수련을 도중에 접지마라.

그러면 땅의 정기를 받고 기운이 용천할 것이다.

허공에 연을 띄워놓고 연을 감고 풀 듯이 너를 지켜보아라.

너의 주먹안에 머리안에 가슴안에 숨쉬는 세상을 보아라.

세상은 넓은 것 같지만 좁고, 좁게 본 것에 넓음이 있다.

세상을 다 알기 전에는 세상을 보지 말고 너 자신을 보라.

일억만년을 견디는 노송이 되어

우주의 끝이 어디에 머물고 어떻게 돌아가는지 알기 이전에

너의 몸에서 돌아가는 오장육부에 우주가 있음을 알아차려라.

신념을 가져라.

나는 나를 이기는 공부를 하겠노라.

내 자신이 밝아지고

세상을 비추는 해와 같이

큰 기운을 만들어 세상을 구하겠다고 다짐하라.

자연과 내가 둘이 아님을 깨닫고,

나 자신을 이길 수 있다면

그것이 바로 세상 벽을 뚫는 것이로다.

잠자는 생명에너지를 깨워라

우리 몸속 단전丹田 부위 안쪽에는 생명에너지 덩어리가 자리 잡고 있다. 한의학에서 다루는 기해혈氣海血 자리다. 바로 모든 강물이 흘러 바다로 가듯이, 온몸의 기가 모여드는 곳이라 하여 기해혈이다. 인도 요가에서는 이 기해혈 속에 웅크린 생명에너지 덩어리를 일러 쿤달리니라고 한다.

일반인들은 이 쿤달리니가 활성화되지 못하고 잠들어 있다. 수련을 통해 이 잠든 쿤달리니를 일깨워야 하는데, 바로 하늘의 기운과 땅의 기운을 몸속에 받아들여 몸속에서 이를 소통시키면 에너지 덩어리가 형성되기 시작한다. 그림4.10에 나타낸 오컬트에서 생각하는 원자구조와 흡사한 모습이다.

풍류도에서는 이 생명에너지가 자라나는 모습을 배추가 몸속에서 자라는 모습으로 나타내었다. 그림4.11를 보면 중국에서 유명한 포대화상이 배추를 들고 있다. 사실은 수련의 핵심을 설명한 표상인데 지금은 원래 의미는 잊혀지고 복을 주는 신앙의 형태로만 전래되고 있다. 포대화상도 풍류도의 인물로 보는데 고대에 중화족은 황하강 이남에 주로 살았고 그 이북은 동이족, 만주족 등으로 불리는 민족들이 주로 살았음을 상기하자.

그래서 중국 고대사의 유명한 인물 중 태호복희 등 상당수는 동이족이다. 그렇다고 국수주의에 빠져서도 안될 것이고 서로 공유하는 역사라는 입장을 취하겠다. 쿤달리니에 에너지가 공급되

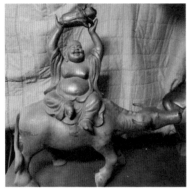

그림4.11 (좌)단전에 있는 생명에너지 덩어리를 상징하는 배추를 들고 있는 포대화상
(우)생명에너지인 쿤달리니가 척추를 타고 올라가는 모습을 형상화한 인도 요가

면 쿤달리니가 스스로 움직이기 시작한다. 마치 어머니 뱃속에서 태아가 꿈틀대듯이 용트림을 시작한다. 그래서 그림4.11 (우)처럼 척추를 타고 위로 올라가기 시작한다.

천지기운의 작용과 몸의 변화換骨脫胎

이렇게 내 몸이 변해가는 기간은 대부분 상당히 길다. 심한 질병을 앓았던 사람들은 몇 년 동안을 계속해서 폐기를 방출하는 기간을 가진다. 이들은 수련 시 종아리가 시퍼렇게 변하면서 몸 속에 쌓였던 폐기들이 피부 표면으로 나오는 것을 보게 된다. 또는 악을 쓰면서 소리쳐 내장 속 폐기를 뽑아내는 사람도 있다. 그

제4장 입선수련과 천지인 합일

러면서 내 몸이 점점 더 건강해지고 맑고 투명해진다. 전기적으로 이야기하면 몸이 음전하를 띠게 된다. 몸속에 폐기가 잔뜩 쌓인 사람들은 양전하로 가득 차 있다. 양전하가 어느 수준을 넘게 되면 대사작용이 중단되면서 죽음에 이르게 된다.

기공사들이 환자를 치료하는 원리가 바로 이것이다. 환자의 양전하를 받아들이고, 기공사의 음전하를 주어 환자를 회복시킨다. 전기는 전위차만 있으면 자연스레 흐른다. 그래서 기공사들이 손 하나 대지 않고도 환자 진단이 가능하고 치료도 가능하다. 환자의 탁기는 찐득찐득한 아스팔트 같다. 이런 탁기가 기공사의 몸에 들어오면 살과 뼈에 달라붙어 잘 빠지지 않는다.

기공사들은 대부분 현실에서 뚜렷한 직업이 없다. 그래서 생계 유지수단으로 환자치료를 많이 한다. 이 과정에서 자신의 능력을 넘어서 달라붙은 탁기들을 제대로 뽑아내지 못하면 기공사 자신도 그 질병에 전염되어 죽음에 이른다. 일찍 죽은 유명했던 기공사들은 대부분 이런 경우에 해당한다.

서양의 영성주의에서는 표현은 다르지만, 영혼이 환골탈태하여 우주와 하나로 융합되어 근원으로 돌아간다는 인식을 가지고 있다 [콜럼 코츠 1998]. 이를 태공유수 수련과 비교해 조금더 살펴보자. 높은 차원의 영혼이 물질 차원인 육체로 진입해 생명이 태어난다. 육체에 갇힌 영혼은 저차원의 자아ego가 자기 본위적인 아집과 행동을 표출하면서 점점 이에 동화되어 간다. 그래서 물질적인 행복을 추구하며 자신의 세계로 모든 것을 끌어들이려

한다.

이렇게 물질수준으로 전락한 영혼이지만 원래 영혼이 지닌 정신적인 에너지와 추진력이 내재해 있으니 각성을 통해 물질에 갇힌 나에게서 벗어나려는 의지와 노력을 가지면, 끈적하게 달라붙은 육체적 집착이 하나둘 떨어져 나가고 영혼은 고차원의 우주장과 진동으로 공명되기 시작하면서 서서히 하늘로 부양되기 시작한다. 마침내 영혼이 높은 진동상태에 도달하면 상승하면서 우주와 하나로 융화된다.

이를 살펴보면, 동서양이 수련방법은 달라도 인간의 의식이나 도달하려는 목표는 크게 다르지 않음을 알 수 있다. 이런 현상을 수련계에서는 원래 한곳에서 출발한 수련문화가 온세계로 퍼져나갔으니 핵심은 같다는 식으로 이해하고 있다.

육신통과 무념무상

수련의 정도가 깊어지면 내 몸의 세포가 살아나면서 육신통으로 표현되는 내 몸의 능력이 고양됨을 이야기했다. 미분화 세포는 모든 가능성을 함유하고 있는 만능 세포다. 생물학 용어로 줄기세포다. 그리고 마치 짜여진 프로그램이 있다고 해석할 수밖에 없듯이, 각 세포는 만능 조절 스위치를 끄고 켜면서 각 기관 세포로 성장해 독립적인 기관과 역할을 수행하는 조직세포가 된다.

수행의 정도가 깊어져 내 몸이 천기 지기와 연결되고 운용되면 각 세포들이 만능세포로 변한다. 예로, 제3의 눈이 인당혈에만 생기는 것이 아니라 손가락, 손바닥에도 생겨나 눈으로 보지 않아도 사물을 인지할 수 있다. 믿기 어렵겠지만 수련 고수들은 실제 그런 모습을 보여준다. 현실에서 장님들을 살펴보면 대략 유추할 수 있다. 그들이 집안이나 차들이 다니는 대로에서도 큰 어려움 없이 다니는 모습을 볼 수 있다. 몸 다른 부분들에서 감각세포들이 살아난 것이다.

여담으로 심청전 이야기를 잠깐 비쳐 볼까 한다. 선도 수행을 하는 사람들은 이 이야기를 수련에 관한 비유로 해석한다. 심봉사는 세상을 볼 줄 모르는 어리석은 사람을 지칭한다. 심청이 자진해서 인당수印堂水에 빠진 이야기는 목숨을 내어놓고 수련에 임했고, 바닷물에 빠져 죽지 않고 바닷속 용궁으로 초대받아 간 이야기는 수련의 높고 깊은 경지에 도달한 것으로 해석한다.

인당印堂은 이중적 의미로 근해 지명임과 동시에 사람 양미간 사이 경혈을 의미한다. 예로부터 이 자리는 제3의 눈으로 불렸고 심청은 바로 제3의 눈이 열렸다는 뜻이다. 바로 미래를 내다보는 눈, 천안통이 열렸다는 뜻이다. 이제 심청은 사람들이 사는 육지로 돌아와 고양된 몸과 능력으로 봉사의 눈을 뜨게 해 세상 이치를 깨닫게 해준다는 이야기다.

이 시점에서 성명쌍수性命雙修 문제를 다시 꺼내야겠다. 고조선 풍류도는 철저히 몸 수련을 우선하는 좌도수련이고 몸의 인내력을 한계 끝점까지 밀고 나가는 수련이라고 했다. 그런데 한계 끝점에서 만나게 되는 것은 몸이 아니라 마음이라는 것도 언급했다.

즉, 마음은 몸에 실려서 몸의 모든 것을 조절하고 통제하는 역할을 하며, 태공유수에서도 견디어내는 것은 결국 마음이라는 뜻이었다. 이제 문제를 양자택일의 차원으로 보지 않고 입체적으로 살펴보면, 몸과 마음은 서로 분리될 수 없는 일체성을 가지고 상호작용하며 유지됨을 파악할 수 있다. 즉, 성명이 항상 같이 다니는 쌍이라는 뜻이다. 그런데 이제 다른 차원의 이야기를 해야겠다.

육신통은 분명 몸에서 일어나는 변화다. 수련자의 마음, 관심이 여기에 집중되고 몸의 능력의 고양에 수련을 집중하다 보면 그 사람은 몸의 능력 속에 빠져들게 된다. 수련하는 주체는 마음이기에 마음이 몸에 머물면 대자유한 영靈을 갖지 못하게 된다.

현실에서 많은 수련자들이 여기에 머물며 득도한 사람으로 자신을 포장한다. 신흥종교 지도자들이 대부분 이런 유형이다. 그는 다른 사람들이 보지 못하는 것을 보고, 현대의학이 못 고치는 병을 손도 안대고 고치니 그럴 만도 하다. 그러다 보니 자신을 예언자, 메시아로 포장하고 종국에는 타락해 나락으로 빠진다. 하지만 수행자의 길은 끝이 없다. 몸에 대한 관심을 접고 무념무상의 상태로 더 나아가야 한다. 불교 수행에서도 이를 경계해 수행 중 아상我相을 만들지 말라고 했다.

수행 중 상을 만들어내는 이야기를 하나 더 해야겠다. 수행의 정도가 깊어지면, 도가에서 이야기하는 머리 백회혈에서 도태가 빠져나가 영계로 진입하게 된다. 이때 어떤 수행자들은 자기만의 아상을 만들어낸다. 스스로 새로운 천계를 만들어 내어 가상현실virtual reality의 세계, 매트릭스를 창조한다.

현실 수행단체 중에도 이런 곳이 있다. 그래서 이 단체 지도자가 자신이 창조한 세계를 강론하면서 수련을 시키면 제자들도 따라서 이 세계를 같이 만들어내면서 이 성은 점점 더 커지고 공고해진다. 그래서 자신들이 천계 몇 단까지 올라갔느니 하는 이야기들을 한다.

앞에서 의념은 물질을 창조해낼 수 있다고 했다. 바로 $E=mc^2$이란 물리법칙으로 말이다. 그래서 수행자들은 항상 스스로를 경계해야 한다. 자신이 도달한 지점이 과연 실제인가, 객관적인가 하는 점들이다. 수행이 깊어질수록 몸에 관심을 집중시키지 말고 천상에 대한 아상도 만들지 말고 오직 무념무상으로 임해야 한다.

자연과의 합일, 대아大我

수련으로 내 몸이 맑고 투명해지는 과정은 열역학적으로 보자면 엔트로피가 감소하는 과정이다. 엔트로피entropy는 과학적으로 무질서도라고 정의한다. 우주만물이 시간이 지나면서 헝클어진다는 뜻이다. 물병에 잉크를 넣으면 잉크가 서서히 퍼져나간다. 자연에서는 절대로 이 과정을 되돌릴 수가 없다. 자연은 시간에 따라 엔트로피가 증가하는 방향으로 간다.

하지만 부분적으로 반대되는 일이 있다. 바로 앞에서 언급한 살아있는 생명체가 하는 생체 대사 작용이다. 식물이 탄소동화작용을 하면서 스스로는 엔트로피를 낮추고 대신 높은 엔트로피를 산소에 실어 내보낸다. 인간은 산소를 빨아들이고 영양분을 먹어 내 몸의 엔트로피를 낮추고 대신 높은 엔트로피를 대소변과 이산화탄소로 내보낸다.

산업사회는 인간에게 필요한 낮은 엔트로피 제품을 대량으로 만들어내면서 산업폐기물과 공해라는 엔트로피를 기하급수적으로 증가시키고 있다. 그래서 우주 총체적으로는 엔트로피가 계속 증가한다.

수련으로 내 몸이 투명해지면 자연과 나와의 경계가 허물어진다. 수련하면서 계속 의식을 내 몸에 집착하면 점점 더 내 몸이 건강해지고 내가 많은 능력을 갖게 되는 것을 알 수 있으나 나란 개체의식은 사라지지 않는다. 앞에서 마음수련이 중요하다고 했듯이 수련이 깊어질수록 무념무상에 들어가 모든 것을 내려놓으면 나라는 개체의식이 사라지고 우주와 나를 차단했던 장막이 사라지고 우주와 일체가 된다. 바로 자연과 합일되는 경지이다.

그렇게 되면 내가 인식하는 범위도 내 몸뚱이를 벗어나 우주로 확장된다. 이를 일러 옛 성현들은 대아大我라고 표현했다. 즉, 우주와 일체화된 의식을 갖게 되고 우주의 뜻을 알게 된다. 그래서 이때부터 하는 행동은 자연에 거스르지 않고 자연의 이치에 부합되기에 나옹선사가 갈망했던 물처럼 바람처럼 살게 된다. 바로 풍류風流다. 또는 노자가 말한 무위자연無爲自然의 삶을 만들어 나갈 수 있다.

그런데 현대문명은 이에 반대되는 방향으로 질주해 왔다. 인간이 자연의 질서와 이치에 따라 살기보다, 인간을 위해 변화시키고 파괴하는 대상으로 자연을 취급해 왔다. 특히 19세기 이후 산업사회가 본격적으로 대두되기 시작하면서 파괴와 변형은 기하급수적으로 늘어나 더 이상 지구가 정상적인 자연순환이 되지 않는, 엔트로피가 폭발하는 임계점에 다가서고 있다. 기후위기로 대표되는 인간세계 종말의 국면에서 자연의 이치에 따라 사는 고조선의 천지인 합일의 사상과 삶의 양식은 큰 희망을 줄 수 있다.

그렇다고 이 경지가 불교의 성불 개념처럼 모든 것이 완성된 단계라고 볼 수 없다. 그곳에는 또다시 새로운 차원의 세계가 나를 기다리고 있다. 마치 우리의 인식 차원이 원자에서 분자, 사물, 이 세상, 우주, 또 그 너머로 끝없이 확장되듯이 우리의 인식능력도 끝없는 달굼질로 뻗어나갈 수 있다. 그렇다고 내가 이런 경지에 도달해 경험한 것을 이야기하는 것은 아니다. 다만 스승이 설명하고 내가 경험하고 인식한 세계를 확장해 볼 때 그렇다는 것을 이해하기 때문에 언급할 따름이다.

본래 나를 찾아라

고려시대 보조국사 지눌이 남긴 수심결修心訣 중에 이런 말이 있다 [박현 1999].

> '지금 그대들의 벌거벗은 몸뚱이 안에 더 없는 참사람 하나가 있어서 늘 그대들의 눈과 귀와 입으로 드나들고 있으니, 그가 이르는 곳마다 그를 주인으로 삼으면 모든 일이 참되리라.'

수련의 정도가 깊어지면 일상생활을 하면서 여섯 가지 감각으로 나라고 인식하는 바로 그 주체가 모든 것이 아님을 알게된다. 나라고 생각하는 그 주체를 항상 뒤에서 지켜보고 있는 전혀 다른 나를 알게 된다. 그 나는 항상 나와 함께 했으되, 일상에서 전혀 의식하지 못했던 감각에 가리워졌던 나이다. 그 나를 느끼고 인식하는 것은 사람마다 문화의식에 따라 다르게 표현된다.

지눌은 위와 같이 말했고 유학에서는 '극기복진克己復眞, 몸뚱이에 얽매인 나를 벗어나 참된 나를 찾는다'고 했다. 이것은 불교에서 이야기하는 여덟 단계의 식識과도 연결되는 문제인데, 이부분은 불교철학에서 상세히 다루고 있으므로 여기서는 생략한다. 그 참나를 만나게 되면 세상과 나란 존재에 대한 의식에 혁명적인 전환을 이루게 된다. 이 세상 모든 것이 연결되어 있고 과거현재 미래가 연결되어 있음을 알게 된다. 그래서 내 인생을 내가주인이 되어서 살게 된다. 우주와 합일된 나의 삶은 자연스럽고물과 바람 같고 거슬림이 없을 것이다.

봄 여름 가을 겨울 그리고 다시 봄

이상으로 태공유수란 자세를 잡고 천지인 합일에 도달하는수련 과정을 대략 정리하였다. 앞에서 설명한 과정을 실제로 몸으로 수행하고 그 경지에 도달했다면 소위 말하는 한 소식을 한셈이다. 그런데 풍류도에서는 이것이 완성이라고 보지 않는다.태공유수 수련을 계속 하다보면 몸이 저절로 바뀌는 상태를 경험한다.

뒤에서 풍류도의 기본 철학이나 짜임새에 대해 설명을 하겠지만 태공유수도 순환의 개념이 있다. 태공유수를 오래 수련하다 보면 수준에 따라 자연스럽게 동작의 변화가 무의식적으로 일어난다. 풍류도에서 입선자세는 태공유수 하나만이 아니고 여러 가지가 있다고 앞에서 서술했다. 다만 한반도에서는 태공유수를 중점적으로 수련하는 전통이 있을 뿐이다.

그런데 여기서 한 가지 더 태공유수 같은 각 입선자세는 하나만이 아니고 우주 순환에 맞추어 춘하추동이나 동서남북에 맞추어 네 다섯 가지 변형이 존재한다. 당연히 태공유수도 변형자세들이 있는데 여기서는 간략히 언급만 하겠다.

태공유수 수련을 2, 3년 하다 보면 팔이 5도에서 약간 안으로 꺾어 들어가면서 태공역수의 자세가 나오는데, 두 팔을 뻗은 상태에서 이완이 되면서 서로 두 주먹이 주먹의 등을 마주 바라보고 있는 상태다. 이때 시선은 여전히 주먹 사이만 바라보면 된다. 즉, 손과 팔의 변형이 일어난다. 이건 왜 일까. 한의학적으로 보면 손과 팔을 관통하는 다른 경락을 강하게 자극하는 셈이다.

여기서 잠시 수련 중 무의식적으로 일어나는 손동작에 대해 언급해야겠다. 손가락은 천침이라 즉 나의 몸을 꿰어나가는 바늘로 볼 수 있다. 일거수일투족을 보면 안다는 말에 이 같은 뜻이 들어있다. 손가락 하나 움직임을 보면 그 사람을 알 수 있다.

내공이 쌓이면 손가락 하나만 움직여도 전신에 기혈이 돌아 안으로 강하게 뭉쳐진다. 그러니 손가락에는 오장육부로 연결되는 기혈 통로가 있어, 전신의 뭉친 기는 나뉘고 또 나뉘어 다시 회돌이 치듯 뭉쳐 들어온다. 한의학에서 다루는 전신 12경락을 보면 대부분 손가락을 관통한다.

손이 땅을 가르키는 것을 소해지수라 하고 하늘을 가르키는 것을 대해천수라 하여 서로 어울어짐을 소해천수라고 하며 인기천수가 됨이다. 마치 쇠를 두드리면 두드릴수록 강하게 되듯이 우리의 몸도 역시 자세를 잡으면 잡을수록 강한 기운이 뻗쳐 흘러 신체의 조직을 온전하게 하여주며 전신의 뼈를 강하게 하여줌과 동시에 척추를 비롯한 모든 뼈마디를 곧게 펴준다.

이렇듯 자세를 잡음에 있어서 태공유수에서 태공역수, 태공무수가 되면서 더욱더 자세를 잡다 보면 태공정수의 자세도 나오는데, 태공정수라 함은 태공유수의 자세에서 두 팔이 뻗힌 상태로 서서히 몸이 이완되어 태공역수의 반대인 팔목 안쪽이 서로를 바라보는 자세인데 이 자세는 약 3년이 흐른 정도에서 자연스럽게 나오는 자세이다.

또한 태공미수라는 변화의 자세는 태공유수를 장기간 하였을 때 나오는 자세이며 태공유수가 공격형의 자세라면 태공미수는 방어적인 자세가 된다. 이렇게 한 자세를 오래 잡다보면 다양한 변화의 자세가 나오는데, 원래 수련이란 스스로 해서 깨달아야만 자신의 것이 되기에 각 자세에 대해 자세한 설명을 못한 아쉬움을 달랜다.

빛의 인간, 빛의 나라

수련이 점점 깊어지면 초기에는 내 앞에 빛이 보이는 상태를 경험하는데, 이때가 인당혈에 있는 제3의 눈이 조금씩 열리는 상태다. 이제는 그 빛이 나를 관통해서 내 몸 전체가 온통 찬란한 빛에 휩싸이게 되고 온 사방이 빛으로 환해지며 내 몸 전체에서 빛을 내뿜게 된다. 그래서 내가 빛의 세계로 들어간다.

또한 제3자가 볼 때 수련자의 몸에서 빛을 발하는 것을 볼 수가 있는데 이러한 현상을 신유광휘身有光輝라 표현한다. 일반인들은 이런 서술에 회의적이겠지만, 선도나 불교 수련세계에서는 가끔 나타나는 경외하는 현상으로 득도의 징표로 여긴다. 역사상 이런 경지에 도달한 분들은 상당히 많다. 풍류도에서는 누구나 열심히 수련하면 이런 경지에 갈 수 있다고 본다.

20세기에 한국에서 이런 경지에 도달한 분을 소개하겠다. 백봉 김기추 선생이다 [장순용 1996]. 선도와 불교 수련을 한 분으로, 1963년 1월 함박눈이 내린 추운 겨울날, 백봉선생은 암자앞 바위에 앉아 수련에 집중했다. 마을 사람들이 한밤중에 저 멀리 암자에서 화광이 솟구치는 것을 보고 뛰어올라갔다.

소란스런 소리에 암자 안에서 잠자던 도반들도 뛰어나와 보니, 온통 눈을 뒤집어쓴 채 바위에 앉아 있는 백봉선생이 몸에서 빛을 뿜어내고 있었다. 바로 백봉이 득도하는 순간이었다. 이렇게 많은 사람들이 목격했으니 거짓되다 할 수 없으리라.

근대 불교에 큰 자취를 남긴 수월 스님도 여러 번 발광하는 모습을 신도들이 보았고, 신도들이 이적에 마음을 빼앗기고 스님이 신격화되는 사태를 방지하고자 멀리 북쪽으로 사라져 버렸다. 수월스님에 대해서는 역사편에서 조금 더 언급하겠다.

깨달음이 깊어지면 완성의 색깔 오로라가 그 사람 주위를 싸게 된다. 그래서 부처나 성인들 상을 보면 뒤에 오로라 배광을 넣는데, 옛날 이런 분들이 살아 생전에 이런 모습을 보았기에 배광을 만들어 넣는 전통이 생겼으리라. 이제 이 수련의 정점에서 온몸이 밝아지면서 태양과 같은 힘이 솟아오른다. 그 힘과 빛으로 많은 사람들을 구할 수 있다. 스스로 작은 예수, 작은 부처, 새로운 성인이 된다.

고대에는 태양숭배문화가 전세계에 널리 퍼져있었다. 고대일수록 태양 빛에 의지해 살았기에 자연스럽게 태양숭배사상이 생겼다고 볼 수 있지만, 인간이 빛으로 화할 수 있기에 태양과 합일된 또는 우주와 합일된 인간이 수행으로 될 수 있었다.

고대에 우리나라는 환국桓國으로 불렸다. 이때 '환'자는 환하다는 뜻이다 [박병식 1994]. 그래서 환은 태양을 뜻하기도 한다. 환국은 태양의 자손이 세운 나라이자, 환한 빛을 가진 자가 다스리는 나라였다. 바라건대 21세기에 우리나라가 다시 한번 환국으로 거듭나기를 소망해 본다.

풍류라는 한자는 '부루'라는 우리말의 이두식 표기라고 앞에서 언급했다. 부루란 불, 밝다, 환하다, 하늘 등을 가리키는 말로,

광명이세光明理世하는 환국의 표상이다. 그러므로 풍류도가 제천의례나 화랑 교육에서 중심적인 역할을 했듯이 21세기에도 세상의 빛이 되기를 고대한다. 우리 조상들이 신시에서 개국할 때 내건 이념이 '홍익인간 재세이화弘益人間 在世理化'였다. '세상을 이치에 맞게 만들어서 널리 인간을 이롭게 하자' 라는 원시반본의 지혜를 21세기에 드러내 보자.

원광스님이 지은 태공유수란 시로써 이 장을 마무리하자.

태공이 갈라지는 소리를

그대는 들었는가

공룡알이 부서지듯이

용이 구름사이를 꿈틀거리듯이

파장이 나오고

뇌두가 막히고

그냥 그대로 허공에 박혀있다

너는 누구냐!

너를 움직이는 몸

그놈을 바로 잡아라

그래서 그놈이 하는 대로 풀어 줘라

그 주인공이 땅을 기면 기는 대로

허공을 날면 나는 대로 몸이 이완된다

파장이 전파된다

비바람 속에 번개치듯이

기의 흐름이 뇌성벽력친다

삼차원에서 사차원으로

다시 일차원으로

앞뒤없는 전차가 허공을 질주한다

기합소리 드높게 창공을 찌르고

이윽고 거센 파도는 잠잠하여 수평을 이루니

노을진 물결 위로 갈매기가 춤춘다

태공이 그물을 던지니

비룡이 그물을 뚫고 비천하는구나!

태공유수 잡고 각도에 따라 몸이 이완되니

바람 앞에 서있는 정자나무가

바람으로 휘어질소냐

어허야!

천하대세가 여기론가

제5장

고조선 무예

앞장에서 기운을 운용하는 수련에 대해 서술하였다. 이제는 본격적인 무예를 다룰 차례인데 무예는 바로 이렇게 몸을 주행하는 기운을 강약과 맺고 끊고, 응축했다 펼쳐가면서 내가 원하는 바대로 몸을 운용하는 기술이다. 몸을 운용한다는 것은 그것을 움직이는 주체와 의지가 있어야 한다. 그 주체를 마음이라고 표현해 보자. 이 마음은 목표 지향성을 가지고 몸과 기운을 움직여 나간다. 적과의 전투라면 나를 상하지 않으면서 적을 물리쳐야 하고, 신체 단련이라면 나의 약함을 극복하고 최적의 몸쓰임이 되도록 연마하려는 마음가짐이 중요하다.

앞에서 입선수련이 은근과 끈기로 나를 극복하는 수련이라면, 무예는 공포에 굴하지 않고 찰나에서 빈공간을 찾고 온몸이 타들어갈 때까지 눈앞에 펼쳐지는 작은 목표점들을 끝없이 찍어내는 강인한 마음을 키워야 한다. 그러다 보면 어느새 세상에 우뚝 선 그 무엇도 두렵지 않은 나를 보게 될 것이다.

일본 합기도에서도 무술과 기에 대해 설명한 좋은 구절이 있어 옮긴다 [마루야마 2001].

> 합기合氣란 우주의 생명력인 기와 조그만 나 한 사람의 기를 합치는 일인데 기술 전반에 기가 통함으로써 하나하나의 기술은 우주의 생기와 하나가 된다.

한중일 삼국에서는 무예에서 기의 위치를 거의 같은 차원에서 이해하고 있음을 알 수 있다. 다만 중국에서는 무술, 일본에서는 무도, 한국에서는 무예로 표현하듯이 바라보는 입장이 조금 다르다는 점을 앞에서 이야기했다. 한국에서는 중국이나 일본의 영향을 많이 받다 보니 혼용해서 쓰기도 한다.

풍류도를 경당이나 화랑제도처럼 국가차원에서 운영할 때에는 엘리트 사관들을 육성하기 위해서 가장 비중을 두고 교육한 과목이 무예다. 전쟁이 나면 당장 병장기를 이용한 전투기술이 필요하니 당연한 조치였다. 현대 풍류도에서는 입선수련을 가장 중요하게 여기고 무예는 기를 운용하는 고급단계로 매김하고 있다. 무예는 대인 격투에 필요한 신체 기능의 발달을 일차적 목적으로 하겠지만, 몸을 쓰는 것이 바로 몸에 축적한 기운을 조화롭게 펼쳐내고 힘만이 아닌 우주의 기운을 끌어다 쓰는 경지까지 다루다 보니 수련의 큰 축이 되었다.

시대가 흘러 현대에는 무예 수련이 인격 수양, 정신의 단련, 자아 발견 등 종교 철학적인 의미를 담고 있는 문화 영역으로까지 발전해 왔다. 이러한 무예의 목적과 가치의 변용은 오랜 역사 속에서 어우러져 동양인들의 무술 수련에 동양의 전통 사상을 접목하였다. 무술과 사상의 접목은 일반인에게 널리 인식된 달마達摩대사의 무술 창안설과 소림사의 무술사적 의미에 대한 믿음 등에서 볼 수 있다. 그래서 예禮의 중시, 음양陰陽이나 오행五行, 팔괘八卦와 같은 개념을 무술을 설명하는 데 사용한다. 앞으로 풍류도 무예를 설명하는 데 이런 개념들을 사용할 예정이다.

5.1
고조선 무예의 특징

고조선 무예와 타 외국의 무예를 비교하면서 그 특징의 일단을 살펴보고자 한다. 가장 큰 특징은 회전 동작이 많다는 점이다. 연이어 회전하는 동작도 많지만 나선형으로 꼬았다가 풀어내는 동작이 가장 큰 특징이다. 온몸이 나선형으로 잔뜩 꼬이면 기운도 따라 응축했다가 몸이 강하게 풀리면서 기운이 폭발하듯 뿜어져 나온다.

그림5.1에 자연에서 볼 수 있는 나선형 구조를 실었다. 태풍은 핵을 중심으로 나선형 구조를 이루면서 펼쳐나가는데, 그 엄청난 힘은 우리가 매년 태풍피해로 실감하고 있다. 우주도 나선형 구조로 운행한다. 우주의 팽창 속도는 인간의 상상을 초월한다. 바닷가 소라도 나선형이다. 즉, 자연의 기운은 나선형으로 전개되는 것이 자연스러운 것이다. 오른쪽은 농악 길놀이 광경인데, 상쇠가 풍물패를 나선형으로 모았다가 풀어낸다. 이처럼 우

▎그림5.1 (1)태풍의 눈 (2)허블망원경으로 본 은하 (3)소라 (4)농악 길놀이

리 전통문화에서는 자연을 닮은 나선형 구조를 다방면에 응용하고 있다.

풍류도에서는 이런 자연의 특성을 알아채고 적극 활용하고 있다. 한자에 만卍자가 바로 이를 형상화한 것이다. 풍류도에서는 이를 인체에 그대로 적용한다. 위로 뻗은 두 가지는 팔이고, 아래로 뻗은 두 가지는 다리다. 가운데 교차하는 점이 바로 단전이다. 그래서 단전의 기운을 뿜어내 태풍이 회오리치듯 동작을 펼쳐나간다. 그림2.2 와 그림5.12에 원광스님의 단봉과 소학봉 시연 모

제5장 고조선 무예

습을 따라해 보라. 몸이 잔뜩 꼬였음을 느낄 수 있다.

풍류도 무예동작에 회전이 많다는 점은 중국이나 일본 무술과 비교해 보면 더 뚜렷하게 드러난다. 아마도 실전성을 최우선적으로 고려하면 전후진으로 직선 동작이 많고, 기운용에 주안점을 두면 회전 동작을 많이 하게 된다. 왜 풍류도에서는 회전동작을 많이 구사할까. 전해지는 옛날의 이론은 없지만 현대과학의 눈으로 봐도 연결점이 어렴풋이 보인다. 우리들은 과학교육에서 플레밍의 왼손법칙, 오른손법칙 하면서 자석이 회전을 하면 전기가 생성됨을 배웠다. 현대 전기문명에서 수력, 화력, 원자력 발전 모두 바로 이 회전하는 자장 속에서 전기를 생산해낸다. 그렇다면 지구도 자석이어서 자장이 크게 형성되어 있으며 인체도 마찬가지이다. 바로 몸을 회전시키는 동작을 통해 기를 활성화시키고 축적하며 증폭시키는 비결을 옛날에 깨달았으리라.

풍류도는 어느 경지에 올라서면 이제 자연과 더불어 즐기는 풍류 문화 활동이 되니 한국의 전통놀이 문화에도 회전이 많다. 강강수월래도 원을 그리는 군무이고, 농악풍물패도 길잡이가 대열을 원안으로 꼬았다가 밖으로 풀어낸다. 어린이들 놀이에도 남아있다. 두 손을 가슴 높이에서 돌리면서 '구래구래 장개미시요舊來舊來 長開美時要' 한다. '아주 오래된 태초의 에너지가 돌리는 손 사이에서 뛰쳐나온다'라는 뜻을 가진다. 가볍게 장난으로 하는 놀이가 연원을 따져 올라가면 엄청난 비밀을 드러낸다.

나중에 볼 그림5.8의 왼쪽 그림에 보이듯이 오행 태극권에서

구래구래 장개미시요 동작을 초반에 한다. 이 동작을 하면서 기가 유통되는 현상을 분천기통分天氣通이라고 한다. 부모들이 어린 아기를 키울 때 재미 삼아 가르쳐주는 놀이들 중 기훈련과 관계된 것이 '구래구래' 말고도 많다. '도리도리'도 그렇고, '곤지곤지'도 그렇다. 특히 컴퓨터를 달고 사는 현대인들은 도리도리를 많이 하면 좋다. 거북목이나 목디스크 예방에 아주 좋다. 사무직에 오래 종사했던 사람들이 태공유수 자세를 잡으면 어느 순간 도리도리를 자발동공으로 하게 되는 경우가 있다. 목 부근에 막힌 경혈들을 하늘에서 알아서 자연스럽게 풀어주는 과정이다. 이렇게 소우주인 인체와 마찬가지로 우주도 회전 순환하면서 기를 발생시키고, 발생된 기는 역으로 우주를 회전 순환케 하는 힘으로 작용한다. 풍류도에서는 이 원리를 철저히 따른다.

인도에서도 비슷한 인식을 하고 있었다. 무한한 에너지 바다에서 조화를 이끌어내는 나선형의 볼텍스vortex 운동을 통해 생명력을 조성하고 응집시켜 수준이 서로 다른 삼라만상을 창조해낸다. 몸속에 있는 이런 생명에너지장의 볼텍스를 요가에서는 차크라라고 표현했다. 짜라투스트라로 유명한 조로아스터교에서도 중요한 수련으로 회전운동을 한다. 혼자든 여러 명이든 둥그렇게 원을 그리며 끝없이 돈다. 독일의 시인 괴테도 이런 자연의 본질을 이해하고 다음과 같은 시로 표현했다 [콜럼 코츠 1998].

모든 것이 제멋대로 구르는 듯 해도 사실은 하나로 얽혀있다네

우주의 힘이 황금종을 만들어 이들을 떠안고 있구나

하늘향기 은은히 퍼져나가니 그 품에 지구가 휘감기누나

모든 것이 향기를 좇아 조화로이 시공을 채우니

휘몰아치는 생명의 회오리 속에서 나도 파도도 다 같이 춤춘다

삶과 죽음이 있건만 영원의 바다는 끊임없이 출렁이니

변하고 진동하는 저 힘이 바로 내 생명의 원천

오늘도 먼동트는 아침에 거룩한 생명의 옷을 짠다.

두 번째는 순환적 우주론을 무예 동작에 담았다. 즉, 무예의 철학이 다르다. 대부분 무술들은 실전성을 염두에 두기 때문에 짧고 간결하다. 그런데 풍류도에서는 기운용과 천지와의 합일에 목적을 둔다. 그래서 풍류도 철학을 무예에 담는다. 순환적 우주론이다. 새 생명이 움트는 봄, 만물이 크게 성장하는 여름, 모이고 저장하는 가을, 온몸에 방어막을 치고 외부로부터 나를 보호하는 겨울을 무예로 표현한다. 다음으로 인체 오장육부에 대응하는 기혈 체계와 오행 특성을 골고루 자극하고 발휘되도록 동작을 구성한다. 그래서 외부의 우주적 순환과 내부의 소우주 순환이 맞물려 돌아가도록 한다. 뒤에서 다룰 권법에서 이 특징이 두드러지게 드러난다.

세 번째는 제천의식적인 공연의 성격이다. 특히 제정일치 시대에는 이런 성격이 더 강했을 것이다. 제사장 주관 하의 제천의식은 중요한 정치종교적 행사였다. 이 제천행사에 무예 시연이

큰 비중을 차지하였으리라. 서양에서도 고대 그리스 제천의식에 격투 시합은 중요한 행사 내용이었다. 일반 시민들이야 신전에서 치르는 종교행사보다 격투 시합에 더 열광적으로 참여했으리라. 이 전통이 새롭게 현대에 재현되어 올림픽 경기가 되었다고 하지 않는가. 현대에도 국가 주요행사에 군대가 동원되어 열병식을 하고 군악대가 흥을 돋운다.

17세기 초엽 청나라 모연의가 저술한 무비지에 조선세법이 실려있는데, 임성묵이 풀이한 조선세법에 그 해답의 단초가 있다 [임성묵 2018]. 거정세, 태아도타세 등등 검법의 단위 동작들은 간단하지만, 이들이 서로 별개로 떨어진 동작들이 아니라 서로 물고 이어지는 전체가 하나의 드라마가 된다. 더불어 각 동작들을 풀이한 검결은 고조선의 역사를 담은 서사시가 비유적으로 검술 동작과 연결되면서 서술되어 있다. 고조선 역사를 표현하는 서사시를 무예공연으로 풀어내면 길게 갈 수밖에 없지 않겠는가. 이렇게 고조선 시대에도 무예행사가 제천의식에 큰 부분을 차지했을 것으로 보이는데, 당연히 이때 선보이는 무예는 제천의식 내용과 밀접하게 연관성을 가지고 펼쳐졌을 것이다.

즉, 천손 민족의 유래와 국가 건국 이래의 역사를 상징적으로 재현하고, 춘하추동 변하고 펼쳐나가는 우주의 순환법칙을 되새기는 행사로 자림매김 했으리라. 그러기에 고조선 무예는 아주 긴 구성을 가지고 있다. 마치 무예로 펼치는 대서사 오페라와 같다고 볼 수 있겠다. 안타까운 점은 조선세법처럼 무예결이 남아

그림5.2 뫼비우스의 띠. 좌는 한번 비튼 모양, 우는 두 번 비튼 모양

있다면 조상들이 어떤 역사관, 우주관을 가지고 이 동작들을 만들고 시연했는지 알 수 있을 텐데 아쉽게도 역사 속에서 거의 다 소실되었다. 다만 앞에서 설명한 회돌이 기운용 수련에서 비가비세나 풍향동천 등의 권결拳訣과 뒤에 나올 사계절 권법의 권결 등 몇 가지만 전해지고 있다. 그래서 오직 동작들만 몸에서 몸으로 대를 이어 어렵게 전해져 이 시대를 사는 우리가 몸으로 익힐 수는 있다. 그나마 기적같은 행운이라고 해야 할까.

　네 번째는 앞의 세 가지를 종합한 결과인데, 시연하는 데 걸리는 시간을 살펴보자. 대부분 무예들이 실전에서 응용을 위한 단위 동작들을 엮어 훈련하다 보니 길이가 짧다. 택견이나 태권도 등은 대부분 십 분 이내에 끝난다. 중국 태극권도 투로套路를 시연하는 데 비슷한 시간이 소요된다. 그런데 풍류도의 권법이나 검법은 시연하는 데 서너 시간을 요한다. 그 이유가 무엇일까?

몇 가지 이유를 들 수 있는데, 첫째로 체련역화體連易化다. 몸의 기운을 온몸에 골고루 돌리고 돌리면서 손발의 동작이 바뀌고 이어진다. 뭐랄까, 비유하자면 청룡 열차를 타는 것과 비슷하다. 직선으로 천천히 가다가 빨라지고, 어느덧 몸을 비틀어 상하가 바뀌고 앞뒤가 바뀌면서 끝없이 이어진다.

그림5.2에 있는 뫼비우스 띠를 살펴보자. 원형의 띠를 한 번 비틀면 왼쪽과 같은 형태가 나오는데, 한쪽 면을 따라 걸으면 어느새 위아래가 바뀌고 끝없이 순환한다. 오른쪽 그림은 한 번 더 비튼 것이다. 변화가 더 심해졌다. 이게 더 나아가면 그림4.9에 표시한 오컬트의 원자모형과 비슷한 형태가 된다.

풍류도에서는 무예동작에서 이렇게 변화하는 동작 32개가 연결되어 있다. 그래서 32연連에 음양처럼 유와 결이 있어 72가지 기본 동작으로 구성된다. 여기에 춘하추동 계절이나 무기류에 따라 무수한 변형이 생긴다. 이렇게 몸이 돌고 바뀌어 가면서 기운이 점점 응집되어 가고, 응집되었던 기운이 순간적으로 쏟아져 나오면 산을 옮길 수 있는 기개가 나온다.

부드럽게 손바닥을 펼치면 아지랑이나 봄바람처럼 따뜻하고 부드러운 기운이 사방에 펼쳐져 천지조화, 기문둔갑의 세계에 발을 들여놓게 된다. 이렇듯 몸을 쉬임없이 계속 움직여 줌으로써 물의 흐름에 있어 물살을 더욱 세게 하여 잘 흐르도록 하는 이치요 우주에 비유한다면 천체의 운행을 더욱 순조롭게 하는 것과 같다.

5.2
각종 권법 및 태극권

풍류도에서 맨손으로 하는 권법은 그 종류가 다양한데, 우선 계절에 따라 달리하는 기운에 응해 움직이는 네 가지 종류의 권법과 우리나라 고유의 태극권을 소개하겠다. 무예동작은 여러 가지 경력經力을 운용하는 훈련을 통해 익히는 방법을 체계화한 것으로, 동작 진행에 따라 기를 모아가는 축경畜經과 어느 순간 이를 폭발적으로 뿜어내는 발경發經이 주가 된다 [무학 2010].

▌그림5.3 화춘권 시연동작 스케치

사계절 권법

━━━

봄의 특성을 드러내는 화춘권花春拳과 풍향권은 봄철의 파릇한 새싹이나 부드러운 기운으로 이루어진 형이다. 봄에는 하늘이 양기가 내려오고 땅이 음기가 상승하여, 두 기가 교합하면서 만물이 싹트고 생장하기 시작하는 계절이다. 몸에서 하늘과 땅의 기운을 받아들여 손으로 싹을 틔우듯이 조그맣고 부드럽게 풀어낸다. 그래서 화춘권에는 큰 동작이 없다. 실전으로 보자면 접근전에서 꺾고 죄고 튕겨내는 동작들로, 택견에서 사용하는 태질이라 하는 유술과 비슷한 동작들이 몇 개 있다. 그림5.3에 화춘권 시연 모습을 실었다.

화춘권 동작은 손으로 조그만 원을 그리고 몸으로 큰 원을 그리는 동작이 많다. 인체 원에는 대원 중원 소원이 있으니, 수련으로 소형 대형의 원이 중형의 원을 감고 돌고 돌아가는 것을 알 수 있다. 이를 깨닫게 되면 우주와 내 몸이 하나가 됨을 느낄 수 있고, 학처럼 가볍고 용처럼 유연하게 뒤틀려 힘차게 하늘로 승천하듯 손가락은 호랑이 발톱처럼 또는 용의 발톱처럼 유연하며 강하게 움직인다. 이것을 일력장공에 호룡진이라 한다. 손바닥을 한 번 힘차게 휘두르니 호랑이와 용이 나아가는 듯함에 부드러움 속에 강하고 맹렬한 힘이 있다는 뜻이다.

무술은 깊은 내공과 밀접히 연결된다. 태공유수가 도라면 무술은 움직이는 술에 해당된다. 집중하면 분산시켜 기혈을 돌려

| 그림5.4 하림장권 시연동작 스케치

더욱더 강한 내공이 이루어지니 도와 술이 한데 어울림이 바로 풍류도다. 천기가 하강하고 지기가 상승하여 왕성하게 기운이 뻗어나가는 여름에는 양기의 힘이 최고조에 달한다.

이 왕성한 양기를 바탕으로 펼치는 하림장권夏林長拳과 연하강권이 있다. 마치 학이 날개를 펴고 소나무 사이를 유유히 비행하듯이 원과 곡선을 그리며 천천히 파형을 운행하는데 72개 파波를 다 펼치는 데 한두 시간 넘게 걸린다. 그림5.4에 하림장권 시연 모습을 실었다. 여기서는 첫 번째 일파만 간단히 소개하겠다.

하림장권의 초식은 처음에 기마자세를 잡고 왼손부터 손바닥으로 세 번 휘두르는 회수비천세回手飛天世로 시작한다. 몸을 돌려 양산우세兩山右勢를 취하고, 몸을 틀며 상하단전을 양손으로 동시에 막고 왼손으로 상대의 목을 공격하는데 이를 용형수침龍

刑手針이라 한다. 다시 양수풍천兩手風天으로 막고 쌍두출현雙頭出現으로 용 두 마리가 하늘로 치솟는 자세로 상대를 타격한다.

여기까지 수를 엮어 한 바퀴 돈 셈이니, 이제 여기서부터는 역으로 수를 풀어나간다. 역동작의 끝에 도달하면 다음 단계로 허공장虛空掌을 8회 쳐 나가고 다시 역으로 8회 허공을 친다. 이제 몸을 후현지향後玄之向으로 바꾸어, 두 손을 합장 자세로 모았다가 상대의 목이나 옆구리를 솔개가 닭을 나꿔치듯이 재빠르게 손을 뻗어 친다.

다음에 몸을 가볍게 돌려 건곤지를 세 번 지르고 다시 잡아채어 도력세道力勢를 펼치는데, 옆으로 몸을 틀어 양손 건곤지를 위로 막고 아래로 공격하며 돌아간다. 이렇게 솔개가 사냥하듯 상대의 몸통을 안아서 앞으로 몸을 틀어 던지는 동작을 세 번 한다. 물론 상대가 많다면 몸을 돌려가며 치는 동작을 수없이 반복하면 된다. 공격이 다 끝났으면 한쪽 다리를 들고 학처럼 자세를 취하는 학이지형鶴而之形 자세로 끝마친다. 그러면 첫번째 일파가 마무리된다. 두 번째 파부터는 동작이 점점 더 현란해지고 복잡해지는데 몸으로 해야 알아지는 무예를 더 이상 글로 하는 소개는 의미가 없으므로 여기서 줄인다.

가을에 열매 맺고 수렴하는 기운을 나타내는 추월권秋越拳은 가을에 떨어지는 낙엽처럼 일반 무술과 다르게 몸의 중심을 흩트려 상대방을 교란시킨다. 마치 굼실거리는 택견이나 중국의 취권과 유사한데 고난도의 춤으로 보인다. 그림5.5에 추월권 시연 모습을 실었다. 추월권은 풍류도 권법들 중 가장 고난도에 해당해서 다른 권법들을 모두 익히고 난 후에 배우는 과정이라 추월권을 정식으로 다 전수받은 제자가 없다. 입문 수준 정도로 배운 제자들만 있다. 사라져가는 권법이 되었으니 너무 아쉽다.

추월권은 일천여 글자를 몸으로 쓰는 것으로 이를 수련하면 기운을 뭉쳤다 풀어내는 한자의 서예 원리를 깨우친다. 글의 내용은 무예의 원리를 펼치는 권결이다. 몸으로 한자 한자 정확히 쓰는 것이 아니라 5자 성어 등을 한 번에 핵심만 연결해 쓰는 방식이고, 수련자도 글자보다는 권술 동작에 더 집중하다 보니 글의 내용은 대부분 소실되었다. 다만 초기에 나오는 소풍대력진 小風大力進이란 글귀만이 알려져 있다. 전해지지 않는 무예결인 것 같다. 의상대사의 법성계의 일부 구절과도 연관성이 있다고 한다.

풍류도 사계절 권법들이 혹시 후대에 중국으로부터 온 것이 아닌가 하는 의구심을 가질 수 있다. 특히 추월권은 몸으로 한문漢文을 쓰는 동작이기에 더욱 그렇다. 물론 이에 대한 철저한 점검이 필요하다. 한자의 원형인 갑골문 출토 지역이 상나라의 수도였던 은허지방이고, 상나라는 동이족의 나라라고 알려졌기에 한문은 중국 북방에 살던 동이족이 만든 문자라는 것을 중국학자들도 인정하는 추세라고 한다. 그렇다고 고대 동이족이 다 현재 우리나라의 조상이라고 주장하기에는 간단치 않다. 사람이고 문화고 흘러가는 것이기에.

어쨌든 추월권은 몸으로 문장을 쓰는 형태의 권법인데, 전 세계 어디에도 몸으로 글을 쓰는 권법은 고조선 무술에만 있는 것이라 동이족이 창시했다는 것에 이의를 제기하기 어렵다. 특히 추월권은 웅권熊拳이라는 별칭도 있는데 상고시대 곰족에서 유래한 권법이라는 뜻이니, 단군신화에서 나오는 그 곰의 토템을 가진 구이족에서 개발한 권법이리라.

대지가 얼어붙는 겨울에는 그 속에서 새로운 양기를 축적하는 대설화극권大雪花極拳과 고조장권을 수련한다. 연개소문은 덩치가 작았다고 하는데, 이 대설화극권을 자신에게 맞게 변형하고 실전용으로 단순하고 강하게 치고 나가는 방식으로 개조해 대력진권大力進拳이라 이름 붙였다. 이 대설권이 삼천삼백수로 가장 길고 다 펼쳐 시연하는 데 세 시간이 넘게 걸린다.

　그림5.6에 대설화극권 시연 모습을 실었다. 이렇게 권법을 물이 흐르듯, 학이 소나무 사이를 날아다니는 듯, 백설이 내리듯, 때로는 용이 구름 사이를 뚫고 하늘로 올라가는 듯, 느린 듯 빠르지 아니한 듯, 붓으로 글씨를 쓰듯 하는 바로 한 판의 춤이다. 결코 빠르고 강하고 근골에 힘이 들어가는 격한 운동이 아니며 권법이 끝나도 결코 심장이 빠르게 뛰거나 폐호흡으로 헐떡거리지를 않는다. 동작이 빠르면 기는 빠지고, 호흡이 거칠면 기가 사라지며, 몸에 힘이 들어가면 기도 망가진다. 부드럽고 천천히 하여도 그 속에 강함이 있고 파괴력이 대단하며 기를 실어 나는 듯 부드럽게 허공을 휘젓듯 사뿐하다. 이 사계절 권법을 요약 설명하는 권

┃그림5.6 대설화극권 시연동작 스케치

결이 전해지고 있어 소개한다 [한명준 2012].

春花氣血 如如進 五臟生血 춘화기혈 여여진 오장생혈
夏林長花 明明天 賢臟萬波 하림장화 명명천 현장만파
秋渶落出 分分進 胸中氣流 추영낙출 분분진 흉중기류
冬田出氣 上上通 上丹通天 동전출기 상상통 상단통천

봄꽃처럼 기혈이 피어남은 밝음으로 나아가는 것이라 오장에
혈을 생성시킨다
여름숲에 자라는 꽃은 하늘을 밝게 하여 신장을 자극시켜 강
화시키고
가을에 낙엽 떨어짐은 기혈이 전신에 나뉘어 가고 가슴에 기
혈을 흐르게 한다
겨울에 단전에서 나오는 기운이 상단전을 통해 천상세계를 볼
수 있는 통천혈을 연다.

권결에서 간략히 언급하였듯이 사계절 권법을 수련하면 온
몸의 기혈이 열리고 하늘과 통하는 경지를 접할 수 있다. 사계절
권법을 노래한 또 다른 선시가 있는데, 상단통천上丹通天이 무엇인
지 자세히 풀어주었다.

춘하추동,

화춘권을 잡아 돌리면, 꽃이 피고 새가 날아온다.

하림장권을 잡아 돌리면, 파도가 숨을 쉬고 산은 무더위 속에서 서서히 자취를 감춘다.

추월권으로 잡아채면, 뱃속이 서늘해지고 낙엽이 꽃처럼 붉고 노랗게 떨어진다.

겨울 대설권을 잡아채면, 흰눈이 내리고 바람이 분다.

춘하추동, 동서남북을 뛰어넘어 허공 속에 자세를 잡으면 진공 속에 해탈이다.

진공 속에 들어가 우주 만물의 기운을 형형색색으로 보게 된다.

마음은 높고 높아 청산에 달을 어루만지듯 대자대비가 나오고 하늘과 내가 일치되어 사해를 굽어본다.

모든 기운이 상생상극하여 작은 것에서 더 작은 것, 큰 것에서 더 큰 것,

그 모두가 구슬 안에 들어있으니, 천신의 마음이로다.

원이 점이요, 점이 우주로다.

진리는 서로 통하는 법이라, 서론에서 불교 화엄경을 인용해 우주 안에 있는 모든 티끌^{원자} 하나하나 속에는 수많은 세계의 바다가 들어 있다고 했다. 옛날 사계절 권법을 수련한 풍류도인은 이를 통해 한점에 우주를 펼쳐내고, 한점에 우주를 삼켜넣는 이치를 깨달았던 것 같다. 수련방법은 달라도 결국 도달한 곳은 같

은 곳이었다. 현대과학으로 이런 현상을 재미있게 풀어낼 수 있는데 달라이 라마가 이에대해 설명한 문헌이 있어 더 이상의 언급은 생략하겠다 [달라이 라마 2007].

삼태극권과 오행태극권
—

태극권하면 중국의 태극권이 세계적으로 유명하고 명말 청초의 진왕정을 창시자로 여기는데, 고구려 유민이라 할 수 있는 장삼봉이 고조선 손 무술인 장투를 일부 무당산에서 전했고 이것이 중국 태극권의 시원이 되었다는 전설이 풍류도에 있다. 그런데 풍류도에는 중국 태극권과는 다른 독특한 태극권이 전해 내려오고 있다.

풍류도 태극권은 크게 두 가지가 있는데, 바로 삼태극권三太極拳과 오행태극권五行太極拳이다. 삼태극이란 우리가 태극기에서 중앙에 음양 두 기가 묶여 돌아가는 이태극과, 음양 두기가 아닌 천지인 세 가지 기가 함께 어우러져 돌아가는 것을 삼태극이라 말한다. 말에서 짐작할 수 있듯이 삼태극권에서는 회전동작이 많다. 이것이 중국 태극권과 가장 다른 점이다. 중국 태극권에서는 손으로 만드는 태극 동작이 많고 주로 직선운동이다. 물론 두 나라 다 기의 운용을 목적으로 하는 동공動功이라는 공통점을 가진다.

혈출(血出)　부입(府入)　　　리(離)　　　　혈입(血入)

손(巽)　　　　　　　　　　　　　곤(坤)

진(震)　　　　　　　　　　　　　태(兌)

부출(府出)　　　　　　　　　　　건(乾)
간(艮)

감(坎)

┃그림5.7 인체의 구궁 운행. [박현 1999]의 그림에서 개념 차용

　　　삼태극권은 다른 말로 팔궁지수八宮之手라고 한다. 동양수련
문화에서는 인체에 구궁九宮이 있다고 본다 [박현 1999]. 구궁은 우
리가 잘 아는 건乾, 태兌, 리離, 진震, 손巽, 감坎, 간艮, 곤坤의 팔괘八
卦 가운데에 중이 들어가 구궁을 형성한다. 이 구궁 각 자리에 장
부가 배치되어 피나 기운이 흘러 들어가고 나가는 길이자 통로
가 된다. 그래서 수련하는 것은 바로 이 구궁을 원활하게 작동시
키는 작업이 우선시된다. 주로 단전호흡을 중심으로 한 수련에서
이 구궁 수련을 중시한다. 그림5.7에 인체의 구궁 운행 도식을 실
었다. 풍류도에서는 가운데 중을 뺀 팔궁수련을 하는데, 단전호
흡 수련단체에서 의념으로 기를 돌려 구궁을 운행하는 것과는 다

르게 온몸의 경락을 몸을 써서 자극시키는 운동을 하니 이것이 삼태극권이다.

삼태극권에는 이름에서 짐작할 수 있듯이 회전 동작뿐만 아니라 몸을 꼬는 동작도 많다. 상하체를 360도 꼬기도 한다. 이를 통해 기의 응축과 발산, 폭발을 수련한다. 과학이나 산업에서 원심분리기는 무거운 물체가 더 많은 원심력을 받는 것을 이용해 물체를 분리시킨다. 전자기 원리에서는 자장이 돌아가면 전기가 발생하고, 역으로 전기가 흐르면 자장이 형성된다. 인체도 미묘한 전자기체다. 회전을 시키면 새로운 기운을 느끼게 된다. 이 기운을 움츠려 모으고 폭발적으로 펼쳐내는 동작들이 태극권을 구성하는 요소다.

이에 관해 원광스님이 읊은 시가 있어 소개한다.

모든 것은 허무일점에서 시작하여 공을 돌려

진공을 부수니 파공이고

부서진 진공은 회공을 하여

공을 돌리는 회공지락이 있구나

무한한 정신세계에서 우주천체를 공으로 뭉치고

뭉쳐 돌리는 즐거움은 풍류천하로다

풍류천신이 굽어보고 감응할 제

자세의 각도에 따라 시간이 산처럼 물처럼 모여서

백두지세 기운 받아 몸속에 쌓인 기는

태공에서 금강추엽 기개세로 화변하여

백회에서 용천까지 물흐르듯 나뉘고 나뉘어 뚫리고 또 뚫려서

하늘을 받치는 거대한 기둥은

속이 비어 푸른 대나무로 서있구나

백학 위에 앉은 사람

천기를 받아들여 지기를 뽑아내니

무용지문 신령스런 몸의 문자로다

이 시에 대해 원광스님이 강의한 내용도 아래 요약해 싣는다.

'공으로 뭉친다 함은 곧 기를 몸으로 뭉침이니 축기를 말함이요 공을 돌리는 즐거움의 회공지락은 몸 속에서 물이 흐르듯 기의 흐름을 느끼니 새털처럼 몸이 가벼워지고 마치 구름타고 흐르듯 거칠 것이 없음이라. 풍류천신이란 유체이탈의 신선이 되어 하늘로 올라간 풍류도의 선각자들을 이른다. 수련을 오래 하다보면, 각도에 따라 몸이 이완되고 틀어지면서 자세가 자꾸만 아래로 내려간다. 태공에서 금강추엽이란 백두산의 소나무가 갖은 풍상을 겪고 비틀어지고 꼬아져 있어 칼로 내리쳐도 베어지지 않는 형상이라 태공유수의 자세를 오랫동안 잡으면 저절로 옆으로 몸이 돌아가는 형태이다.

백회혈에서 용천혈까지란 마치 백두에서 한라까지 비유하여 전신의 혈이 통한다 함이다. 뚫린 혈은 몸을 텅 비우게 하여 날아갈 듯 가벼워져 통천혈이 열리어 천상세계 하늘과도 대화하며 과거 현재 미래도 비어있어 동서남북 상과 하도 통하지 않음이 없어서 시간과 공간도 붙잡아 매어 공으로 돌리듯 바라본다. 입선으로 이룬 이 경지를 이제는 기운을 운용해 몸과 공간과 시간을 돌리니 바로 삼태극이다.

이렇게 기가 3박자로 돌아가니 3이란 숫자는 천인지의 우주라, 내 몸이 허공 속에 바람과 같이 노는 듯 한판의 춤을 추면 몸은 가볍고 마음은 한가롭다. 권법도 검술도 봉술도 기타 병기도 다루는 데 있어서 태공유수의 정靜, 즉, 움직이지 않는 자세에서 기반해 몸이 기의 흐름에 따라서 저절로 뒤틀리어 움직이니 한 치도 일부러 힘을 주어 무리를 하여 주먹을 뻗거나 다리로 차는 동작이 없다. 이렇듯 삼태극권은 천지인天人地의 원리로 되어있어 3박자가 맞춰 돌아간다. 즉, 하늘과 땅과 사람은 해와 달과 같이 쉬지 않고 끊임없이 돌아가는 연속성의 원리로 되어있다. 이런 우주의 법칙에 조응해 인간도 쉼 없이 움직이며 사이클을 이루는 것이 삼태극권의 원리다.

무술 속에 참다운 도가 숨겨져 있다. 만약 우리가 언어나 문자에 얽매인 도나 공부만 찾는다면 자칫 이론에 빠져 내 몸을 망가뜨리기 쉬우니 주의해야 한다. 몸에 힘을 빼고 마치 학이 너울너울 춤을 추듯, 봄바람에 버드나무 가지가 휘날리듯 부드럽게

움직이면 몸속에 강력한 내공이 축적되니 이를 일러 강기현천등
등허強氣玄天登登虛라 한다.'

　　풍류도 태극권의 다른 한 종류는 오행태극권五行太極券이다.
여기서 오행이란 인간의 오장육부를 가리킨다. 즉, 동작을 통해
오장육부를 자극시키고 기혈순환을 시키는 데 목적을 둔다. 시작
은 기마자세로 서서 왼손을 천천히 원을 그리며 옆으로 뻗었다가
거두어 들인다. 손바닥으로 대지의 기운을 느끼도록 노력한다.
이 동작을 일로용수一老用手라고 한다. 왼손 오른손을 교대로 반복
한다. 이제는 방향을 바꾸어 일로용수를 반복한다. 다음 단계는
금라포장 등등으로 계속 이어진다. 이 동작들은 그림5.8의 왼쪽

같이 양손을 연달아 돌리고 그림 중간같이 몸통을 연달아 회전시킨다.

풍류도 무예동작에는 회전이 많다는 특징을 가진다고 앞에서 설명했다. 풍류도 태극권이나 중국 태극권이나 앞에서 설명한 차이점을 빼고 몸을 쓰는 원리는 대동소이하다. 그래서 몇 가지 몸을 쓰는 원칙에 대해서 문헌을 통해 살펴보자. 풍류도에서는 무예비결이나 권법요결서 같은 문헌이 전혀 전해지지 않았고 다만 실기만 몸에서 몸으로 전해지고 있다고 언급한 바 있다. 중국 문헌은 상당히 많은데 대부분 근현대에 쓰여진 것이고 고문헌은 역시 출처의 신뢰성이 부족하다. 이 중에서 고구려 유민으로 전해지는 장삼봉 태극권론에서 차용해서 알아보자 [이찬 2003].

거동할 때 몸을 가볍고 영활하게 써야 한다.

一擧動周身 俱要輕靈

기는 고탕해야 하고, 신은 내렴해야 한다.

氣宜鼓盪 神宜內斂

몸에 허점이 생기면 안되고, 기의 끊어짐이 없어야 한다.

無使有缺陷處 無使有斷續處

뿌리는 발에 있고, 다리에서 기운을 뽑아내며,

其根在脚 發於退

허리에서 주재하고, 손가락에서 행한다

主宰於腰, 行於手指

이 모두는 뜻이고 외면에 없다

凡此皆是意 不在外面

뜻을 위로 향하려면 아래 뜻도 포함하게 되니

如意要向上 卽寓下意

마치 물건을 들어올릴 때 누르는 힘을 더하면

若將物掀起 而加以挫之之力

뿌리가 자연히 끊어져 빠르게 무너진다.

斯其根自斷 乃壞之速而無疑

　대부분의 무술들이 다 그렇지만, 태극권에서는 특히 자세를 낮추고 몸의 무게를 아래로 내리는 훈련을 많이 한다. 이때 체중은 한발 한발 옮겨야 하며 양쪽 발에 체중이 같이 실리면 안된다. 체중이 양발에 있으면 빠르게 전후진이 불가하기 때문에 실전무술에서는 금기다. 실전에서 상대보다 한 박자 늦으면 곧 죽음이다.

　맹자에 '뜻은 기의 통솔자이고 기는 몸의 통솔자이니, 뜻이 이르면 기도 따라 이른다' 란 말이 있다. 앞뒤좌우 진퇴의 몸동작은 마음의 뜻이 작동하여 몸을 움직이는 것인데, 현대과학에서는 뇌에서 명령이 신경을 타고 몸으로 흘러 근육을 움직이는 것이라고 설명하겠지만 옛날의 무술에서는 기의 작용으로 설명했다. 그러기에 뜻과 기와 몸을 한 통일체로 움직일 수 있어야 상대보다 빠르고 정확하게 무예를 구사할 수 있다.

약속 대련推手

중국 태극권에서 약속대련은 '추수推手'라고 하는데 손을 맞대고 밀고 당기고 치고 막고 꺾는 등의 겨루기를 진행하는 수련 방법이다. 중국 태극권에서 사정추수는 붕리제안棚履擠按이란 네 가지 동작을 습득하고 상대의 기운과 의도를 알아차리기 위해 만들어 놓은 일종의 약속 대련이다. 서로 교대로 공격과 방어를 교환하는데 한쪽이 안을 하면 상대는 붕, 리를 하면 제를 하면서 이 동작들을 반복한다. 풍류도에도 약속대련이 있는데 중국태극권에서 하는 추수동작보다 훨씬 더 다양한 기술들을 구사한다.

그림5.9에서 왼쪽 첫 번째는 둘이서 마주 보고 공수를 교환한다. 두세 번째는 공수를 교환하는데, 둘이 교대로 상대 팔을 제압하면서 뒤로 돌아나가며 공격하는 수련이다. 네 번째는 중국 태극권에는 없는 동작으로 주로 다리를 이용한 공수 교환이다. 한국 택견에 비슷한 유형이 있다. 아마도 둘 다 한국 전통 무예이다 보니 영향을 서로 주고 받았을 것이다. 다섯 번째는 일대 다의 대련이다. 한 사람이 중앙에서 주위 사람들을 상대로 공수를 교환한다. 이 원형 전체가 회전하면서 한 사람씩 교대로 중앙에 들어가 여러 사람을 상대한다.

그림3.4의 고구려 고분 벽화에 있는 두 사람의 대결 장면을 다시 보자. 그림5.9에 있는 세 번째 장면과 유사하지 않은가. 풍류도에서는 유희나 공연으로 즐기는 약속 대련 모습으로 본다.

가 나 다 라

| 그림5.9 풍류도 약속대련[推手] 동작 스케치

권법수련에 대해 원광스님이 정리한 말로 마무리 하자.

'권법에 심취하다 보면 정신과 물질이 하나로 뭉쳐 기혈을 토
ᄙᆞ하게 되는데, 수련이 깊어지면 허공이 손바닥 안에 들어오고

손을 펼치면 기가 나누어져 사계四季로 드러나니 서유기에서
이야기한 손오공과 저팔계, 사오정이 다 이 손바닥 안에 있다.'

여기서 엉뚱하게 서유기가 나와서 의아할 것이다. 다음 장 역
사편에 고조선 시대에서 서유기에 대한 서술을 위해 의문점만 던
져놓는다. 서유기 부분을 읽고 다시 위 문장을 읽으면 비로소 이
해가 갈 것이다.

5.3
각종 무기류 및 여의봉

고조선시대 다양한 무기류

—

풍류도에는 상당히 다양한 무기류가 전해지고 있다. 아마도 옛날에는 다양한 무기를 개발해 전투에 임했고 무기 사용법도 여러 사람이 다양하게 개발했을 것이다. 세월이 흐르면서 군대 조직이 점점 더 커지고 전장터도 커지면서 병사들 훈련을 위해서는 표준화된 무기에 표준화된 군사교육의 필요성이 대두된다. 그래서 시대가 가면서 무기들이 군대식 실용적인 관점에서 단순화되고 표준화되면서 개인 병기는 칼, 창, 활로 통일되는 과정을 거친 것 같다. 물론 이후로도 상당기간 동안 장수들은 자신만의 독특한 개인화기를 사용하였다.

제2장 원광스님 편에서 언급했지만, 그림2.7을 다시 보자. 원

그림5.10 발해 정효공주 무덤벽화 중 일부. 무덤을 지키는 무사들로 보인다. (좌)는 사진 (우)는 윤곽 스케치

쪽은 고구려시대 고분인 안악3호분에서 발견된 벽화인데 군대가 행진하는 장면이다. 이 군대의 무기를 살펴보면 상당히 다양한데 특히 아래쪽에 도끼부대가 보인다. 그 당시에 월부鉞斧라고 하였는데 아마도 전투 시 적이 막아놓은 장애물을 제거하거나 최전선 방패막이 군대를 파괴하는 데 앞장선 듯하다. 오른쪽 사진에는 원광스님이 훈련하던 무기류 들인데 삼지창이나 2절봉, 12절편 등 다양한 무기류가 보인다.

또 그림5.10의 발해시대 정효공주의 무덤벽화를 살펴보자. 무덤을 지키는 호위무사 그림으로 파악되는데 둘 다 긴 칼을 차고 활을 지녔는데 어깨에 특이한 무기를 둘러매었다. 학계에서는 철퇴로 본다. 즉, 발해시대에도 다양한 무기들을 사용했음을

그림5.11 고조선시대 다양한 무기류 시연동작 스케치 (좌)이절봉 (중)치우천황이 즐겨 썼
다는 12절철편(12切鐵片) (우)장창 언월도

알 수 있다.

　표창의 일종인 수시검을 연마하는 방법으로 엽전을 이용하
는 것이 있다. 옛날 엽전을 보면 가운데 구멍이 뚫려 있다. 이 구
멍에 몇 겹의 실을 꼬아서 잘 묶은 다음 한 손은 실 끝을 잡고 엽
전을 엄지와 중지 사이에 끼운 다음 이파리를 맞추어 떨어뜨린
다. 만약 이때 이파리를 정통으로 맞히지 아니하였더라도 튀기는
힘에 의하여 실이 잎을 감아 떨어뜨린 후 실끝을 잡고 있는 손으
로 다시 돌아와 잡을 수 있어야 한다. 쇠몽둥이 7개를 엮어 쇠사
슬로 연결한 7편鞭이 이와 같은 원리다. 칠편七鞭은 사람 팔뚝만한
쇠몽둥이 일곱 개를 쇠줄로 연결한 것으로, 한번 휘두르면 주위

의 수많은 사람들을 우르르 쓸어버리는 대단한 무기인데 아무나 쉽게 다룰 수 있는 무기가 아니어서 모든 병기를 숙달한 후에 나중에 잡게 되는 무기다.

이를 간단하게 압축해 만든 것이 쌍절봉이라 할 수 있다. 쌍절봉만 해도 배우는 과정에서 수련생들이 자신의 머리를 실수로 쳐서 크게 부상을 입기도 한다. 현대에는 영화 속에서 이소룡이 쌍절봉을 휘둘러서 유명해졌는데, 중국의 쌍절봉은 짧은 봉 두 개가 똑같은데 고조선의 쌍절봉은 양쪽의 크기가 다르다. 그래서 다루는 기법이 서로 다르다. 그림5.12에 원광스님의 고조선 쌍절봉 시범 사진을 실었다. 또 철편에는 쇠몽둥이를 작게 만들어 12개를 연결한 12절철편12切鐵片도 있다. 치우천황은 각 쇠몽둥이가 훨씬 더 큰 12절철편을 휘둘렀다고 한다. 그림5.11에 다양한 무기로 무술시연 모습을 알기 쉽게 스케치한 그림을 실었다.

풍류도에 처음 입문하면 입선자세와 기운용 단천 수련부터 시작한다. 무술은 권법부터 시작하고 무기류는 나무 봉부터 시작한다. 봉술에는 태백삼봉, 대설봉, 소학봉, 삼화봉, 삼지봉, 일편대수기천봉, 추월단수봉 등이 있다. 그림5.12에 원광스님의 각종 무기류 시범 모습을 실었다. 가운데 사진이 2절봉이고 오른쪽이 소학봉 시범 모습이다. 봉술이나 이절봉은 중국무술도장에서 쉽게 배울 수 있으므로 여기서는 자세한 소개는 생략한다. 사용 기본 원리는 양국이 서로 비슷하나 펼치는 기술에서는 차이가

| 그림5.12 (좌)원광스님의 칠현반검 (중)이절봉 (우)소학봉 시범

꽤 난다.

　다양한 무기류를 사용한 무술도 다양한데 우선 검술로는 칠현반검, 무영검, 일지검, 풍화검, 목영자검, 다형쌍검, 회전비검, 풍운검, 용천검, 환인검, 천인검 등이 있고 이 중 태을검이 가장 고난도의 검술이다. 칠현반검은 칼을 높이 들어 휘두르며 칼바람을 일으키는 게 특징인데, 조선시대 진묵선사가 칠현반검으로 유명하였다. 뒤에 진묵선사편에서 조금 더 언급하겠다. 고조선 시대부터 삼국시대에 이르기까지 수많은 전쟁을 치렀기에 다양한 검술이 개발된 것 같다. 현대 풍류도에서는 오랫동안 수련한 자들만이 검술을 배운다. 검에 서린 살기가 사람에게 공격적인 심정을 유발할 수 있기에 각별히 조심하기 때문이다. 위에서 언급한 다양한 검술 중 가장 오래되었다고 알려진 두 가지만 간단히 소개하고자 한다.

하나는 환인검으로 정식명칭은 용비어천환인검龍飛御天桓因劍이다. 환인으로부터 유래해 단군으로, 그리고 금강팔인으로 전해

| 그림5.13 환인검 시연동작 스케치

제5장 고조선 무예

졌다는 전설을 가진 검법이다. 칼을 쓰는 동작이 크고 힘차다. 유튜브에 시연 동영상이 있으니 참고하면 되겠다. 그림5.13에 시연 모습을 모사한 그림을 실었다.

일본 검도나 해동검도 등 다른 검술을 익혀 본 사람들은 몸 쓰는 방식이 상당히 다름에 놀라게 된다. 실제 전장에서 실전성을 논하게 되면 여러 가지 의견이 분분할 수 있으나, 환인검은 천지의 기운을 몸에 실어 펼쳐내는 데 주력한다. 동작이 진행될수록 지치기보다는 막힌 기혈이 뚫리고 오행의 기운이 북돋아지며 천지의 기운을 칼끝으로 느끼게 된다. 이에 대한 원광스님의 표현을 빌려보자.

> '검을 삼천수 이상 펼치면 검이 물에 뜬 것같이 가벼워진다. 일검천풍一劍天風이라 검의 파장이 천하를 흔든다. 눈은 마음을 보고 마음은 천하를 본다. 검에 자신을 싣고 감춘다. 검에 광채가 나는 자를 추종들 하나 검기를 죽이는 자가 최고의 검신이다. 검이 허공의 배가 되어야 천하를 누리게 된다.'

그다음으로 오래되었다고 알려진 검법이 천인검법이다. 천인검은 14대 환웅천황이 만들어 사용하던 검으로서, 동과 철을 주성분으로 하고 은과 금도 소량 포함된 것으로 전해진다. 다른 검과 강하게 부딪히면 상대 검이 깨졌다고 하니, 합금을 만들고 단조 등 제조 공법을 가미해 강하고 잘 녹슬지 않는 검을 만든 듯

하다. 그래도 철제 검은 부식에 약한 관계로 몇백 년을 가기 힘들기에 후대에도 이 검을 계속 만들었다고 전해진다. 이 검을 사용한 검법을 따로 만들어 후대에 계속 전했으니 분계제일천인검分界第一天因劍이라 하였다. 약칭으로 천인검이라 한다. 천인검도 유

그림5.14 천인검 시연동작 스케치

튜브에서 시연 동영상을 찾아볼 수 있는데 그림5.14에 천인검 시연모습을 스케치한 그림을 실었다.

당나라 태종이 고구려를 침범했을 때 양만춘 장군이 천인검을 휘두르며 그 위용을 자랑했다고 한다. 언제 만들어진 것인지 모르지만 원광의 스승인 청운대사도 대대로 전해진 천인검을 물려받았는데, 일제 강점기때 일본인에게 이 검을 자랑한 것이 화근이 되어 도난당했다고 한다. 청운은 아쉬운 마음에 모양을 재현한 검을 다시 만들었지만 재료나 각 성분함량 등을 알 수 없어 원래대로 복원되지는 못했다.

천인검법은 환인검과 대비해 서로 대립적인 요소들이 있다. 환인검이 동작이 크고 남성적이며 거대한 강물 같은 흐름이라면, 천인검은 봉황이 춤추는 듯 부드럽고 정밀하며 여성적이다. 손가락 끝에서 발끝까지 허공에 수를 놓듯 천기회로를 만들면서 이어지는 초식은 춤을 추듯 아름답기까지 하다.

앞에서 기운용 수련에 대해 기술했고 기운이 고양된 상태에서 검술 등 무예를 펼친다고 기술하였다. 중국 회남자淮南子 천문훈天文訓에도 이런 표현이 있고 일본 검술서인 천구예술론天狗藝術論에도 있다. 한 구절을 인용하고자 한다 [마루야마 2001].

'몸의 움직임은 모두 기의 작용이다. 그래서 마음은 기의 영靈이다. 기에는 음양청탁이 있는데 맑은 것이 움직일 때는 그 쓰임이 가볍고, 흐린 것은 머무르니 그 쓰임이 무겁다. 형形은

그림5.15 (좌)풍류도에 전해지는 고대 무기 꺼우 (중)중국 고대무기 쌍월(호두구)
(우)미르검

기에 따르는 것이다. 때문에 검술은 기를 닦는 것을 요점으로
한다.'

　　그림5.15의 왼쪽에 꺼우라는 무기가 있다. 칼과 비슷하게 생
겼는데, 손을 보호하는 보호대겸 작은 칼날이 있어 근접거리에
서는 이 반달 날로 찌르거나 긋는 기술을 사용한다. 긴 칼의 끝이
휘어져서 상대의 목을 걸거나 다리를 걸어서 당긴다. 백두산 호
랑이를 거우라고 했다는데 호랑이가 앞발로 상대를 내리치듯이
비슷한 동작을 하기에 꺼우라고 한 듯하다. 여담으로 한마디 덧
붙인다면 모든 백두산 호랑이를 거우라고 부르지는 않았고, 그중
에서 가장 센 우두머리로서 백두산을 중심으로 만주 일대를 호령

하던 동물계 최고 우두머리 호랑이를 거우라고 불렀다.

백두산을 중심으로 만주 일대를 호령하는 사람에게도 붙이는 명칭이 있었다. 바로 치우다. 치우는 천둥 번개가 일어 산하가 뒤바뀐다는 뜻이다 [안경전 2012]. 한자로 쓰는 치우蚩尤는 중국에서 만든 음차 문자일 뿐이다. 배달국 14대 자오지慈烏支환웅의 별칭이 바로 치우였다. 사진 가운데는 중국 전통 무기로 알려진 쌍월雙鉞로서, 한국 팔괘장 측에서는 호두구라고 부르는데 현재까지 계승되고 있다. 칼끝이 찌를 수 있게 뾰족한데 아마도 이 형태는 꺼우와 비교하면 후대 개량형일 것으로 짐작된다.

그림5.15의 오른쪽에 있는 무기는 칼의 몸통이 용이 꿈틀거리는 듯한 형상이라 미르검으로 부른다. 꺼우와 비슷하게 생겼지만 걸어 잡아당기는 고리가 없다. 아마도 접근전에서 적의 검이나 창을 잡아 돌리는 데 유효한 무기로 생각된다. 또 표현하기 망설여지지만, 실전에서 적을 칼로 깊이 찔렀다고 가정할 때 보통 도검류는 빼내기가 쉽지 않다. 살이 칼을 물고 있기 때문이다. 그래서 고수들은 찌르자마자 칼을 재빨리 돌려 뺀다. 이런 약점을 방지하기 위해 실전용 칼에는 공기층을 만들어낼 홈을 판다. 미르검은 이런 측면에서 아주 유리하다. 백병전용 무기다.

봉술과 여의봉

—

풍류도 무술에서는 회전 동작이 많다는 점을 강조해서 몇 번 언급했다. 이 회전 무술의 대표적인 무기가 봉이다. 봉의 크기와 모양에 따라 다양한 봉술이 있다고 앞에서 언급했는데 이 봉술 하나하나가 시연하는 데 많은 시간을 요한다. 중국무술에서 봉술이 잘 발달되어 있고 기본적인 봉 운용에는 서로 비슷한 점이 많겠지만 기본 철학에서 또 다른 차이가 뚜렷하다. 중국 봉술은 대체로 휘두르며 치고 나가는 기술을 주로 구사하는 데 반해, 풍류도 봉술은 여기에 더해 몸을 움츠렸다 펼치고 몸을 360도 이상 꼬는 동작이 많다. 그림5.12에서 원광스님의 소학봉 시범 자세에서도 몸을 비틀어 뒤를 치는 자세를 보인다. 즉, 기운을 잡아 뭉쳤다 펼치는 동작이 많다.

본격적인 풍류도 무예수련의 특징은 한 동작을 끝없이 반복해서 새로운 경지를 스스로 알아채게 한다는 점이다. 보통 한 동작을 한나절 한다. 봉술에 대해서는 일가견을 가진 무술인들이 많기에 이론적인 설명보다는 끝없는 반복으로 깨달은 원광스님의 특이한 봉술 수련 체험담을 앞장에서 실었다.

현대 풍류도에서는 봉 중에서도 여의봉 수련을 많이 한다. 여의봉이 일반 봉과 다른 점은 쇠로 만든 탓에 상당히 무겁다는 점이다. 그래서 실전용으로는 여의봉이 점차 밀려 사라지고 수련용으로는 빠른 동작이 가능한 나무 봉이, 실전에서는 살상용으로

243

┃그림5.16 여의봉10kg 짜리 시연동작 스케치

창이 대세를 점하게 되었다. 그러나 수련용으로서는 여의봉의 무게가 주는 압박감이 나무 봉과는 전혀 다른 수련 효과를 가져다준다. 다리와 몸통을 똑바로 세우고 균형을 잡지 못하면 여의봉을 휘두를 수 없다. 표준 여의봉은 10Kg이고, 체격에 따라 다양한 무게의 봉을 선택할 수 있다.

그림5.16은 표준형인 10kg짜리 여의봉을 가지고 시연한 동영상을 스케치한 그림인데, 일반인은 이삼 분만 천천히 휘둘러도 팔과 다리에 이상 반응이 온다. 그림에서 시연자는 한 팔로 여의봉을 다루고 있는데 몇 년을 수련해야 가능하다. 일반인은 한 손으로 여의봉을 운용하기 무척 어렵고 손목이 상해를 입을 수도 있다.

이상으로 다양한 무기류를 사용한 풍류도 무예를 간단히 소개하였다. 요즈음 풍류도를 수련하는 사람들은 일반 나무 봉과 쇠로 만든 여의봉을 가지고 주로 수련한다. 각각의 무기류에 대해서도 다양한 술법과 이론이 있고 수련 방법들이 있지만 고급과정에 해당하기에 여기서는 다루지 않겠다. 그렇지만 인연이 닿는 사람은 전수받을 기회가 있음을 밝혀둔다.

5.4
병법 전략과 전술

    고대 전쟁에서는 병법이 아주 중요했다. 그래서 나라에서 전쟁에 임할 때는 병법에 밝은 책사를 극진히 우대했다. 중국역사에서 유명한 장량, 제갈공명, 사마의, 범증 등등이 모두 병법을 다루는 책사들이었다. 이들 중 일부는 비와 바람을 몰고오는 능력을 지녔다고 여겨지기도 하는데, 오랜 수련을 통해 자연을 알게 되면 천기를 읽고 기상을 예측하는 능력이 상당히 발달해서 비가 온다든지 바람이 부는 것을 예측하고 이를 전투에 응용해 큰 성과를 거둔 예가 많다.

    고구려 시대에 유명했던 을지문덕, 연개소문 등이 유명한 장군이자 동시에 대단한 전략가였다. 신라시대 화랑들은 병법을 가장 중요한 교과목으로 배웠다. 무예는 개개인의 역량을 키우는 수준이지만 뛰어난 책략가는 나라의 운명을 바꾸어 놓을 수 있는 존재이기에 화랑 중에서도 지도급인 풍월주에게는 따로 특별히 훈련을 시켰다.

병법가가 되기 위한 기초훈련은 입선수련이었다. 입선수련이 경지에 도달하면 천지기운을 읽게 되고 자연과 감응이 이루어져 풍수적인 감각이 발달하고 기상예측도 하게 된다. 그래서 고대의 유명한 책사들은 대부분 오래 수련해 경지에 도달한 사람들이었다. 하지만 근대로 들어오면서 무기체계가 바뀌면서 전쟁 양상도 바뀜에 따라 풍류도에서 병법은 사라졌다.

여기서는 병법이론은 삼가겠고 역사의 교훈으로 삼기 위해 몇 가지 병법 사례를 소개하고자 한다. 대부분 한반도 전쟁에서는 강을 사이에 두고 대치하며 전투를 벌이는 경우가 많다. 그래서 강과 주변지형을 어떻게 이용하느냐가 승패를 결정짓는 경우가 많았다. 수나라가 고구려를 쳐들어왔을 때에는 요동의 늪지대와 압록강에서 대치하며 을지문덕이 적을 속이는 유도작전을 펼쳐서 무찔렀다. 645년 중국대륙의 영웅 당태종 이세민이 대군을 이끌고 고구려를 쳐들어왔을 때 요동익 안시성에서 그들을 막아낸 것이 양만춘 장군이었다.

당나라 군대가 성을 에워싸고 대치하고 있는 가운데 양만춘은 성곽 위에서 태공유수 자세를 잡고 한없이 있었다는 설화가 있다. 왜 그랬을까. 장군이 버티고 서있는 모습을 보여주며 군사들의 사기를 북돋우려는 의도일 수도 있고 적에게 요술을 부리는 장군이라는 이미지를 주려는 작전일 수도 있겠지만, 심중팔구는 입선을 통해 천기를 읽고 전투에 활용하려는 뜻이었을 것이다.

두 진영의 대장 간에 치열한 머리싸움과 전략으로 치고받다가 최종적으로 양만춘이 당 태종 군대를 대파한 전투는 워낙 유명하기에 여기서 세부 전투 내용은 생략한다. 양만춘의 화살에 이세민이 한쪽 눈을 잃었다는 설화로도 유명하다. 고려시대 거란족 요나라가 쳐들어왔을 때는 천지기운을 읽고 강풍을 예측한 강감찬이 화공火攻을 펼쳐 큰 승리를 거두었다. 뒤의 역사 편에서 다룰 예정이다. 임진왜란시 병법을 몰라 허망하게 무너진 예만 한두 가지 더 살펴보면서 역사의 교훈으로 삼고자 한다.

임진왜란 시에는 이런 지형지물을 활용해서 병법을 펼칠 줄 아는 책사나 장군이 거의 없었다. 유학공부만 일생을 두고 한 문인들이 병권을 잡았다. 강에서 일본군과 대적한 전투가 많았지만 엉뚱하게 조선 주력군을 사지로 몰아넣은 달천강 전투는 너무나 허망했다 [백지원 2009]. 일본군이 파죽지세로 한성을 향해 진군해오자 조정에서는 삼도 순찰사 신립에게 조선 최고의 기병대를 포함해 8000여명의 정예군대를 지휘해 동쪽에서 진군해오는 고니시군을 충주 근처에서 막도록 했다.

신립은 북방국경을 수비하면서 여진족을 격파해 유명해진 장군이었다. 지휘관 회의에서 예하 장수들이 일본군의 숫자가 훨씬 더 많고 기세가 올라있으니 정면 대결을 피하고 소백산, 월악산, 속리산 등 백두대간이 일본군을 가로막으니 주 진군로는 문경세재가 될 것이므로 고모산성을 포함한 험로 곳곳에 진을 치고 길게 늘어져 들어오는 일본군을 막자는 전략을 내놓았다. 그런데 신립은 정반대의 결정을 내렸다. 적에 대한 연구도 없이 정면 대결을 택한 것이다. 달천강을 뒤로하고 탄금대에서 배수의 진을 쳤다. 일본군을 북방의 여진족과 같은 차원으로 막연히 생각한 것이다. 결과는 너무나 참담했다. 조선 최고의 기병대와 정예부대가 일본 조총부대의 사격 과녁이 되어 싸움 한번 제대로 해보지도 못하고 허망하게 그 자리에서 고꾸라져 버렸다. 이 얼마나 한탄할 일인가. 전략 전술을 모르는 지휘관은 이렇게 아까운 군사들의 생명을 날려버리고 국가의 운명도 날려버렸다.

군사에서 제일 중요한 강령이 무엇인가. 지피지기^{知彼知己}면 백전백승이라 하지 않는가. 기병대나 보병이 조총부대와 만나면 그냥 조총부대의 밥이 되어 버린다. 이것은 이미 일본 전란시대에 오다 노부나가^{織田信長}가 포르투갈에서 소총을 수입해 3000명 규모의 소총부대를 만들어 1575년 나가시노^{長篠} 전투에서 신겐 등 다른 다이묘들의 일본 최강 기마부대에 대적해 압도적인 승리를 쟁취한 사실에서 잘 드러난다. 일본에서 칼을 사용하는 사무라이 시대가 막을 내리고 조총이 주 화력이 되는 변혁이 일어났던 것이다. 영화 '라스트 사무라이'가 이 시대를 배경으로 하고 있다. 임진왜란 약 20년 전에 일어난 일이다.

조선은 중국만 바라보는 사대주의에 빠진 데다가 문약에 빠져 이 시대 일본의 정세를 전혀 알지 못했으니 일본군의 침입에 초기에 속수무책으로 당한 건 어느 정도 이해가 되는 일이다. 그러나 신립이 출병한 때는 일본군이 부산에 상륙한 지 보름 정도 지난 후라 군사 지휘관이라면 그동안 일본군의 주요 무기나 전략 전술, 장점과 약점을 파악하려는 노력을 피나게 하고 그에 걸맞은 작전을 모색해야 하지 않겠는가. 적어도 예하 장수들의 의견만 받아들였어도 그렇게 속수무책으로 당하지만은 않았을 것이다. 내가 보기에 신립은 꽤 똑똑하고 자존심 강한 유학자였지 군사전문가는 아니었다. 국가를 지켜야 한다는 사명감에 단순하게 대장부답게 정면승부를 택하여 몰살당한 것이다.

반면에 이순신을 보자. 그는 철저히 적을 분석하고 바다에서는 육지처럼 활용할 지형이 거의 없음에도 불구하고 섬들과 조류를 잘 활용해 작전을 짠 다음 승리의 확신을 가지고 전투에 임했다. 이런 작전 과정을 거치지 않고는 절대로 전투에 나서지 않았다. 비록 어명이라도 군사들의 생명이 더 중했기에 기꺼이 어명을 어기고 감옥행을 택했다. 풍류도 병법을 공부한 곽재우도 강과 늪을 활용한 전투를 펼쳐서 연승을 거두었다.

큰 강을 일본군과 마주보고 유리한 대결을 펼칠 수 있는 기회가 한번 더 있었다. 바로 한강이다. 한강은 넓이가 수 킬로미터에 달하는 큰 강이다. 가토와 고니시가 한강을 건너 한성에 입성할 때, 조선의 최고통치자 선조와 고위 대신들은 무서워서 진작에 의주로 도망친 다음이라 일본군은 보무도 당당하게 무혈입성하였다. 만약 선조나 그 주위에 용맹과 지략을 갖춘 인물이 있었으면 어찌 되었을까. 그 당시에는 한강을 가로지르는 다리도 없었을 것이다. 도강용 배를 모두 강 북쪽으로 옮겨놓고 조선군이 한강 변에 진을 구축하고 일본군을 대적하면 어찌 되었을까. 일본군은 더 이상 북진하지 못하고 패했을 수도 있다. 왜냐하면 조선군이 훨씬 더 유리한 고지를 점하고 있고 대포 등 화력이 더 우수했기 때문이다. 조선군의 화력이 더 우수하다는 데 의아한 사람도 있을 것이다.

하지만 고려시대 최무선이 화약을 개발한 이래로 조선은 왜구 퇴치용으로 다양한 대포를 이미 개발해 사용하고 있었다. 다만 이를 활용할 군대가 엉망진창이라 문제였다. 조선군의 승자총통과 일본군의 조총의 대결로 유명한 전투는 1593년의 행주대첩이다. 바로 1593년 행주산성에서 전라도 관찰사 권율權慄 부대가 대포인 승자총통을 주무기로 일본군의 조총과 대결해 압승을 거두었다. 또한 가족과 국토를 유린당한 백성들이 들고일어나 의병과 승병을 조직해 북진하는 일본군 배후를 치기 시작해 일본군의 보급선에 문제가 생겨나고 있었다.

그런데 선조와 대신들은 도망치면서 김명원을 총사령관인 도원수에, 신각을 부원수에 임명하며 한강 방어의 책임을 맡겼다. 겨우 군사 천명을 이끌고 이들은 한강 북안에 방어선을 쳤다. 그런데 막상 강남에 일본군이 나타나 조총을 쏘며 공격해 오자 겁먹은 김명원은 군사들에게 무기를 강물에 처넣으라고 명령한 후 선조가 있는 평양으로 도망쳤다. 이에 대부분 병사들도 따라 도망쳤다. 그렇지만 애국심이 남달랐던 신각은 뜻있는 남은 병사들을 수습해 일본 선봉대를 기습해 승리를 거두었다. 그런데 김명원은 평양에 가 선조에게 신각이 명령을 어기고 멋대로 행동하는 바람에 졌다고 보고하자, 선조는 신각을 참수하라 명해 영웅이 제대로 활약도 못해보고 죽게 만들었다 [백지원 2009].

국란의 시기에 병법을 모르고 이성적 판단력이 부족하거나 겁쟁이 지도자들은 나라를 망쳐먹는다. 이런 일은 20세기 한국에서도 벌어졌다. 북진통일을 주창하던 초대 대통령 이승만은 정작 북한군이 삼팔선을 넘어 진격해오고 있다는 전갈을 받자마자 재빨리 기차를 타고 남쪽으로 도망쳐 피난민 1호가 되었다. 그리고는 국군이 북진하며 북한군을 물리치고 있으니 안심하라고 방송하고 나서 피난민으로 꽉찬 한강다리를 폭파해 버렸다. 현대판 선조가 된 인물이다.

구체적인 고대의 병법이론은 이제 활용성이 거의 사라졌지만 적을 먼저 분석해 알고 나를 비교 평가해 객관적으로 알고, 기상과 지형지물을 최대한 활용하고, 그리고 장수가 담대하게 솔선수범하는 자세는 현대에도 여전히 유효한 병법 전략이라 하겠다.

제6장

역사와 설화로 살펴보는 풍류도와 인물들

6.1
풍류도 설화와 야사에 대한 입장과 해석

풍류도 설화의 특성
—

풍류도 역사를 증빙해 줄 역사적 자료는 상당히 빈약하다. 특히 고대로 갈수록 더욱 그렇다. 그렇기에 이 분야를 연구하는 학자들도 적고 그들 자료의 기원이 중국 문헌이거나 중국 도교의 영향을 받은 한국 문헌인 경우가 대부분이다 [임채우 2018]. 풍류도의 역사는 대부분 입에서 입으로 전해지는 야사로 존재한다. 허황되게 여겨지는 내용도 많다. 그래서 이에 대한 입장을 먼저 간단히 정리하고 풍류도의 역사를 서술하고자 한다.

풍류도는 삼국시대 이후로 국가에서 인정받지 못하고 계속 억압을 피해 산속에서 소수에게만 전수되어온 까닭에 과거에 역사적 문헌이 존재했었더라도 몰수되는 역사를 되풀이 당했을 것이다. 다만 입으로 전해지는 무협지 수준으로 여겨지는 설화와 야사들이 조금 남아있는데, 이런 이야기들은 현대인의 관점으로 살펴보면 허황되고 상상의 세계를 넘나든 가상소설fiction drama로 여겨진다. 아마도 여러 시대를 거쳐오면서 전달자의 주관이 작용하고 과장과 각색도 자연스레 생겨났을 것이다.

이렇게 스승으로부터 전해 들은 풍류도의 역사나 인물들에 대해 역사적 근거가 희박하거나 필자 자신이 신뢰감을 갖지 못한 이야기들이 많은 까닭에 무시하고 있었으나, 사라져 버리게 하기에는 너무 아깝다는 생각이 들어 기록으로 남겨놓고자 한다. 이 내용들을 허황되다고 무시해버리면 소중한 우리 역사를 스스로 지워버리는 우를 범할 수도 있지 않겠는가. 누가 알겠는가. 후에 새롭게 고대 문서나 유물이 발굴되어 서로 부합되는 내용들이 드러날지. 이 설화들을 어떻게 다루어야 할지 역사에서 교훈을 찾아야 한다.

또 한 가지, 이런 풍류도 야사 중에는 일반에게 널리 알려진 야사이지만 결이 다르거나 같은 소재이지만 이야기 전개나 주제가 다른 것들도 있다. 이런 것들도 몇 가지 풀어놓을 예정이다. 독자들의 판단이나 역사적 검증이 필요해질 부분이다.

고려시대에 김부식은 이전 역사를 정리할 시대적 필요성 때문에 삼국사기를 편찬했다. 그러면서 역사적 신빙성이 떨어지거나 국시와 맞지 않는 이야기들은 제외하였다. 이에 일연스님이 김부식이 다루지 않은 구전된 내용들을 포함해 역사문화적 가치가 있다고 판단되는 것들을 모아 삼국유사를 편집해 후세에 전해주었다고 하니, 우리가 고대문화를 이해하는 데 있어 일연스님으로 인해 얼마나 많은 도움을 받게 되었는가를 알 수 있다. 이와 같은 생각으로 풍류도와 관련해 구전되어 오는 단편적인 이야기를 모아보았다.

사실 옛날 전승이나 신화들은 이성적 시각에서 살펴보면 대부분 허무맹랑한 이야기라고 폄하할 수도 있다. 그리스 로마 신화들을 차근차근 분석해 보라. 얼마나 꿈속의 이야기처럼 상상의 나래를 마음껏 펼쳐놓았는가. 그에 비하면 중국 무협지들이 오히려 더 사실적으로 보인다. 그럼에도 불구하고 전 세계인들은 그리스 로마신화를 배우고 분석하고 현실 문제에 대입해서 해석한다. 그 이야기들 속에 인간사의 진리들이 녹아있기 때문이리라. 또한 종교 경전들을 살펴보라. 이성적으로 분석해 보면 얼마나 수긍하기 힘든 이야기들이 많은가.

당신은 예수가 처녀의 몸에서 잉태한 것을 믿는가? 예수의 옷깃만 스쳐도 환자가 낫고, 예수가 죽은 나사로를 살리고, 본인도 죽었다가 사흘 만에 부활한 것을 믿는가? 부처가 마야부인의 옆구리에서 태어나고 태어나자마자 일곱 걸음을 걸으며 '천상천하 유아독존'이라고 외친 이야기를 믿는가? 만약 이런 이야기들에 긍정적인 해석을 가지고 있다면 우리나라의 야사들도 긍정적인 시각으로 바라봐 주기를 기대한다. 외국 것들은 긍정적인데 우리 전래 것들은 허잡하다고 무시한다면 우리가 사대주의로 너무 세뇌된 탓이 아닐까.

고대사 문헌의 질곡

―

우리나라 상고사를 밝혀주는 책으로 역사학계에서 인정하는 우리나라 문헌은 극소수다. 기껏해야 삼국사기와 삼국유사, 고려시대 이후 역사서에서 단편적으로 서술한 내용뿐이다. 그래서 고대 중국문헌을 통해 우리 고대사를 살펴보는 수준이다. 이런 상황에서 우리나라의 상고사를 상세하게 밝혀주는 엄청난 책이 1980년대에 대중들 앞에 나타났다. 이름하여 환단고기桓檀古記다. 그런데 묘하게도 이 책은 1982년에 일본에서 가지마 노보루鹿島昇가 일본어 번역판을 먼저 출간해서 한국에 알려졌다. 가지마는 번역만 한 게 아니라 조선 상고사를 일본 후대 역사와 연결해 일본 신도의 뿌리를 고조선 하늘숭배사상에 접목하는 전략을 취했다. 어째서 이 책이 일본에서 간행되었을까.

김정민은 일본인들이 겉으로 절대 드러내지는 않지만 일본인들의 뿌리를 고조선에서 찾기 때문이라고 보았다 [김정민 2018]. 즉, 일본의 신도神道는 고조선이나 상고시대의 하늘숭배사상이나 천지일월도에서 유래한 것이라고 보고, 조상들의 고향인 만주지역에 대한 영토적인 갈망이 있어 20세기 초 제국주의적 팽창시기에 만주지역에 온고지신溫故知新한 새로운 일본을 건설하기 위해 만주국을 세웠으며 한국이나 만주의 고대사에 지극한 관심을 가지고 있다는 것이다.

환단고기 편저자인 계연수는 만주에서 독립운동을 하다가 1911년에 홍범도, 오동진의 자금지원으로 집안에서 몰래 전해내려오던 안함로와 원동중이 지은 삼성기三聖紀, 백관묵에게서 입수한 행촌 이암이 지은 단군세기檀君世紀, 이형식에게서 구한 범장이 지은 북부여기北夫餘紀, 스승인 이기가 소장했던 이맥이 지은 태백일사太白逸史 등 4권을 필사해서 한 권의 책으로 묶어 만주에서 30부를 간행했다.

계연수는 1920년에 독립군으로 위장한 밀정의 덫에 걸려 무참히 살해되었다. 토막 살해당한 계연수의 시신을 압록강에서 건질 때 현장에는 14세 제자 이유립이 있었다. 이때 이유립은 독립군 소년 통신원이었다. 계연수는 죽기 전 이유립에게 다음 경신년1980년에 환단고기를 세상에 공개해줄 것을 당부했다. 1979년 이유립 문하생 조병윤이 서울 광오이해사光吾理解社에서 다른 제자 오형기의 필사본을 영인해 소량 출판하였다. 바로 이 책을 가지마 노보루가 입수해 일본어로 번역 출간했다.

환단고기는 우리나라 상고시대의 정치와 종교를 상세히 서술하고 있는데, 출간되자마자 엄청난 논란에 휩싸이게 되었다. 재야사학자들은 이 책을 적극적으로 수용하는 반면에 사학계에서는 위서僞書로 판단했다. 이후 많은 공방이 오갔는데 [안경전 2012], 여기에서는 다루지 않겠다.

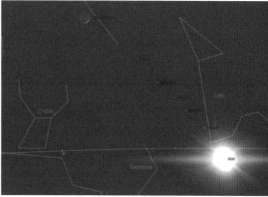

그림6.1 오성취루(五星聚婁)에 대한 그림 묘사(좌)와 컴퓨터 시뮬레이션(우), 박석재의 천문&역사 TV에서 발췌

다만 한가지, 고대에는 하늘의 뜻을 알기 위해 우주운행에 대한 관심으로 천문학 자료를 많이 남겼다. 환단고기에 바로 이런 자료들이 있다. 2000년대 이후로 과학이 더 발달하고 고대사에 대한 자료도 더 발굴되어 과학과 역사 간의 학제간 공동연구도 이루어지다 보니 고대 천문학에 대한 검증이 가능해졌다. 그동안 몇백 년간의 천문학 자료를 바탕으로 그 이상의 과거에 대한 컴퓨터 시뮬레이션simulation을 통해 고대 문헌에 등장하는 천문 관측기록을 검증하였다. 알다시피 고려왕조실록, 조선왕조실록 등으로 인해 우리나라는 대단한 역사기록과 천문관측기록을 보유하고 있다. 이를 통해 현대천문학이 과거를 거슬러 올라갈 수 있다. 이를 고조선까지 확장하여 환단고기 기록과 비교 검증한 결과 큰 오차 없이 잘 일치하는 결과를 보여주었다.

예로, 단군세기에는 기원전 2183년부터 기원전 241년까지 일식을 관찰한 기록이 10번 나오는데, 이 기록을 지금의 만주 하얼빈 근처로 상정하면 대부분 시뮬레이션과 일치한다. 또 흘달단군屹達檀君 50년인 기원전 1733년에 '무진오십년오성취루戊辰五十年五星聚婁' 기록이 있다. 수, 금, 화, 목, 토 다섯 개 행성이 그림6.1처럼 일렬로 늘어섰다는 뜻이다. 이렇게 행성들이 일렬로 늘어서는 현상은 매우 드문 일로 현대에는 1953년에 있었다. 각 행성들의 공전주기 등 운동궤도는 잘 알려져 있으므로 역시 Starry Night이란 프로그램으로 시뮬레이션 해본 결과 그림6.1처럼 나와 환단고기의 기록이 정확함을 알 수 있었다 [라대일 1993, 박창범 2002].

　　그러므로 제대로 전해지는 문헌들이 없는 상황에서 귀한 문헌들은 손으로 필사하고 편집하는 과정에서 편집자들의 문화시대사적인 배경이 조금씩 첨가되어 현재의 환단고기가 생겨난 것이라고 이해하고 싶다 [박미라 2019]. 이런 취지에서 이 책에서는 환단고기의 내용을 참고하고 인용하였다. 역사적 가치를 인정받는 중국과 한국의 옛 문헌들도 살펴서 인용하였다.

6.2
시원 및 고조선 시대

하늘숭배사상과 천지인 합일 수련
—

풍류도를 이야기하기 위해서 그 시원이 되는 상고시대 조상들의 문화와 생활양식을 간단히 언급하고자 한다. 고조선 성립 이전부터 우리 조상들은 몽골초원지대와 더 북쪽에서 유목을 주로 했던 기마민족의 일원이었던 것 같다. 즉, 스키타이 문화를 원류로 한 시베리아 북방계 문화를 근간으로 본다. 이들은 하늘이 땅 위에 살고 있는 만물을 지배하고 절대적인 영향을 미친다고 생각했다. 그래서 하늘을 숭상했고 하늘의 뜻을 알고자 노력했으며 그 결과 상당한 수준의 천문학적 지식을 축적했다. 이를 일러 '하늘숭배문화'라고 표현하자. 박현은 '하늘사상'이라고 썼다 [박현 1995]. 재야사학자들은 신도神道라고도 한다. 일본의 전통 신도

神道도 이후 일본으로 이주해 간 도래인들에 의해 전승된 것으로 본다.

현대 선도 수련인들은 이 문화를 신선도神仙道라고 부른다. 이 당시는 제정일치의 사회였기에 하늘과 소통하는 뛰어난 영적 능력자가 사회지도자가 되어 나라를 다스렸다. 편의상 이를 제사장이라 하자. 여성들의 영성이 남자보다 뛰어났기에 대부분 초기 제사장들은 여성이었을 것으로 본다. 남자들은 사냥하고 다른 부족들과 영역 싸움을 하는 등 힘쓰는 일을 주로 맡았으리라.

제사장 집단은 아침에 해 뜨는 위치, 밤하늘의 별의 위치 변화 등을 통해 계절의 변화와 천재지변을 미리 알아채고 부족의 삶의 터전 이전이라든가 다양한 절기 날짜를 결정했다. 이런 전통은 일부가 면면히 계승되어 문헌이 남아있는 삼국시대부터 조선시대까지 일식, 월식 등 천문학적 기록을 남겨 세계사적으로 중요한 고대 천문 관측기록이 되었고 고대 기후연구에 중요한 정보를 제공하고 있다.

고대에도 우주는 회전하고 순환한다는 것을 알고 있었다. 그런데 이 회전하는 우주에 중심이 있다고 생각했는데, 그 중심지역을 자미원紫微垣이라 불렀다. 북두칠성, 북극성, 삼태성이 자미원에 포함된다. 지구에서 보면 북극성을 중심으로 지구와 별자리들이 돈다. 그래서 우리는 북두칠성 신앙을 가지고 있다. 칠성님의 점지로 새생명이 태어나고 죽어서는 북두칠성으로 돌아가기에 칠성판에 죽은 이를 누인다. 고조선 시대에 대거 조성된 고인돌들을 살펴보면, 거석판에 북두칠성을 새겨넣기도 하고 큰 규모 땅에 고인돌을 북두칠성 형태로 배치하기도 하였다. 하늘의 기운이 땅에 그대로 실현되기를 기원한 증거다. 앞에서 살펴본 그림4.6의 고창과 함양에 있는 고인돌에서 그 증거를 볼 수 있다.

이후 인구가 늘어남에 따라 사회조직이 커지고 이웃과의 영역 다툼도 커지면서 점점 더 무력에 기반한 정치세력이 지배세력으로 올라섰고, 직능에 따른 계급 분화가 일어나고 제사장의 지위는 위축되기 시작했다. 문화도 분화되기 시작해 하늘숭배 문화는 하늘과 소통을 담당하는 샤먼, 우리말로 무속인과 천지인 합일을 추구하는 선도仙道로 분화되고 변화되었다. 샤먼은 주로 영적 접신을 통해 하늘과 소통하는 길로 들어섰고, 선도 수련인은 자신의 몸을 하늘기운을 받기에 적합한 상태로 만들어 가는 방향으로 나아갔다.

흔히 우리 민족의 종교 문화적 유래를 바이칼 호수 근처에 살았던 사람들에게서 찾는다. 그래서 많은 사람들이 이곳을 방문하고 솟대 신앙이라든가, 샤먼 의식을 통해 그 원류를 보게 된다. 샤먼 의식이란 천지인 합일天地人 合一이 주 목적이라는 점을 앞의 태공유수 편에서 설명하였다. 이를 통해 우주를 이해하고 그 바탕에서 고조선의 통치이념인 홍익인간弘益人間, 재세이화在世理化가 실행되었다. 해와 달의 움직임에 부응해 하늘과 땅이 변하는 모습과 이에 맞추어 움직이는 인간사의 이치를 인간의 몸과 정신에

투영해 수련법을 만들었다. 그래서 풍류도의 이전 시대 명칭을 천지일월도天地日月道라고 칭했다.

입선자세로 해를 따라가며 해를 돌리는 수련법을 해일도海日道라 하고, 밤에 달을 따라가며 달을 돌릴 때는 월춘도月春道라 한다. 단군檀君 왕검王儉 뿐만 아니라 팽우彭虞, 신지神誌, 고시高矢 등 재상宰相들도 모두 선인仙人으로 불렸으니 그들이 모두 수련으로 득도한 인물들임을 말해준다. 풍류도라는 이름은 고조선 시절 백두산의 조의선사에게서 시작해 금강8인에게 이어졌다고 한다. 풍류도 수련을 하게 되면 인체에 무수한 자극과 변화가 생겨나며, 땅에서 물기운이 솟아 올라오고 하늘에서 불기운이 내려 서로 맞물려 돌아 바람을 이룬다. 그래서 풍류도란 이름이 생겨났으며 단군신화에 나오는 풍백, 우사, 운사, 풍운 조화가 모두 수련에서 나타나는 상징적인 의미들을 암묵적으로 표현한 것이다.

우리가 잘 알고 있는 단군신화는 고조선 건국설화로 배워왔지만 풍류도에서는 다르게 해석한다. 바로 수련의 과정과 인내의 중요성, 환골탈태의 경지까지를 아주 쉽게 풀이한 설화로 본다. 즉, 곰과 호랑이가 환웅이 준 쑥과 마늘을 가지고 동굴 속에 들어가 수련을 하는데, 호랑이는 끝까지 참아내지 못하고 뛰쳐나오고 말았고 곰은 백일을 견디어 드디어 사람으로 환생해 나온 이야기가 바로 수련의 핵심을 전하고 있다.

앞장에서 입선 수련은 초반에 엄청 어려운 고통을 수반하고 그 고통을 참아내는 인내의 과정을 거쳐야만 비로소 하늘과 접할 수 있다는 점을 강조했다. 이는 풍류도에서만 강조하는 관점이 아니다. 기독교나 불교 등 많은 종교에서도 수련 중에 겪어야 하는 많은 유혹과 인내에 대해 이야기한다. 이렇게 완성된 인격체들이 나라를 다스리고 세상을 이롭게 하기 위해 애쓴 역사라고 볼 수 있다.

우리나라 선도의 시조는 전설상으로 전해지는 고조선시대 자부선인紫府仙人이다. 태백일사太白逸史 소도경전 본훈에 이런 내용이 있다.

> '자부선생은 발귀리의 후손으로 태어나면서부터 신명하여 후에 도를 통해 신선이 되었다. 일월의 운행경로와 운행도수를 측정하고, 오행의 수리를 추정하여 칠정운천도七政運天圖를 지으니 이것이 칠성력七星曆의 기원이다.'

고대에는 육안으로 관찰하는 천문학이 아주 발달하였다. 하늘의 뜻을 살피는 것이 중요했기 때문이다. 오늘날 용어로 보면 기상관측에 가깝다. 칠성력이라는 달력을 만들었다는 것은 농경생활도 영위했다는 간접적 증거가 되겠고, 천문관측과 우주운행을 알아내는 역할을 맡은 사람은 바로 도를 통해 신선이 된 사람이 담당했다는 뜻으로 볼 수 있겠다.

철기문화와 철제무기

—

발귀리는 신시시대 배달5대 태우의환웅 시대 선인으로 태호복희와 동문수학하였다. 배달국의 14대 환웅이 치우천황인데 자부선인에게서 천문 지리 역사 무예 등을 배운 것으로 알려져 있다. 치우천황은 갈로산에서 쇠를 캐내어 칼인 도개, 창인 모극, 큰 활인 대궁을 만들어 군사에 썼다. 신시본기神市本紀에 기록된 치우에 관한 기록을 살펴보자.

'몇 세를 지나 자오지환웅에 이르렀다. 이분은 신령한 용맹이 더없이 뛰어나시고, 머리와 이마를 구리와 철로 투구를 만들어 보호하셨다. 능히 짙은 안개를 일으키고 바람과 비를 불러 일으켰다. 갈로산과 옹호산에 들어가서 쇠를 캐고 철을 녹여 칼, 투구, 창, 삼지창, 활촉을 만들었다. 돌을 날리는 무기인 비석박격기를 만드셨다. 천하가 크게 두려워하여 모두 이분을 받들어 천제의 아들 치우라 하였다.'

고조선시대는 알려지기를 청동기시대인데, 치우천황 때에는 이미 청동을 넘어 철을 제련하고 철제무기를 만들어 사용했다고 기록하고 있다. 이때는 중국에 비해 고조선이 훨씬 발달한 무기체계를 갖춘 것으로 여겨진다. 중국도 청동기시대였지만 청동제 갑옷은 상상도 못했던 모양이다. 사기정의史記正義에 보면 치우군과 마주친 중국군대는 이런 청동기 무기를 처음 보았기에 치우를 '구리로 된 머리에 쇠로 된 이마동두철액 銅頭鐵額를 하고 있다고 묘사했다. 치우군은 쉽게 다룰 수 있는 청동으로는 갑옷과 투구를 만들어 착용했고 칼이나 창은 철로 만들었으리라. 구리는 약 1000도 근처에서 녹는다. 그러므로 고조선 시대에는 1000도 수준의 불을 다루는 제련법이 발달했다는 뜻이다.

청동은 구리에 주석을 합금해서 만들어지는데 옛날에는 불순물 형태로 자연스럽게 청동이 만들어졌을 가능성이 높다. 청동은 구리보다 훨씬 더 강도가 높고 녹도 잘 슬지 않는다. 그래서 고대 유물 중에 청동기 유물은 잘 보존되어 오늘날에도 전해지지만 후대에 발달한 철기 문물은 녹이 잘 슬기에 세월이 가면서 대부분 파손되거나 사라져 버렸다. 운 좋게도 뻘에 파묻히는 등 공기와 접촉이 끊긴 소수의 철기 유물만 전해진다.

한편, 철은 대략 1500도에서 녹는다. 1000도 수준의 불을 다루는 과학기술문명이 1500도를 다루는 것이 큰 기술적 비약이 필요한 수준은 아니다. 다만, 500도를 더 올릴 수 있는 기술과 연료가 필요하다. 아마도 초기 형태의 화덕과 풀무 방식을 사용했으리라 여겨진다. 고대 시대의 연료는 대부분 나무였는데 화덕이나 주변의 검은 돌이 엄청난 화력을 가진 것을 알고 검은 돌을 연료로 썼을 가능성도 있다. 바로 석탄이다. 청동을 다루면서 우연히, 또는 여러 가지 합금을 시도하다가 철을 알게 되고 철의 강도를 알게 되어 초기 철기문화가 탄생했을 가능성이 있다.

제6장 역사와 설화로 살펴보는 풍류도와 인물들

고조선시대에 황동기나 철기 무기를 사용했다는 서술에 대해, 그 시대에 무슨 철기냐고 반문이 들어온다. 그래서 야금과 제련에 대해 조사해 보았다. 자연에서 구리는 대부분 황동석$CuFeS2$의 형태로 존재한다. 즉, 구리, 철, 황이 결합해 단단한 광물을 형성하고 있다. 신석기시대에 다양한 돌을 다루면서 구리를 함유한 광석의 특별한 성질을 알게 되고 나중에는 청동의 개발로 이어지게 되었을 것이다.

　　상상해 보건대, 사냥물을 불로 조리하기 위해 돌로 만들어 놓은 화덕 같은 구조물에서 오래 사용하다 보면, 금속 성분이 녹아 바닥에 떨어져 순수한 형태의 금속 덩어리가 되었을 텐데 이것이 금속제련의 시초가 되었으리라 유추해 본다. 과도기인 금석병용기를 거친 후, 청동기시대는 만주 몽골지역에서는 기원전 15세기 무렵에 시작되었다. 청동은 기본적으로 구리와 주석이 혼합된 합금이다. 구리는 무르고 강도가 약하지만, 주석이 10~20% 정도 들어가면 인장강도가 높아져 잘 변형되지 않고 녹이 슬지 않는다. 초기의 수많은 시행착오를 거쳐 결국엔 최적의 금속 조합 비율을 획득했으리라.

　　그런데 고조선 강역에서 출토되는 청동기와 중국 한족漢族 문화권에서 출토되는 청동기는 상당히 다른 특성을 지니고 있다. 기원전 10세기경 중국 은나라 시기에 만들어진 청동기 유물들은 구리, 주석, 납의 합금이고 아연은 불순물 수준이다. 용도는 주로 제사용 도구나 그릇이다. 이에 반해 고조선의 청동기는 대부분

금속	구리 (Cu)	납 (Pb)	주석 (Sn)	청동 (bronze)	아연 (Zr)	철 (Fe)
끓는점(℃)	2562	1749	2602	2300	907	2861
녹는점(℃)	1083	327	232	870~990	419	1530

| 표6.1 주요 금속의 녹는점과 끓는점

무기류가 출토된다. 비파형 동검이 가장 대표적인 유물이다. 아마도 고조선 사회는 반농반유목 생활 특성상, 사냥이 많기에 무기류에 청동이 많이 도입되었음을 알 수 있다. 성분상으로는 중국산에 비해 아연을 상당량 함유하고 있다. 구리 54%, 주석 22%, 납 5%, 아연14% 수준이다. 아연이 들어가면 강도가 더 세지고 청동이 부드러운 금빛을 띤다.

한편, 같은 시기 고조선 유물인 다뉴세문경이라 불리는 청동 거울은 주석 비율을 33% 수준으로 만들어 거울 반사율을 극대화하였다. 이것이 고조선형 청동의 특징이다. 일본 야요이彌生시대 청동기도 같은 구성성분을 가지고 있어 서로 문화가 교류되었음을 알 수 있다. 위의 표6.1에서 알 수 있듯이, 청동을 주조할 때 1000℃ 수준의 불을 사용해야 하는데 아연은 419도에서 녹고 900도에서 기화하기 때문에 둘의 합금을 만들려면 500도 정도 온도 차이를 극복할 상당한 수준의 제련 기술이 필요하다. 또한, 철은 1530도에서 녹는다. 앞에서 언급했듯이 청동기를 다루는 문명에서 철기로 넘어가는 데 그리 어려움이 많지 않음을 알 수 있다.

철은 탄소함량에 따라 연철, 선철, 강철로 구분된다. 탄소함량이 적은 연철은 무르고 탄성이 높다. 반면, 탄소가 가장 많은 선철은 굳기는 하지만 깨지기 쉽고 탄성이 낮다. 강철은 탄소함량이 중간 정도로 탄성과 굳기가 좋고 주조와 단조가 가능하다. 유럽에서는 서기 14세기에 와서야 선철이 널리 쓰이기 시작해 강철을 얻는 제련방법도 이때 개발되었다. 그런데 고조선은 놀랍게도 유적지 발굴에서 나온 세형동검이나 농기구 등 유물을 통해서 기원전 수백 년 전에 이미 연철과 선철뿐만 아니라 강철도 제련하여 사용했음을 보여주었다. 또 열처리 기법도 사용해 강철의 품질을 높였다 [이덕일 2006].

중국 당태종이 고구려를 침입했을 때 이를 방어한 양만춘 장군이 전투에서 천인검을 휘둘렀는데, 이 검은 14대 환웅천황께서 사용하던 검으로 금, 은, 동, 철을 합금해 만들었다고 한다. 그러기에 천인검은 주요 부분을 철로 만든 검으로 유추해 본다. 전투에서 이 검을 휘두르면 목검이나 봉, 청동검은 사정없이 잘려나갔으리라. 이후로도 이 검은 후대 단군에게도 전해지고 후계자에게 계속 전해져 내려왔다고 하는데 계승된 유물은 없다. 다만 천인검법만은 청운, 원광을 거쳐 현대에까지 전해져 내려오고 있다.

문헌에 등장하는 우리 고유 선도

우리나라는 수많은 역사적 질곡을 겪으면서 고대역사 문헌이 거의 소실되었음을 언급했다. 학계에서는 중국문헌에 절대적으로 의지하므로 중국인의 시각에서 서술한 우리 고대사와 수련문화를 먼저 찾아보자. 사마천司馬遷의 사기史記 제28권 봉선서封禪書에 관련 부분이 있다.

'제나라의 위왕威王과 선왕宣王, 연나라의 소왕昭王 시절부터 사람들을 보내 삼신산三神山인 봉래蓬萊 방장方丈, 영주瀛洲를 찾도록 하였다. 전설에 따르면, 이 삼신산은 발해渤海 땅에 있는데 그 거리는 멀지 않으나 신선들이 배가 닿지 못하게 바람을 일으켜 배를 산에서 밀어낸다고 한다. 일찍이 어떤 이가 이곳에 가본 적이 있었는데 여러 선인들과 불로장생의 약이 그곳에 있었다고 한다. (중략). 진시황이 천하를 통일하고, 사람들로 하여금 부정이 타지 않은 동남동녀童男童女를 목욕재계시키고 이들이 삼신산을 찾도록 하였다. 하지만 이들을 태운 배는 해상에서 모두 바람을 만나 도달할 수 없었지만 삼신산을 확실히 보았다고 말했다.'

여기서 언급한 발해는 지금의 요동반도 지역 땅인데, 이능화가 조선도교사에서 언급한 대로 발해만이 옛 고조선의 강역이었음을 상기해 본다면 중국 도교의 첫 시작은 고조선의 선도에서 영향받았음을 유추해 볼 수 있다. 고구려가 멸망한 후 건국한 발해는 이 발해의 정체성과 문화를 이어받았다는 뜻이고 고조선의 신선들과 선인들이 중국 나라들에 알려졌음을 나타낸다.

후한서 동이열전에도 '동이의 땅에는 군자들이 사는 불사의 나라가 있다'라는 서술이 있다. 포박자에는 황제헌원이 배달국의 수도인 청구靑丘에 들러 자부紫府선생에게서 삼황내문三皇內文을 전수받고 큰 깨달음을 얻었다는 기록이 있다. 청구는 우리나라를 일컫는 말인데, 진晉나라 천문지天文志에 '청구는 칠성의 진성자리에 있는데 동이東夷의 나라다'라고 하였다. 자부는 고조선시대 선인仙人으로 치우천황의 국사였다. 그를 통해 선도를 배우고 중요한 선도경전을 입수했음을 알 수 있다.

단군세기에 보면, 11세 단군 도해道奚편에 '경인 원년 단제께서는 오가에 명을 내려 열두 명산의 뛰어난 곳을 골라 국선國仙의 소도를 설치케 하였다'고 하고, 삼신오제본기三神五帝本紀에는 다음 구절이 있다 [고동영 1995].

'소도가 서는 곳에는 모두 계율이 있는데, 충효신용인忠孝信勇仁의 다섯가지 도가 있었다. 소도 옆에는 경당扃堂을 세워 미혼자제들에게 사물을 강습케 했다. 책읽기, 활쏘기, 말타기, 예절, 노래와 음악, 맨손무술拳博, 칼쓰기 등 육예다.'

고구려시대 교육기관으로 알려진 경당이 고조선시대에 이미 있었고, 현대판 사관학교처럼 인재를 양성하는 종합교육기관임을 보여준다. 또한, 신라시대의 국선이나 화랑제도와도 흡사하다. 최치원이 쓴 난랑비서문鸞郎碑序文을 살펴보자. 난랑이라는 화랑이 죽은 후 그를 추모하는 비에 최치원이 쓴 글인데, 비나 전체 문장은 전해지지 않고 오직 《삼국사기》 신라본기의 진흥왕조에 일부 내용만 전하는 것으로 화랑도의 사상적 연원과 형성과정을 말해준다.

> "우리나라에는 현묘玄妙한 도道가 있으니 이를 풍류風流라 하는데 이 교를 실천한 근원은 선사仙家史書에 상세히 실려 있거니와 실로 이는 근본적으로 유불도儒佛道 삼교를 이미 자체 내에 지니어 모든 생명을 접하여 저절로 감화시킨다."

즉, 신라 이전부터 우리나라에는 현묘한 도가 있어 이를 풍류라 하였으며 이는 선도전통이었다고 하였으니, 이는 고조선시대로부터 선가 사상과 수련이 지속적으로 계승발전되어 왔음을 의미한다. 또, 이 선도는 안에 유교나 불교, 도교 사상을 이미 함유하고 있어 신라시대에 중국으로부터 전래되고 있는 이들 세 가지 종교와 마찰없이 잘 수용 융화되고 있음을 나타내고 있다.

다음으로 화랑세기花郎世紀 첫 구절을 살펴보자 [김대문 2009, 이종욱 2005].

'화랑은 선仙을 수행하는 무리이다. 우리나라에서는 옛날부터 신궁神宮을 받들어 하늘에 큰 제사를 지냈다. (중략). 옛날에 선도仙徒들은 신神을 받드는 일을 주로 했는데, 국공國公들이 차례로 이를 행한 후 선도仙徒들은 도의로써 서로 권하고 격려하여 어진 재상과 충성스런 신하가 이로부터 났고 훌륭한 장수와 용감한 병졸들이 이로 말미암아 나왔으니 화랑의 역사는 가히 몰라서는 안될 것이다.'

화랑세기에도 마찬가지로, 화랑은 선仙을 수행하는 무리이며 이는 신라에서 시작한 것이 아니고 더 오랜 옛날부터 현묘지도로 전해져 내려오는 것을 계승한 것임을 말해준다. 나아가 신궁을 받들고 하늘에 큰 제사를 왕과 고위귀족인 국공國公들 뿐만 아니라 화랑들도 같이 지냈다는 것은 정치와 군사 종교가 일체화된 전통이 계승되어 왔음을 보여준다.

수련문화의 전파와 분절화

—

고조선 사회가 국가조직으로 커져감에 따라 군사 정치적 권력이 강화되면서 제정일치적 사회체제가 힘을 잃고 제사장 계급들은 발언권이 점차 약해지지 시작했다. 즉, 정치와 군사 조직의 우두머리로서 왕이 군림하면서 풍류도의 전신인 천지일월도는 삼국시대 이후 다양하게 분화되기 시작했다. 하늘과 소통하며 하늘의 뜻을 전달하는 제사장 집단은 정치에서 한발 물러서서 왕의 자문역할에 그치고 절기마다 치르는 종교 행사를 주관하는 샤먼으로 자리매김 되었고 현대에는 무당으로 존속하고 있다. 고려시대에는 왕권이 불교를 국교로 받아들이면서 제사장 집단을 합법적으로 밀어내기 시작했고, 조선시대에는 유교를 국교화하면서 불교세력과 천지일월도 세력을 밀어냈다.

그러면서도 한국민의 문화와 사상이 천지일월도에 뿌리를 둔 까닭에 완전히 밀어내지 못하고, 조선시대에도 소격서란 기관을 궁궐 내에 두어 왕과 왕비의 자문역할을 수행하였다. 인격이 완성된 도인이 소격서에 있을 때에는 그래도 큰 역할을 할 수 있었지만 조선말 민비와 짝짜꿍이 된 진령군이란 무당은 망해가는 조선을 말아먹은 대표적인 사례다. 마치 제정 러시아말 괴승 라스푸틴과 유사하다. 현대에도 정치인들이 국가의 중대사를 결정할 때에는 이 샤먼들의 의견을 청취한다. 지금도 선거철이 되면 유명 점술인들은 바빠진다. 그만큼 불확실성의 시대이며 따라서 미래를 내다보는 눈이 중요하다.

한편, 무예에 능했던 풍류도의 일부 집단은 군인이 되어 정치조직에 가담했다. 그런데 군대에서는 병사들에게 다양한 무술과 무기들을 교육시킬 수 없었다. 실전적이면서 단순하고 배우기 쉬운 무술과 장비들만 채택되었다. 그래서 살아남은 최종 무기가 활, 창, 칼이다. 다른 무기들은 장수들이 개인적으로 수련하여 전투에 사용했지만 시대가 가면서 점차 사라지게 된다.

다른 집단은 산속에 들어가 산중도인으로 화전민이 되어 살았다. 이들이 풍류도의 전체적인 모습을 제일 잘 간직하고 수행하며 소수나마 대를 이어 제자들을 양성해서 오늘날까지 명맥을 이어오게 되었다. 삼국시대에 불교가 전래되어 절이 곳곳에 생기자 승려가 되는 사람들도 많았다. 특히, 깊은 산속의 절은 제자들을 양성하기에 좋은 조건과 환경을 갖추고 있어서 풍류도 전승에 중추적인 역할을 했다. 그래서 임진왜란 같은 나라의 변고가 생겼을 때 즉각적으로 승병을 규합할 수 있는 토대가 되었다. 그렇지만 시대를 거듭해 가면서 개인적인 특기나 취향에 따라 다양한 문파가 생겨나 각기 다른 길을 가고 있다.

현대의 관점으로 보면 문화란 서로 영향을 주고받으며 섞이는 것이라, 풍류도는 한국의 대부분의 선교 계통의 수련단체나 중국과 일본의 도교와 무술 단체에 조금씩 녹아 들어가 있다. 현재 전해지고 있는 풍류도를 굳이 한국 선도仙道 맥으로 분류해 보자면, 성명쌍수에 관해 언급하면서 몸과 마음 중 무엇을 우선적으로 수련할 것인가의 문제로 수련방식이 나뉘진다고 했는데 풍류도는 몸을 우선적으로 닦는 좌방左方이요, 윗대들이 대부분 백두대간 일대에서 수련하며 기거했기에 좌방 중 태백산파에 해당한다고 분류할 수 있다.

원광, 청운스님 모두 태백산에서 살며 수련한 사람들이다. 국선도를 창시한 청산거사도 태백산 일대에서 또 다른 청운스님에게 배웠고 국선도의 행공은 풍류도의 입선동작과 비슷한 면모가 있다. 기천도 그들의 주장에 따르면 태백산파로 볼 수 있고 입선 동작도 있다. 또한, 불교무술로 알려진 불무도나 선무도에도 풍류도의 영향이 스며들어 있는 것으로 보인다.

또 다른 집단이 남사당南士堂패다. 문헌적으로 살펴보면 '해동역사'에 신라시대에 남사당패에 관한 기록이 있다고 하는데 풍류도에서는 고조선말로 본다. 이때에는 남사봉南士峯이라 칭했다. 이들은 몇십 명 단위로 집단을 이루어 한곳에 정착하지 않고 떠돌아다니며 유랑생활을 하였다. 사회적으로 소외된 계층이다. 생계는 주로 사람들이 많이 모이는 시장바닥에서 각종 무예 시연을 해보이며 돈을 벌었다. 이들의 공연을 광대廣代라고 불렀다. 초기에는 현란한 칼이나 봉 놀림 등 각종 무예 시연이었지만, 관중들의 흥미 유발을 위해 선과 악이 싸우는 이야기를 구성하고 코믹하고 풍자적인 요소도 넣고 극적 효과를 위해 대금과 북 등 각종 악기도 등장시켜 종합적인 공연으로 발전하였다.

장마철 같이 날씨가 안 좋을 때에는 공연을 할 수 없어 양식도 떨어지기 쉬워 각자 개인 역량을 발휘해 동냥을 다녔다. 아마도 각설이의 원조가 아닌가 한다. 이 마을 저 마을 다니면서 고아들이나 오갈 데가 없는 사람들을 거두어 초입자인 삐리로 받아들여 조직의 대를 이었다. 관가에서는 남사당패들이 무기를 다루는 것에 극도로 예민한 까닭에 세월이 가면서 무기는 사라지고 줄타기나 살판이라고 하는 땅에서 공중제비 넘기나 물구나무 서서 재

　제6장 역사와 설화로 살펴보는 풍류도와 인물들

주 부리기 등 현대 기계체조와 유사한 기예들을 공연했다. 바로 현대 서커스 공연단의 원조다.

이들은 전국을 유랑했을 뿐만 아니라 장사치들을 따라 실크로드까지 횡단했다고 한다. 황당하게 들릴 수도 있겠으나 옛날 북중국 땅이 고구려 강역이었고 이 유목 민족들이 중앙아시아까지 뻗어있음을 생각해 보면 가능한 야사로 볼 수 있다. 현대 중앙아시아 국가들의 역사나 언어를 살펴보면 우리와 공통되는 부분들이 많아 놀라게 된다 [김정민 2016]. 유럽에 거주하는 집시들 중 이 남사당패의 피가 섞인 사람이 있을지도 모르겠다. 이 남사당패 일부는 거쳐 간 지역에서 인연 따라 흩어지고 주류는 고구려 시대에 다시 돌아왔으나 이전보다 더 심한 천대에 견디지 못하고 다시 서역으로 떠났다고 전해진다.

이 서역으로 간 남사당패가 공연한 마당극 중 하나가 서유기다. 풍류도에서는 남사당패 공연극이 서유기의 원류라고 전해지며 오늘날 전해지는 서유기는 중국에서 자기식으로 각색했다고 본다. 아시아의 중요 문화는 대부분 우리가 원조라는 국수주의의 발로라고 생각할 수도 있고 필자도 점검차 아직 그런 생각을 떨쳐내지 못하고 있는데, 역발상으로 풍류도에서 전해지는 서유기의 특성을 살펴보고 천천히 생각하며 판단해 보자.

우리에게 친숙한 서유기西遊記는 중국 명나라 시기의 장편소설로, 오승은吳承恩의 작품으로 알려져 있다. 삼장법사三藏法師가 불교 경전을 구하러 지금의 인도인 천축天竺으로 가는 길에 손오공孫悟空, 저팔계猪八戒, 사오정沙悟淨의 세 제자를 만나게 되고 합심해 기상천외의 요마들과 갖가지 싸움을 벌이는 81가지 란難 끝에 원하던 경전을 구해 무사히 돌아온다는 이야기 구성이다.

그런데 풍류도에서 이야기하는 서유기는 오승은의 작품과는 사뭇 다르다. 풍류도에서 서유기西遊基란 제목은 '서방정토를 찾아 그곳에서 바람 타고 놀기 위한 터전을 마련한다'는 뜻이다. 풍류도에서 바람은 중요한 의미를 가진다. 수련 정도가 깊어지면 손이나 가슴에서 바람이 나온다. 발경이요, 장풍이다. 더 나아가면 몸이 한없이 가벼워져 바람 타고 논다. 최고의 축지법이란 이렇게 몸이 한없이 가벼워져 마음이 의도하는 대로 몸이 바람 타고 가는 상태다. 믿어지지 않겠지만 무협지 보듯이 가볍게 일단 받아들이자.

삼장법사三長法士란 삼태극인 천지인天地人 합일을 이룬 사람을 뜻한다. 옛 글자로 무巫를 달성한 사람이라고 앞에서 설명했다. 손오공孫五空을 알려면 일단 태공유수 자세 수련에서 설명한 바를 되새겨봐야 한다. 하늘을 향해 두 손을 뻗는데 이 손으로 하늘의 기운이 들어온다. 옛날 사람들은 하늘의 기운을 목화토금수 오행으로 구분했다. 즉, 하늘에 있는 별자리들의 기운이다. 그래서 아시아에서는 태어난 때의 사주팔자 즉, 목화토금수의 어느 기운이 성한지를 살폈다. 서양에서는 황소자리, 물병자리 등 12개의 별자리로 보는 점성술이 지금도 행해지고 있다.

그래서 눈에 보이지 않고 공하지만 충만한 하늘의 기운을 손바닥 안에서 잡아낼 수 있는 사람이 손오공이다. 손오공이 아무리 뛰어봐야 부처님 손바닥 안이라는 말은 거꾸로 생각해 보면 된다. 바위 속에 갇힌 손오공을 삼장법사가 꺼내주는 이야기는, 단군신화에서 곰이 동굴에서 인내로 수련했듯이 손오공이 바위굴 속에서 꼼짝하지 않고 인내로 수련해 천지인 합일을 이루어 막힌 기혈을 다 뚫어냈다는 의미로 본다. 손오공이 주로 쓰는 무기가 여의봉如意棒이다. 마음먹은 대로 무기의 길이가 늘어난다는 뜻이다.

이 여의봉의 원래 명칭은 유성봉流星棒이었다. 봉을 돌리면 핼리 혜성처럼 밤하늘을 휙 지나가는 유성같은 모습이라고 해서 붙인 명칭이다. 그런데 손오공이 이 유성봉을 가지고 요괴 무리들과 싸울 때 다양한 크기의 유성봉을 들고나왔다. 극적 효과를 노려 한 유성봉을 허공에 날려버린 후 품속에서 다른 유성봉을 재빨리 꺼냈다. 관객들이 보기에 손오공이 마음먹은 대로 봉이 커졌다 작아졌다 하는 것 같았다. 그래서 여의봉이란 별칭이 생겼다.

저팔괘氏八卦는 근본 바탕이 되는 팔괘란 뜻으로 복희가 그린 팔괘에 기반을 두고 있다. 우주 만물의 물성을 이 팔괘로 분류해 그 특성과 조화를 이루어야 한다. 주역은 이 팔괘가 두 개씩 어우러져 나타내는 표상을 해석하여 삶의 지혜를 제시한다. 이 팔괘가 사람 몸에 투영될 때, 중앙에 5가 들어가는 낙서의 9궁이 된다. 사람 몸 안에 단전을 중심으로 들어있는 가상의 아홉 괘를 상

정한다. 천기를 받아들이고 하체에서 지기를 받아들여 단전에서
이들이 운행하면서 아홉괘를 돌려 생명 에너지를 생성시킨다. 쿤
달리니가 깨어나는 것이다.

사오정四五正은 천부경 철학을 반영한다. 천부경에 운삼사성
환오칠일묘연運三四成環五七一妙延이란 문구가 있다. 여기서 사성환
오四成環五를 함축해 사오정으로 표현한 것으로 보는데 세상의 운
행 이치를 설명한 성구로 본다. 이중 사성을 설명한 문헌으로 역
易의 계사상전繫辭上傳에 '고로 네 차례 운영하여 역을 이룬다是故
四營而成易' 란 문구가 있다. 자세한 설명을 하기에는 능력이 부족
하지만 세상이 네 가지 변환체를 가지면서 변해간다고 보면 되
겠다.

이 세상은 봄 여름 가을 겨울 네 가지 계절이 순환하며 끊임
없이 돌고 돌아간다. 천지뿐만 아니라 생명체도 생장수축生長收縮
의 네 단계를 거치며 살아간다. 환오環五는 오토五土를 중심으로
둥글게 원을 그린다는 뜻이다. 즉, 세상의 운행 이치는 땅을 중심
으로 네 가지 변화가 원을 그리며 진행해 나아간다는 뜻이다. 4,
5에서 9가 나오고, 9가 아홉 번 도니 81이 된다. 그래서 천부경은
81자고, 삼장법사 일행은 81가지 곤경을 겪는다. 바로 수련의 과
정 과정을 상징하는 사건들이다.

이 사연들을 선과 악이 대결하는 거대한 드라마로 엮어 남사
당패의 장기인 현란한 무술로 공연을 펼치니 인기가 대단했으리
라. 또한, 삼장법사의 세 제자들은 처음에는 모범적인 인격체였

으나 관중들에게 흥미진진한 극적 효과를 주려고 점점 사고를 치고 모자란 인물로 묘사되어 곤경에 곤경을 더하는 구성이 이뤄진 것으로 여겨진다. 단테의 신곡도 비슷한 구성으로 인간사를 다루고 있으니 비교해볼 만하다.

중국 도교의 역사와 상호 영향

—

우리나라의 선도와 중국의 도교와는 이웃한 나라인 까닭에 서로 영향을 많이 주고 받았음을 짐작할 수 있다. 특히, 문헌이 남겨진 역사시대 이후로는 중국 도교가 한국 사회에 큰 영향을 미쳤으므로 현대에 전해지는 한국 선도 내지 풍류도가 과연 얼마만큼 중국의 영향을 받았는지 점검해 보고, 또 그 영향을 벗겨내고 한민족의 속 알맹이에 해당하는 고유문화는 과연 무엇인지를 알아보기 위해 중국 도교를 살펴보고자 한다. 물론 이 문제는 학술의 영역으로 들어가면 상당히 폭넓고 복잡한 문제가 될 터인데 여기서는 가볍게 특징들을 짚어보는 기회로 삼고자 한다.

한 가지 더 선도仙道와 도교道敎의 개념과 관계를 정리하고 넘어가야겠다. 학술적으로 명확히 정의된 개념은 찾지 못했다. 통상적으로 중국과 일본에서는 도교를 폭넓은 개념으로 보고 그중에서 내단수련을 하는 부류를 선도라고 부르는 것으로 여겨진다 [고등총일랑 1985]. 필자는 고대 우리나라에서 전래받은 선도수련법을 중국에서도 선도라고 부르는 것이 구전되었고, 노장철학에서 유래한 무위자연의 도를 따르는 양식을 도교라고 칭하는 것이 굳어진 것이 아닌가 생각해 본다.

한편 한국에서는 중국 수련법과 구분되는 한국 고유의 수련법이란 개념으로 선도를 이야기한다. 필자는 한국식 개념을 따르되 조금 다른 의견을 가지고 있다. 대체로 도교수련이라면 실내에서 좌선 호흡하는 장면이, 선도仙道 수련은 산山에서 사람人이 살면서 하는 수련이라는 장면이 연상된다. 즉, 근원이 상당히 다르다는 점이다. 앞으로 계속 이야기할 주제지만 한국 선도 수련 역사에서 삼국시대 이후로 중국 내단 수련법의 영향을 크게 받았기에 이를 구별해 한국 고유의 것을 드러내는 것이 이 절의 목적이다.

중국 도교와 한국 선도 또는 풍류도와 비교해보기 위해 도교 유파를 간단히 살펴보자. 도교는 역사적으로 다양하고 다계층적인 문화들이 뒤섞여 계승되고 있기 때문에 복잡하지만 특징적인 세 유파를 솎아낼 수 있다 [이원국 2006].

첫째는 무위자연 철학파로 도가의 철학으로 내세우는 무위자연無爲自然의 철학을 논파한 부류다. 도교의 3대 선인으로 불리우는 태상노군太上老君 노자老子, 남화진인南華眞人 장자莊子, 충허진인沖虛眞人 열자列子가 이에 속한다. 후대에 두광정이 불교의 대장경을 모델로 음양오행, 신선사상, 밀교교전 등을 종합하여 도장道藏이란 방대한 도교 경전을 완성했다.

둘째는 기복신앙파다. 주문을 외고 부적을 만들어 붙여 악령을 물리쳐서 현세 이익을 기원하는 종교집단이다. 후한後漢 말기에 사회가 혼란스러울 때 크게 융성하기 시작했다. 태평도를 창시한 장각이 세상을 개혁하기 위해 황건의 난을 일으켰으나 결국 실패로 끝났고 다른 한 파는 장도릉이 일으킨 오두미교五斗米敎다. 여기에 입교하려면 쌀 다섯두를 내야 했기에 오두미교란 이름이 붙여졌다. 초기에는 주문과 부적을 주 종교행위로 삼는 민간 신앙으로 출발했으나, 교세가 확장됨에 따라 노자의 도덕경을 경전으로 삼고 내외단 수련법을 끌어들여 가장 큰 도교의 유파가 되었다. 즉, 철학이었던 도가 사상을 종교화시키는 데 성공한 유파다.

세 번째는 단정파丹鼎派다. 장자에 나오는 신선술을 모태로 해서 선도 수행법을 체계적으로 정립한 유파다. 이 수행법이 도교 수련의 핵심으로 자리 잡으면서 이웃 나라들에도 널리 퍼졌고, 우리나라에서 행하는 선도 수행법도 분석해 보면 대부분 이 유파에서 유래한 것이 많다. 주된 수행서는 진晉나라 위백양의 주역참동계, 갈홍의 포박자가 이에 속한다. 단정파도 후대로 가면서 추구하는 방향에 따라 여러 갈래로 나누어졌다. 적자는 내단파로, 몸안에 있는 기를 단丹으로 바꾸는 수련으로 불로장생을 구한다. 외단파는 연금술을 추구하는데 납이나 수은 등으로 불로불사의 금단金丹을 만드는 것을 목표로 한다. 물론 금단을 만드는 것은 다 실패했겠지만 부수적으로 화학, 의학 약재, 화약, 금속 제련 등의 발전에 큰 기여를 하였다.

그러면 중국 도교와 한국 선도는 어떤 역사를 가지고 상호영향을 끼쳤을까. 도교의 대장경인 운급칠첨雲笈七籤에 따르면 중국에서 선도의 시작은 원시천존元始天尊이라 불린 신이 복희伏羲에게 전하고, 복희는 신농神農과 광성자廣成子에게 전했다고 한다. 그 이후는 역사시대인데 중국인이 시조로 삼는 황제헌원黃帝軒轅에게 전해지고 다시 노자에게 전해졌다고 한다.

한편, 우리나라 선도계에서는 이들을 모두 동이족이라고 본다. 신시본기에 따르면 태호복희는 지금의 백두산인 배달의 신시에서 태어나 거처를 남쪽으로 이주해 가면서 마지막에는 산동성 미산현에서 생을 마감한 것으로 본다. 중국에서는 복희의 활동무대를 전혀 다르게 보는데 현재에도 산동성에 복희와 관련된 유적이 많은 점, 중국 문헌인 춘추좌씨전에 복희씨의 후손들이 산동지역에 널리 퍼져 활동한 기록이 있는 점 등으로 미루어 보아 신시본기의 기록이 틀리지 않음을 알 수 있다.

노자 이후로는 성명性命 중 무엇을 먼저 닦을 것인가로 관윤자의 문시법파와 왕소양의 신선술파로 나뉜다. 문시법파文始法派는 노장의 무위자연 철학을 근본으로 삼되 성을 중시해 수련으로 정신을 최고의 경지로 끌어올려서 고양된 정신이 육체를 이끌어가는 수행이다. 불교의 화두선이 어렵듯이 이 또한 어려워서 점차 쇠퇴의 길을 걷게 된다.

신선술파는 문시법파와는 반대로 명을 중시해 육체적 수련을 통해서 정신을 고양시키는 방법을 추구한다. 인도의 요가나 한국의 풍류도가 같은 방법론을 쓴다. 종리권과 여동빈이 이 수련으로 신선이 되었다고 해서 유명하다. 최치원, 김가기 등 신라인들이 당나라에 유학 가서 접한 도교 인물이 바로 종리권이다.

북송시대 또 한 사람의 유명인이 장삼봉張三奉이다. 장신으로 2m가 넘었고 눈 귀가 크고 부리부리하며 한 벌 옷으로 지냈다고 한다. 문시파와 남파의 수련을 모두 터득하고 무당산에 틀어박혀 나오지 않았다. 무근수無根樹, 장삼봉대도지요張三奉大道指要란 저술을 남겼다. 무술과 선도에 달통했고 무당파 무술을 창시했다고 전해지며 태극권의 원조란 전설도 있다. 풍류도에서는 장삼봉을 고구려 유민으로 풍류도인으로 본다. 그를 묘사하는 태극권, 무술과 선도의 대가, 단벌옷, 산속 생활, 모든 징표가 이에 부합된다. 말년에 우화등선하였다는 전설이 전해지며 120세가 넘게 장수했다. 명대 말 황종희黃宗羲가 내가권이 장삼봉에게서 시작하였다는 기록을 남겼다.

앞의 남파와 구별해, 북파는 남송南宋시대 왕중양이 종리권, 여동빈 두 신선을 만나 수련의 진수를 전수 받았는데 전진교全眞敎로 더 잘 알려졌다. 2대는 마단양으로 금나라 시대이고 3대 구장춘은 원나라 징기스칸의 신임을 받아 화북 일대에 널리 퍼졌다. 그래서 북파라고 한다. 구장춘 이후로 용문파로도 불렸다. 명나라 시절에는 오충허, 청나라에서는 유화양 두 신선을 배출했고 이들 5대를 기려 오류파五柳派로도 불린다. 이들의 수련법과 저술들이 우리나라에 소개되면서 고려와 조선시대의 우리나라 선도 이론은 거의 모두 이들로 대치되었다.

6.3
삼국 및 통일신라 시대 만개한 풍류도

고조선의 계승자 고구려 발해

—

선도는 고구려로 계승되어 '선인도仙人道'란 이름으로 널리 성행하였다. 이를 북방 선도라고 한다. 당시 '조의선인皁衣仙人'이라 불리던 종교적 무사계급은 무사단을 거느린 지도적 위치에 있었으며 그 최고위인 '조의두대형皁衣頭大兄'은 국상國相과 같은 높은 지위였다. 젊은 인재들을 모아 경당扃堂이란 제도로 풍류도를 교육시켰다. 고구려에서는 광개토대왕, 을지문덕, 양만춘, 연개소문이 풍류도의 고수였다.

고구려의 선인仙人들로는 문박文朴, 을밀乙密, 안류安留, 보덕普德, 구상九尙 등이 있었는데, 전해지는 기록은 별로 없고 청학집에 변지卞沚의 《기수사문록記壽四聞錄》이라는 책을 인용하여 우리나라 선도의 계보를 다루었다. 이를 살펴보면 다음과 같다.

> 환인, 환웅, 단군왕검, 모두 선도를 수련한 인물이다. (중략). 단
> 군은 쑥대풀로 엮은 정자와 버드나무로 지은 궁궐에서 살며
> 머리를 땋고 소를 타고 다니면서 나라를 다스렸는데, 세상을
> 주관하기 1,048년에 아사산阿斯山에 들어가 선거仙去하였다. 그
> 후에 문박씨文朴氏가 아사산에 살았는데 환한 얼굴에 모난 눈동
> 자로 능히 단군의 도를 터득하였다. 영랑永郎이란 사람은 향미
> 산向彌山 사람이다. 나이 90에도 어린애의 얼굴빛이었으며 해오
> 라비 깃의 관을 쓰고 철죽鐵竹 지팡이로 산과 호수를 소요하였
> 는데 마침내 문박의 가르침을 전하였다. 마한馬韓 시절에는 신
> 녀 보덕普德이라는 사람이 있었다. 바람을 타고 다녔고 거문고
> 를 안고 노래를 불렀는데 용모가 마치 가을 물의 부용꽃과 같
> 았다. 그녀는 영랑의 도를 계승하였다.

한편 발해에서도 선도는 '천신교天神敎'라는 이름으로 널리 행
해졌다.《발해국지渤海國誌》에 의하면 도교를 신봉한 당唐의 무종武
宗에게 발해에서 보물상자를 하나 보냈는데 그 안에는 선서仙書가
가득하였다고 한다. 당시 한 중국인이 발해에서 대여선大女仙을
만났다는 일화도 있다. 고구려, 발해를 잇는 북방선도의 맥이 얼
마나 융성했는지를 알려주는 사례다. 이후 역사에서도 마찬가지
이지만 평화시기에 살았던 뛰어난 풍류도인이나 선인들은 역사

에서 그 자취를 찾기가 쉽지 않다. 전쟁시에 뛰쳐나와 나라를 구한 장군이나 영웅들이 주로 역사에 기록을 남겼다. 앞으로 소개할 풍류도 인물들도 그렇다.

을지문덕

을지문덕乙支文德은 고구려 영양왕재위 590년~618년 때의 장군으로 선비족 출신이다. 고조선이나 고구려는 다양한 만주 유목민들의 후손들로 구성된 다민족국가임을 기억하자. 목천 돈씨木川 頓氏의 시조이다. 태백일사 고구려국 본기에 을지문덕의 수행과 득도에 관한 기록이 있다 [안경전 2012].

'일찌기 산에 들어가 수련하는 중에 삼신의 성신이 내몸에 내리는 꿈을 꾸고 진리를 깨달았다. 도를 통하는 요체는 날마다 염표문을 생각하며 애써 실천하고, 세상을 신교天地日月道의 진리로 다스려 깨우치며, 삼도십팔경三途十八境을 잘 닦아 천지광명의 뜻과 대이상을 성취하는 홍익인간이 되는 데 있다. 해마다 3월 16일이 되면 말을 달려 마리산에 가서 공물을 바치고 경배하고 돌아왔다. 10월 3일에는 백두산에 올라 천제를 올렸다. 이런 제천의식은 신시의 옛풍속이다.'

우리가 을지문덕 하면 수나라의 침략을 물리친 뛰어난 장수로 알고 있는데 사실 그는 산속에서 천지일월도, 즉 풍류도를 수련한 인물임이 윗글에서 드러난다. 또한, 고래로 내려오던 제천의식을 고구려 시대에도 여전히 성대히 거행했음을 알 수 있다. 그는 입선인 천기태공天氣太空 자세로 천기를 잡고 지공대수로 지기를 끌어올리면서 양손으로 쌍장을 날리는 풍풍여대력장권風風如大力掌拳이란 권법을 창안했다.

이 시기 아시아지역에서는 589년 수나라가 중국을 통일하면서 수나라의 팽창정책으로 주변국들 사이에 긴장이 고조되고 있었다. 당시 을지문덕은 고구려의 대신大臣이었다. 수나라 입장에서는 북방의 강대국인 고구려를 제압해야만 중원의 평화를 가져올 수 있다고 여긴 것 같다. 드디어 612년 1월 수 양제가 100만 명의 대병력을 이끌고 고구려로 출병하였다. 백만 명 병력은 그때까지 인류 역사상 가장 큰 전쟁이었다. 을지문덕은 진중에서 혼자만의 시간을 가지면서 수나라 진용을 훤히 투시했다고 전해진다 [고동영 1995]. 이것은 을지문덕이 천안통으로 대표되는 육신통이 열린 경지를 터득한 인물이란 뜻이 된다.

수나라 군대는 요동성 전선에서 몇 달간 발목이 잡히자 6월에 30만 명의 별동대를 조직하여 평양성으로 곧장 진군하였다. 별동대는 100일 치 양식과 무기 등 온갖 물자를 지고 행군을 시작했지만 병사들이 그 무게를 감당하지 못하고 지쳐 몰래 버리는 바람에 고작 압록강에 닿았는데도 식량 부족에 허덕였다. 압록강

제6장 역사와 설화로 살펴보는 풍류도와 인물들

에서 양군이 격돌하며 일진일퇴를 거듭할 때 을지문덕이 수나라 장수 우중문에게 보낸 유명한 시가 전해져 내려온다.

귀신같은 책략은 하늘의 이치를 다했고

(神策究天文 신책구천문)

신묘한 계획은 땅의 이치를 다했네

(妙算窮地理 묘산궁지리)

싸움에 이겨서 그 공이 이미 높으니

(戰勝功旣高 전승공기고)

만족함을 알고 그만 그치기를 바라네.

(知足願云止 지족원운지)

하지만 수나라 군대는 더욱 공세를 강화했고 이후로 압록강을 건너 몰려오는 수나라군에 서서히 고구려군이 밀리면서 후퇴를 거듭하였다. 승리에 도취한 수나라군은 계속 진격하여 평양성 근처까지 왔다. 이것은 을지문덕의 유도 작전이었다. 수나라 군사가 굶주린 기색을 알아채고 그들을 피곤하게 만들려고 매번 싸울 때마다 적당히 공방을 벌이다 달아났다. 수나라군은 지칠대로 지쳤고 평양성은 험하고 견고했다. 결국 수나라군은 회군할 수밖에 없었다. 이제는 상황이 역전되어 퇴진하는 수나라군을 끈질기게 추격하면서 꼬리 자르기를 계속했다.

마침내 수나라군이 살수에 이르러 선두가 반쯤 건넌 상황에서 고구려군이 총공격을 감행했다. 반격보다는 빨리 강을 건느려고 허둥대다 보니 수나라군 반 이상이 여기서 몰살당했다. 이후로도 같은 패턴이 반복되면서 달아나기에 급급해 하루 만에 압록강까지 닿았으나 강을 건너 요동으로 되돌아간 자는 겨우 2,700명이었다. 패전의 후유증으로 수나라는 급격히 쇠퇴하여 곧 멸망하고 말았다. 이런 적국군 힘빼기 전략은 나중에 러시아가 나폴레옹의 프랑스군과 히틀러의 독일군을 상대로 전개하여 최후 승리를 거머쥐는 전략으로 사용했다. 또한, 백만이 넘는 대규모 병력이 부딪힌 것은 인류 역사상 살수대첩 이후 1,300여 년이 지난 후 유럽에서 제1차 세계대전시 독일과 소련 전쟁의 시작점이 된 바르바로사 전투였다.

김부식은 수나라에 비해 작았던 고구려가 백만 명의 적군을 거의 섬멸한 것은, 을지문덕 한 사람의 힘이었으며 그가 있었기에 고구려도 존재했다고 극찬하였다. 국난의 영웅으로 인식되던 을지문덕은 병자호란 이후 자존심 회복과 사회의 응집 차원에서 더욱 주목받았다. 신채호는 '동서고금 허다한 싸움이 있지만 적은 군사로 강대국 앞에서도 흔들리지 않고 쳐서 그림자도 못 돌아가게 하고 백만 병 적진에 출입하기를 을지문덕같이 한 자가 있는가? 어린아이도 그 위엄을 듣고 울음을 그치며 초목도 그 이름을 알고 두려워할 것이다. 그 털끝 하나, 침 하나만 본받아도 독립을 보전하고 역사에 빛날지니, 을지문덕은 우리 4,000년 동안에 제일의 위인이요 온 세계에서도 그 짝이 드물다'고 열강에게 침탈받던 20세기 초의 상황과 결부하여 칭송하였다.

풍류도에는 을지문덕이 전수한 도력진법이란 주문이 전해지고 있다. 이 주문을 외우면서 권법을 하면 그야말로 무량한 힘이 샘솟듯 하고 천하 우주가 다 내게로 오는 걸 느낄 수 있다고 한다. 앞에서 언급한 태백일사에서 염표문念標文의 내용은 전해지지 않는데, 풍류도에서는 도력진법이 그 염표문의 일부라고 본다. 앞에 만트라 수련편에서 이 도력진법을 소개했다.

연개소문淵蓋蘇文

연개소문淵蓋蘇文 594년~666년은 고구려 말기의 장군이자 정치가이다. 삼국사기의 기록에 따르면 외모가 웅장하고 기품이 있었으며 중국 역사책인 사략에는 생김새는 웅위하고 의기가 호방하였고 키가 10척이었다고 하나, 풍류도에서는 반대로 연개소문이 단신으로 옹골찼다고 전해진다. 연개소문의 사부는 일명 안개도사라고 불린 분인데 이분에게 선도와 풍향검 등 각종 무술을 배워 당대에 견줄 자가 없었다. 연개소문은 대력진권大力進拳의 대가로 알려져 있는데 대력진권의 기초에 해당하는 일권마보필살一拳馬步必殺은 강풍이 나무를 쳐서 잎과 잔가지를 우수수 떨어뜨리듯이 겹겹이 쌓인 포위망을 뚫고 나가는 권법이다. 또 이 권법을 응용해 손에 짧은 봉을 하나씩 잡고 술을 펼치면 쌍단봉술이라 하는데, 권법보다 공격 범위가 더 넓어지므로 더 위력적이다. 연개소문이 이 쌍단봉술로 30여 명을 순식간에 물리쳤다고 한다.

당시 중국에는 혈맥권이라는 무술을 하는 고수 30명이 다른 파 무사 800명을 상대로 싸워서 전멸시켜서 유명했다. 이 혈맥권 무사들을 연개소문이 혼자서 휩쓸었는데 연개소문은 몸에서 금빛을 발하며 이들 사이를 날아다녔다는 설화가 전해진다. 연개소문은 전투에서 상황에 따라 다양한 무기를 사용했는데 일반 병사들은 다양한 무기를 가르치기도 힘들고 휴대 간편성도 중요한 요소라 개인 무기 체제가 이때부터 단순화되기 시작했다.

삼국사기에 보면, 영류왕이 연개소문에게 명하여 고구려의 서쪽 국경에 천리장성千里長城을 쌓도록 하였다. 이는 영류왕과 대신들이 연개소문의 야심을 두려워하여 오지로 보내놓고 죽이려 모의한 것이었으나, 연개소문이 사전에 눈치를 채고 오히려 자신의 군부대에 대신들을 초대하여 모두 살해하고 대궐로 쳐들어가 영류왕을 죽이는 쿠데타를 일으켰다. 그리고 영류왕의 조카를 새로이 보장왕으로 옹립하고 자신은 대막리지大莫離支가 되었다. 이는 당나라에 대한 저자세 외교에 대한 반감이 원인이 되었다고 본다. 역사가들은 이 사건을 연개소문이 중심이 된 민족주의 성향의 군부에서 쿠데타를 일으켜 영류왕을 시해한 것으로 해석한다.

이 시기 신라는 백제 의자왕의 공격으로 대야성을 잃고 고구려와 백제로부터 당항성唐港城을 공격당했다. 신라의 김춘추가 고구려에 백제 공격을 위한 합동작전을 요청하러 왔을 때 연개소문은 이를 거부했다. 이에 신라는 당에 구원을 요청했고 보장왕 19년660년 7월에 신라와 당의 연합군이 백제를 공격해 멸망시켰고 고구려에서는 10월에 신라의 칠중성을 공격하였으나 패하였다.

당은 평양 방면으로 진군한 소정방이 고구려군을 패강에서 격파하여 마읍산을 빼앗고 수도 평양 부근까지 접근했으나, 사수蛇水 강가에서 연개소문의 군대에 포위되어 10만 명이 몰살당하고 평양을 포위했던 소정방도 2월에 김유신이 수송해준 군량을 받고도 폭설 때문에 철수하였으니 이로써 당의 고구려 공격은 실패로 끝났다. 연개소문은 666년에 사망하였다. 이후 고구려는 연개소문의 세 아들들이 서로 권력쟁탈전을 벌이다 연남생淵男生이 당나라로 도망쳐 당과 연합해 조국 고구려를 멸망시켰다.

고구려는 멸망했지만 연개소문이 살아생전에는 당나라가 고구려를 이겨내지 못했다. 연개소문의 대단한 지략은 중국과 일본에서도 칭송되었다. 후대 송나라의 신종神宗과 왕개보의 문답 가운데 태종이 고구려를 정벌하지 못한 이유로 "연개소문이라는 비상한 인물이 있었기 때문"이라고 대답했다. 일본《도지가전藤氏家傳》에는 661년 백제 부흥 운동을 지휘하던 나카노오에中大兄가 쓴 기록이 있다.

'전해 들으니 당나라에는 위징, 고구려에는 연개소문, 백제에는 선중善仲 성충, 신라에는 김유신이 있어, 각기 그 나라를 맡아 이름을 만리까지 떨쳤으니 이는 모두가 그 땅의 준걸로서 지략이 대단했다.'

도지藤氏 후지와라는 백제 멸망으로 일본으로 건너간 백제계 귀족 가문으로서 오랫동안 일본 정치계를 지배했던 가문이다.

풍류도를 완성한 신라 및 통일신라

—

우리 조상들의 상고시대 사회는 하늘과 소통하는 뛰어난 영적 능력자가 사회지도자가 되어 나라를 다스렸다. 삼국시대로 넘어오자 농업을 기반으로 한 정착민 사회가 형성되고 강력한 왕권과 계급이 형성되면서 샤먼의 지위는 도태되어 갔다. 한편, 고조선 수련체계인 풍류도는 신라 엘리트 교육의 주축으로 기여하면서 화랑제도로 발전해 나갔다.

신라의 화랑도는 영랑永郞선인의 맥을 잇는 남방선도仙道다. 진흥왕은 타고난 품성이 신선을 존중해서 귀인 자제를 뽑아 화랑이라는 국선제도를 만들어 국가의 동량지재로 길러내는 제도를 만들었다. 기존의 촌락별 청년 수련모임을 화랑으로 편입, 국가조직으로 확대하였고 설원랑薛原郞을 국선國仙으로 삼았다. 당시화랑 출신들은 위대한 명장名將, 재상宰相, 용사勇士로서 그 이름을 널리 떨쳤다.

화랑의 교육은 선도 수련, 무예, 경전, 예술 교육 뿐만 아니라 기운생동하는 산자리를 찾아 수련하며 호연지기를 기르는 수토搜討 활동도 중요했다 [안영배 2023]. 음악도 매우 중시되는 필수 수행과목이었다. 역사학계에서는 풍류도風流道란 말이 여기서 유래되었다고 본다. 신라에서는 도선국사에서 최치원으로, 대안선사에서 원효대사로, 그리고 무수히 많은 화랑들이 이를 수련했다. 바람 '풍風'자와 물 흐를 '유流'자가 합쳐져서 된 풍류라는 말은 단순한 바람과 물의 흐름이 아니라, 풍류도인들은 역사학계와 다르게 천지의 기운이 바람처럼 돌아가고 인간이 여기에 조응해 몸을 움직이기에 풍류도라 칭한다고 앞에서 언급했다.

단재 신채호1880년~1936년는 조선상고사에서 화랑도에 대해 이렇게 말했다.

> "화랑은 신라 발흥의 원인이 될 뿐만 아니라, 후세에 한漢문화가 발호하여 사대주의파의 사상과 언론이 사회의 인심, 풍속, 학술을 지배하여 온 조선이 중국화하려는 판에 이를 반항 배척하여 조선이 조선되게 하여 온 자는 화랑이다. 그러므로 화랑의 역사를 모르고 조선사를 말하려 하면 골을 빼고 그 사람의 정신을 찾음과 한가지인 우책이다."

유동식도 화랑은 조선을 조선되게 하는 얼이기 때문에 화랑을 모르고 한국의 역사와 문화를 논하는 것은 어리석은 일이라 했다. 여기에서 말하는 화랑이란 인물을 뜻하는 것이 아니라 한 인의 주체성을 초래하는 민족적 영성 또는 얼로서의 화랑도花朗道, 곧 풍류도風流道를 뜻한다. 풍류는 한민족에게 공통된 이상경에 대한 미적 표현이다. 즉, 인생과 예술과 자연이 혼연일체가 된 경지다. 화랑들이 인생의 도리를 익히고 가락을 즐기며 명산대천에서 놀았다는 점에서 그들은 풍류를 터득한 풍류도인이다 [유동식 1997].

고대의 제천의례와 화랑교육을 통해 나타난 한국인의 영성을 통찰하고 이것을 해석한 이는 고운 최치원이었다. 앞에서 화랑 난랑의 비서문鸞郎碑序文을 언급했다. 우리나라의 고유한 도道, 곧 민족의 영성을 '풍류도'라고 한 데 대해 화랑제도와 교육을 통해 승화된 형태로 나타난 영성을 최치원은 풍류도라고 한 것이다. 그리고 이것은 실로 유교, 불교, 도교 등 삼교의 종지를 다 포함한 것이며, 모든 사람들에게 접해서는 그들을 교화하여 사람다운 사람이 되게 하는 한국인의 얼이라 했다. 풍류도가 얼의 본체라고 한다면 포함하고 있는 삼교는 그 양상이요, 접화군생接化群生은 그 작용이다. 그러므로 이 셋은 하나의 실체를 표현하고 있다. 곧 셋이면서 하나의 구조를 가진 것이 풍류도이다.

통일신라 시대

우리의 선도는 통일신라 때에 이르러 성장하는 신흥 불교에 눌려 점차 세력이 약화돼 갔으며, 이 과정에서 원효元曉 등 많은 화랑 출신들이 불교의 심오한 이론에 매료돼 불문佛門으로 들어 갔다. 당대 선도의 중요 인물은 최치원崔致遠이다. 최치원은 당唐에 유학 중 김가기金可記, 최승우崔承佑, 의상義湘 등과 함께 종리권鐘離權으로부터 당시 유행하던 내단도교內丹道敎라 할 수 있는 전진교全眞敎를 사사 받았다. 불교의 좌선과 유사한 형태라 접근하기가 더 수월했을 것이다. 김가기는 수련 정도가 높아 중국인들의 존경을 받았으며 여러 중국 문헌에서 그의 신선 행적을 기록하고 있다 [임채우 p.40].

고운 최치원은 신라로 귀국 후 다른 수련 인연을 맺는다. 조선시대 이규경이 지은 《오주연문장천산고五洲衍文長箋散稿》에는 최치원은 중국에서 도교 수련법을 배워왔으나 귀국해서는 더 이상 진전이 없자 그의 외삼촌인 해인사 승려 현준에게서 보사유인지술步捨遊引之術을 배웠다고 한다. 보步는 하늘의 북두칠성 기운의 흐름에 맞춰 걸어감을, 사捨는 육체인 몸을 버려둠을, 유遊는 육체에서 빠져나온 혼이 자유자재로 떠돌아다님을, 인引은 그 혼을 다시 몸안으로 끌어들임을 말한다 [안영배 2023].

대부분의 중국 도교문헌에서는 책의 마지막 부분이 단전에서 축적된 기운이 온몸을 돌면서 소주천, 대주천을 이루어 최종적으로 백회를 통해 도태道胎를 탄생시키는 것으로 목표를 삼는 다. 보사유인지술의 유遊에 해당한다. 그 다음 단계는 무엇인지 언급이 없다. 하지만 우리나라 고유 수련법에는 그 다음 단계에 대한 설명이 있다. 보사유인지술에서도 인引을 언급하고 있지 않은가. 단군을 시조로 하고 고조선 8신선을 모시는 팔령통보八靈通寶란 수련법이 있다 [조정래 2022]. 여기서는 빠른 시간안에 도태를 이루어서 이 도태가 시공간을 넘나들면서 본격적인 하늘수련을 하는 것을 목표로 삼는다. 이 능력이 고양되면 우화등선羽化登仙하고 시해尸解함이 가능하다.

시해란 스스로 몸을 분해해 없어지게 한다는 뜻인데, 풍류도에는 시해선의 경지에 이른 사람들이 꽤 있고 역사상 다른 나라 인물들도 이 경지에 도달한 사람들이 있다. 이 시해선에도 등급이 있다. 진묵선사는 영이 육체를 떠나 서역지방을 넘나들다가 돌아와보니 제자가 진묵이 죽었다고 시신을 화장해버려 영이 육체를 되찾지 못하고 지금까지 호남지방을 떠돌고 있다고 전해진다 [백운 1992]. 그 위 등급이 달마조사다. 달마도 영이 몸을 떠나 시공간을 넘나들다 돌아와 보니 자기 몸을 다른 시해선이 가로채버려 할 수 없이 죽은 거지 시체에 들어가 다시 살아났다고 한다. 더 높은 등급은 영이 원하면 몸을 분해해 사라지게 했다가 다시 원소들을 합체해 몸을 만들 수 있는 경지다.

유대교 성경을 그대로 믿는다면 예수는 죽어 동굴에 암장되었는데 시체가 사라졌고 며칠 후 부활해 나타났다. 예수의 이런

제6장 역사와 설화로 살펴보는 풍류도와 인물들

능력은 그가 인도로 가서 요가수련을 열심히 해서 높은 경지에 오른 다음 갈릴리로 돌아왔기에 가능했다고 보는 이들도 있다 [콜린드실바 1999]. 근세에 개운조사도 제자가 다비식을 치렀는데 지리산 인근에서 다시 개운조사를 만났다는 목격담이 전해진다. 물론 설화로 전해지는 현상만을 놓고 자리매김 해본 것이지 그분들의 실제 능력이야 누가 제대로 알겠는가.

고운은 또 가야보인법伽倻步引法이라는, 가야산 일대에서 선도수련 하던 사람들 사이에서 내려오던 고유한 수련법을 배웠다고 한다 [이능화 2000]. 아마도 최치원이 보사유인지술을 좀 더 개량한 형태일 것으로 짐작한다. 가야보인법은 가야금 12줄 음률에 맞추어서 북두칠성 별자리 기운에 감응하는 보법이라고만 전해진다 [안영배 2023]. 필자 소견으로는 풍류도에서 수련하는 팔보궁천八步弓天과 거의 유사하리라고 추정한다. 팔보궁천에 대해서는 앞에 원광스님 편에서 다루었다.

최치원은 국내 유명 도인들을 찾아다녔는데 그 당시에 운봉산에 굴을 파고 그 안에서 기거하던 도선국사를 찾아갔다. 도선이 한 세대 30살 연상이다. 도선은 신라초기에 활동했던 물계자物稽子 계통의 풍류도를 이어받았다. 삼국사기 물계자전에 따르면, 물계자는 3세기 초의 인물로 신라가 포상팔국과 치른 전쟁에서 공을 세운 사람이었지만 전공을 인정받지 못하자 중국의 장량처럼 산으로 들어가 나오지 않았다. 조선시대에 쓰인 청학집에 따르면 진평왕 때의 선인인 대세와 구칠, 후대인 도선과 원효 모두 물계자의 유파였다. 도선이 비록 산속에서 수련만 하고 있었어도 풍류도로 일가를 이루어 그 명성이 자자했다. 최치원이 도선국사에게 물었다.

"풍류도가 뭡니까?"

"풍류도란 이것이다"라며 도선은 두 주먹을 눈앞에 번쩍 쳐들었다. 바로 태공유수太空有水 자세다. 최치원이 얼른 따라 했는데 오래 못 버티고 주저앉고 말았다. 하염없이 자세를 잡고 있는 도선국사의 모습이 마치 거대한 산같이 느껴졌다. 이후로 최치원은 도선국사를 스승으로 모시고 풍류도 수련을 열심히 하였고 나름 유불선을 아우르는 사상체계를 구축하였다. 중국 도가道家와 한국 선도의 수행법을 종합, 재정립하여 중기 한국 선도의 비조鼻祖가 되었다. 이후의 우방 선맥右方仙脈은 대부분 그로부터 말미암았다. 최치원이 워낙 유명했던 유학자였던 관계로 그가 수련 관련 저술도 했을 것으로 짐작되나 전해지는 것은 없고 돌에 새겨 오직 모진 세월을 견디어낸 비석글만 몇 개 전해진다.

앞에서 살펴본 난鸞이라는 화랑을 추모해서 쓴 난랑비서문鸞郎碑序文이 그것이다. 이 비문 덕에 신라의 화랑들이 고유의 풍류도를 수련했으며 풍류도는 유불선 삼교를 아우르는 현묘한 도라는 것을 알게 되었고 당시 신라가 삼국을 통일한 바탕에는 화랑이 있었고 화랑도의 바탕은 풍류도또는 風月道였던 것이다. 고구려가 중원으로 뻗어가고 백제가 해상 왕국을 건설한 동력도 바로 당시 삼국을 풍미한 풍류도에서 비롯된 것이리라. 그러나 풍류도에 대한 문헌 서술은 최치원에서 그쳤다.

최치원은 당에서 885년에 귀국해서 신라 조정의 명으로 국서, 비문 등 여러 문헌을 작성하였다. 894년에는 진성여왕에게 신라의 정치와 사회를 개혁하기 위한 10조의 개혁안을 올렸지만 정적들의 견제로 실현되지 못하고 지방 태수직으로 밀려났다. 여러 군의 태수를 역임한 뒤 관직에서 물러나 난세를 비관하며 여러 곳을 유랑하였다. 이때부터 본격적인 수련의 길로 들어서게 되었고 도선도 이때 만나 인연을 맺게 되었다. 부산 동백섬 경관에 반해 자신의 호인 해운을 본따서 해운대란 지명을 짓고 동백섬 절벽 한켠에 해운대海雲臺란 석각을 새겨 지금도 남아있다. 이후 가솔을 이끌고 가야산 해인사로 들어갔다. 그곳에서 수련과 더불어 책과 자연을 벗하고 살았는데 신선이 되어 승천하였다는 전설이 전해진다.

의상대사

의상義湘 625년~702년은 통일신라시대 고승으로 아버지는 신라의 진골 박한신 장군이다. 우리나라 불교사에 큰 업적을 남긴 워낙 유명한 고승이라 풍류도 인물로 거론하면 불교계에서는 어이없어 하겠지만 해동전도록에는 의상, 도선 등 많은 고승들이 유불선을 통섭한 인물들로 오히려 선가仙家를 그들의 본류로 본다.

의상은 청구비결靑丘秘決, 도선은 옥룡비기玉龍秘記를 남겨 이는 지리풍수를 연구하는 사람들에게 중요한 서적이다. 중국 당나라에 유학하여 중국 화엄종 2대 조사인 지엄至嚴으로부터 화엄종華嚴宗을 수학하고 법통을 이어받았다.

20세에 출가하여 650년진덕여왕 4년에 사형師兄인 원효元曉와 함께 당나라에 가던 도중에 난을 당해 당항성의 어느 동굴에서 유숙하면서 해골에 괸 물을 마신 원효는 모든 것이 마음에서 빚어진다는 일체유심조一切唯心造의 진리를 깨닫고 당나라 유학을 포기하고 그와 헤어진다는 이야기는 우리에게 익숙하다. 의상은 670년문무왕 10년에 귀국하여 관음굴觀音窟 낙산사에서 백일을 기도하고 676년에 왕의 뜻을 받아 봉황산에 부석사를 창건하고 화엄교학을 강술하여 해동 화엄종의 시조가 되었다. 의상의 철학세계에 대해 '세계는 하나의 거대한 그물이고 씨줄 날줄이 교차되는 곳에 살아 있는 것들이 있는데, 그중 하나가 죽으면 전체 세계가 다 울려서 내 마음도 아파온다'라는 표현으로 강신주는 이를 언급한 바 있다.

풍류도에서도 의상대사가 차지하는 비중은 크다. 그가 수련한 자세는 그림6.2에 있는 금계입선金鷄立禪인데 상당한 공력이 필요하다. 앞서 언급한 사방석들의 자세를 일반적으로 수련하는데 이들은 두 발을 땅에 버티고 서서, 천기와 지기를 받으면서 내 마음을 항복받는 자세들이다. 그런데 금계독립은 몸이 새털처럼 가벼워야 하고 긴 창처럼 발이 땅을 파고 들어가 박혀야 한다. 그래

▎그림6.2 의상대사 초상과 그가 수련한 금계입선 자세

야 장시간 버텨낼 수 있다. 또한 마음이 일순간도 흐트러져서는 안 된다. 그러면 곧장 몸이 흔들려 쓰러진다. 의상은 불교계에 남긴 법성계 외에 풍류도에 남긴 별도의 법성계가 있다. 앞장 만트라 수련 항목에서 소개하였다.

역사상 패자였던 백제 문화의 분산과 소멸

—

모든 역사는 승자들의 역사라는 말이 있다. 풍류도에서도 마찬가지로 백제의 역사와 인물들은 소실되었다. 오직 한 사람 도끼술이 뛰어났던 이이만이 이름을 남겼다. 물론 통일신라 시대까지는 야사와 구전으로 어느 정도 전승이 되었겠지만 기록되지 못한 역사는 서서히 사라져 버렸다. 그렇지만 우리가 관심을 두고 추적해 볼 내용은 있다. 이능화는 백제의 도교가 일본으로 전파된 역사를 조사하였다 [이능화 2000].

> '고지끼古事記 오진應神 천황조에 백제 근고초왕 때 왕인이 백제에서 논어와 천자문을 가지고 왔다. 니혼쇼끼日本書紀에도 왕인과 아직기阿直岐가 백제에서 경전을 가지고 와서 태자 등을 가르친 기록이 있다. 또 근대 경도제국대학에서 발행한 역사전문지 사림史林에 구로자까 가쓰미黑板勝美가 쓴 논문에, 왕인과 아직기가 유학서적 뿐만 아니라 도교서적도 가져왔으며 제천의식과 제례를 지냈고 이를 후손들이 대를 이어 신사神祀를 맡았다.'

위의 기사로 미루어 보건대, 선도仙道를 포함한 백제 정신문화의 상당 부분이 일본으로 흘러 들어갔고 일본 신사神祠에 대대로 전해 내려갔다는 점을 알 수 있다. 그런데 여기서 제천의식 때 사용한 칼이 눈길을 끈다. 단단한 철강에 산호를 박아서 만들었는데 칼에 삼태성三台星과 북두칠성이 있다고 한다. 바로 고조선 하늘숭배사상의 상징 칠성검이다. 전통을 중시하는 일본에서는 현대에도 곳곳에 백제, 신라, 고구려 신사가 존재한다. 역사적 연관성을 연구할수록 점점 더 굵은 줄기를 만날 수 있다.

660년 백제 멸망시 만 명이 넘는 백제인들이 당나라에 끌려갔다. 이들 중에는 군인이나 학자, 풍류도 수련인들도 있었을 것이고 중국문화에 끼친 영향도 있을 것이다. 또한 백제 왕족, 귀족, 백성 등 더 많은 사람들이 일본으로 건너갔다. 알다시피 고조선은 흥망성쇠를 거친 이후에 부여, 옥저, 동예 등의 나라로 나뉘었고 세월이 흘러 한반도 주변은 고구려, 백제, 신라, 가야로 나뉘어져 서로 대립과 갈등의 역사를 가지면서 일부 세력이 간헐적으로 일본 땅에 정착하여 지배세력이 되어갔다. 특히, 서기 663년에 백제가 신라와 당나라 연합국과의 전쟁에서 패함으로써 백제 지배세력과 유민들이 대거 일본으로 건너가 일본의 주축세력이 되어 아스카문화를 꽃피웠다.

백제의 무사들과 무예도 이때에 같이 전래되어 일본 무술의 정점이 되고 후에 사무라이 문화로 토착화되었다. 무술 단체 중에서도 백제 도래인에 의해 창시되었음을 밝히고 있는 단체도 있다. 바로, 일본고무도협회日本古武道協會 인터넷마당을 살펴보면 900년에 이르는 대동류합기유술大東流合氣柔術의 시조와 유래를 밝히고 있다. 요약해보면 청화천황清和天皇 백제계의 자손인 신라삼랑원의광新羅三郎源義光 미나모토노 요시미츠을 시조로 하는데, 무사

집안인 원의광 가문을 대동관이라 한 데서 대동류란 명칭이 탄생했다. 이 대동류는 같은 가문인 다케다에 전승되었고 후대에 다케다 소우카쿠武田惣角가 합기유술合氣柔術이라는 명칭을 만들었다. 일본에서 1650년에 간행된 일본왕대일람日本王代一覽이나 1669년에 편찬된 신선성씨록新選姓氏錄 등을 살펴보면 이들은 모두 백제계 후손들이다 [이광희 2022].

또한 원나라가 고려에 침입했을 때 이에 항쟁하던 삼별초 군대가 강화도, 완도로 계속 쫓겨가다가 최후로 정착한 곳이 바로 오키나와라고 한다 [임성묵 2018]. 그래서 작은 섬나라였던 오키나와에 고려의 문화와 무술이 전래되었고 일본 제국주의 시기에 오키나와가 일본에 합병되면서 오키나와 가라데가 본토로 상륙해서 일본 가라데가 된 것이라고 한다. 일제 강점기에 많은 한국인들이 일본의 합기도와 가라데를 배웠고 이를 변형하고 재창작해 태권도를 만들었으니 역사는 재미있게 돌아간다고 해야 하나 [김용옥 1990].

역사적 검증은 되지 않았으나 백제 무술을 전수받았다고 하는 강영오씨가 있다. 그에 의하면 백제무술은 백제시대 중엽인 13대 근초고왕 때부터 성행했으나 백제가 망하면서 유민들이 산속으로 들어가 살게 되면서 힘겹게 계승되어 왔다. 흑치상지 장군이 망한 백제국을 일으키기 위해 백제 유민들과 함께 무술을 정립했고, 계백 같은 백제시대 장군들이 이 무술을 익혀 무공을 드높였다. 검술과 봉술은 물론 표창과 투궁 등 각종 무기류를 다루고 속도축지법이라는 보법도 있다.

조선시대 말기 태백산에서 은둔 수련하던 청뢰도인이 길천도인에게 전수했고 길천도인은 삼랑도인에게 전수하며 백제무술의 생명을 이어갔다고 한다. 삼랑도인으로부터 백제무술을 전수받은 5명의 제자 가운데 한 명이 가장 어렸던 강영오씨다. 삼랑도인은 1971년 노환으로 숨졌고 그를 태백산으로 이끈 사형인 양필명씨 등 다른 제자들도 이미 사망했다. 유일한 백제무술 전수자가 된 강씨는 1973년 수원에 첫 도장을 차리며 자신이 배운 백제무술을 전수하고 있다고 한다. 유튜브에 그의 무술 시연 동영상이 있다. 풍류도와 무술 동작들을 비교해 보고싶다.

한편, 만리장성 위쪽 몽골지역은 점차 한반도와 분리된 문화권을 형성해 나갔고 근대 만주족인 청나라가 중국을 통일한 이후에는 중국문화권에 포함되었다. 그 결과 고조선 무술도 이런 역사의 이합집산에 따라서 동남아로 전파되고 변형되어 갔을 것이다. 야사로 존재하는 고구려 유민인 장삼봉이 중국 화산을 근거지로 무술을 전했으니 바로 무당파 무술이다.

이와 같이 고조선의 후예인 백제인들이 대거 일본으로 이주해 문화와 무술을 전파한 연유로 일본에 백제 무술이 그 맥을 이어오고 있음을 알 수 있다. 물론 일본에서 끊임없는 내전을 겪으면서 자체 무술로 많이 변형되고 발전되어 갔지만 주된 뿌리는 한반도임을 드러낸다. 문명이 발달하고 과학기술이 발달함에 따라 무기 체제는 엄청난 변화를 겪었지만 권법이나 도검술을 살펴보면, 기법 자체는 주체나 대상이 동일하기에 수천 년을 변화없이 존속해올 수 있다. 다만 타 무술의 영향을 받아 변형되고 융합된 부분도 있을 것이다.

비슷한 예로 일본 스모를 고구려 유산으로 보기도 하는데 이들이 쓰는 경기용어가 고구려말에서 유래했으며 스모선수가 경기전 먼저 준비동작으로 시코四股라는 두 손을 모았다가 펼치고 양다리를 쩍 벌리고 한 발씩 들었다가 지면을 강하게 내리밟는 행동을 하는데 이 책 표지에 실은 고구려 삼실총 벽화의 장수와 비슷한 모습이지 않은가. 필자의 공부가 미진하고 잘 알려진 무술들만 검토해서 그런지는 몰라도 중국이나 일본에서 풍류도 고유의 입선 수련법은 찾아내지 못했고, 봉술이나 검술에서도 앞에서 설명한 특징적인 동작을 찾아볼 수 없었다. 이미 천 년 이상이 지나 버렸으니 각 지역 특유의 무술로 변천 발전해 나간 것으로 여겨진다.

6.4
고려와 조선시대 산속으로 들어간 풍류도

　불교를 숭상했던 고려에서 선도는 불교와 습합되어 전승되었다. 고려시대까지는 무술을 천시하지 않았기에 강감찬 등 뛰어난 무인들이 배출될 수 있었다. 무인들을 통해 풍류도 무예도 전승되었다. 삼국시대 이후로 중국에서 전래된 도교를 지식인 계층 위주로 받아들여 유행되다 보니 서서히 중국식 도교가 고려사회에 선도 문화의 주류로 자리잡기 시작했다. 예종 때는 북송에서 도교의 도사들을 고려에 파견해 복원궁 건립에 조언을 하는 등 영향력을 행사했다.

　고려시대 선도의 대가로는 곽여郭輿, 이명李茗, 한유한韓惟漢, 한식韓湜, 강감찬姜邯贊, 명법明法 등이 있으며, 이들은 대부분 최치원의 선맥을 이은 분들이다. 이 중 거란족과의 싸움에서 귀주대첩을 승리로 이끈 강감찬을 역사학자들은 유학공부를 한 문신으로 알고 있으나, 젊은 시절 산속에서 풍류도를 오랫동안 수련해 일가를 이룬 풍류도인으로도 전해지고 있다.

사대주의와 유교를 국시로 했던 조선에서 선도는 일부 지식인들 사이에서 음성적으로 그 명맥을 유지하거나 입산 은거한 사람들에 의해 산중에서 비밀리에 전수되었다. 하지만 조선시대에 와서도 선도는 신선사상 등으로 민간 신앙의 근저를 이루고 있었다. 조선 중기에 와서 임진왜란과 병자호란 등을 겪으며 성리학 일변도의 체제에 균열이 가고, 반강제적인 청나라로부터 도교 제도의 도입으로 사상적 자유공간이 조금씩 생기기 시작하였다. 이때에 상무정신尙武精神과 민족주의 사상이 강했던 전통 선도는 지식인 사이에서 큰 관심을 끌며 부활되었고 점차 독자적 계보를 형성해 갔다. 이 당시에 우리의 선맥을 밝힌《해동전도록海東傳道錄》, 은둔적인 선인仙人들의 행적을 모은《청학집靑鶴集》등이 발간되었다.

선도의 사상은 정감록鄭鑑錄, 토정비결土亭秘訣 등 각종 비기秘記, 참서讖書에도 반영되어 널리 유행하였다. 특히 조선 후기의 문학, 예술 중에는《홍길동전》《전우치전》《구운몽》등 선도의 영향을 받은 작품들이 많다.

당시 선도의 대가로는 김시습金時習을 비롯해 이혜손李惠孫과 그의 제자 청학상인靑鶴上人과 칠문七門: 金蟬子, 彩霞子, 翠窟子 등, 이사연李思淵, 이정운李淨雲, 담월당潭月堂, 한휴휴韓休休, 이의백李宜白, 홍만종洪滿宗, 서경덕徐敬德, 이지함李芝涵, 홍유손洪裕孫, 정희량鄭希良, 정렴鄭廉, 남궁두南宮斗, 남사고南師古, 전우치田禹治, 서기徐起 등이 유명하다 [임채우 2018]. 불교승려였던 서산, 사명당, 영규, 진묵 등도 풍류도인으로 본다. 이들 중 몇 사람에 관한 설화를 여기서 소개하겠다.

고려시대 팔신선과 생활 속 풍류문화
—

고려시대는 고구려를 계승하겠다고 선언한 만큼 고구려의 선가 풍습과 문화도 계승되었다. 그래서 전래의 풍류문화와 제천의식도 그대로 실행했다. 고려 왕실은 옛 선풍仙風의 진작을 위해 팔관회八關會 등 의식儀式을 거국적으로 행하였으며 제관祭官을 '선가仙家'라 불렀다. 고려시대까지는 고구려나 신라처럼 국가에서 제도적으로 인재를 키우는 전통을 유지했다. 고려도경에 결혼하지 않은 귀족 자제들을 선랑仙郎으로 뽑아 교육시켰으며 이들은 유니폼으로 비단옷을 입고 검은 건을 썼다고 기록되어 있다. 즉, 고구려의 조의선인皂衣仙人이나 신라의 화랑제도 전통을 이어받아 풍류도가 국가인재 교육에 주요한 항목이었음을 알 수 있다. 예로, 고려사 열전列傳에 민적이란 국선國仙에 대한 기사가 있다 [안영배 2023].

민적은 눈썹이 그림같고 풍채가 빼어나고 아름다웠는데 충렬왕이 소문을 듣고 궁중으로 불러 국선으로 지목했다. 얼굴과 머리카락이 아름다운 남자는 모두 받들어서 선랑仙郎이라고 불렀다. 따르는 무리의 숫자가 100~1,000명에 이르렀는데 그 풍속은 신라 때부터 비롯된 것이다. 하지만 세월이 가면서 국가적 관심 이나 영향력은 점점 축소되어 갔다.

고려사 127권 기록에는 불교 승려였던 묘청이 주창해 팔성당 八聖堂을 지어 여덟 신선을 모셨다고 한다. 이들은 백두악태백선 인白頭嶽太白仙人, 용위악육통존자龍圍嶽六通尊者, 월성악천선月城嶽天仙, 구려평양선인句麗平壤仙人, 구려목멱선인句麗木覓仙人, 송악진주거사 松嶽震主居士, 증성악신인甑城嶽神人, 두악천녀頭嶽天女 등이다 [임채우 2018].

이들 이름을 살펴보면 모두 한국의 명산 속에서 수행한 유명 선인들임을 알 수 있다. 호칭 중에 구려句麗가 들어있는 사람이 둘인데 이들이 고구려 시대 사람이란 뜻이니 고려시대 말까지도 영향력을 행사해 온 신선임을 나타낸다. 이중 구려평양선인은 바로 단군을 지칭한다는 설도 있다 [이덕일 2006]. 또, 여덟 신선을 모셨다는 건 고조선 시대 금강팔인과 같은 전통을 이어왔음을 보여준다. 중국 도교에서도 유명한 여덟 인물을 선정해 팔신선 을 모신다.

이렇게 전통 풍류도는 제도권에서는 고려시대까지는 존속했 으되 점점 미약해졌고, 팔신선이 상징하듯 깊은 산속에서 수련하 는 이들과 일부 신분제 등으로 소외된 선비들을 중심으로 면면히 계승되었고, 민간으로 들어가서는 무속 등 민간 신앙의 근저를 이루었다. 이에 따라 선도는 민중을 위한 치세治世의 이념이던 예전 고조선 시대의 모습과 달리 은둔적 탈속적 경향이 짙어갔다. 즉, 풍류도를 구성하던 선도수련과 무예 연마와 하늘숭배문화는 천천히 쇠퇴하면서 국가적인 문화행사와 축제적인 성격이 부각되기 시작한 것으로 여겨진다.

고려 18대왕 의종은 팔관회八關會를 통해 신라의 선풍을 다시 일으키도록 지시했다. 양반가 중에서 선가仙家를 뽑아 옛 선풍仙風대로 팔관회를 치러 사람과 하늘을 감동시키라고 명했다 [안영배 2023]. 즉, 신라의 선풍이 사그러들고 있으니 다시 부흥시켜보자는 명이다. 고려사 18권에 나오는 대목이다.

> '선풍仙風을 준수하고 숭상하라. 옛날 신라에서는 선풍이 크게 행해졌다. 이로 인해 천룡팔부가 모두 기뻐하고 백성과 만물이 편했다.'

고려시대 때 보면 팔관회八關會와 관련 있는 글에 풍류라는 말이 나온다. 곽동순郭東珣의 <팔관회선랑하표八關會仙郞賀表>의 글은 이렇게 시작한다.

> "복희씨가 천하의 왕이 된 뒤로부터 최고는 우리 태조의 삼한三韓이요, 저 막고야藐姑射 산에 있다는 신인神人은 우리 월성月城 반월성, 신라의 서울의 사자四子 신라의 대표적인 네 화랑인가 하나이다. 풍류가 역대에 전해왔고 제작制作이 본조에 와서 경신되었사오니 조상

318

들이 즐겼고 상·하가 회복되었나이다."

여기에서 보면 풍류는 최치원이 설파하였던 현묘지도와 같은 뜻인 듯싶고, 그것을 구체적으로 표현하는 행사가 팔관회인 것 같다. 그러기에 화랑들을 찬양하고 그들을 선인으로 떠받들고 있다. 하지만 수련의 알갱이가 빠진 문화행사 위주의 제도로 되어가고 있었음을 그 후의 역사가 보여준다.

고대 제천의식이나 팔관회와 같은 공동제의共同祭儀로서의 풍류 전통은 마을이나 지역단위의 굿이나 제의로 그 명맥을 이어왔다. 강릉단오제나 은산별신굿 등 크게 알려진 것 외에도 각 마을의 당굿이나 당제 또는 어촌의 풍어제 등이 모두 그러한 풍속의 잔재이다. 이러한 풍속은 그 속에 각종 민속놀이나 민속음악과 민속춤을 함께 가지고 있어서 오늘날의 각종 농악, 탈춤, 민속놀이가 모두 그러한 전통의 산물이라 할 수 있다. 이러한 '우리스러움'을 만들어내는 풍류정신은 고대의 제천의식이나 중대의 팔관회, 연등회 등을 거쳐 근세의 마을굿에 이르기까지 흥과 신명으로 한마당을 이루는 엑스타시ecstasy의 요소가 있다.

한민족 탄생의 영웅 강감찬

—

강감찬姜邯贊 948년~1031년은 고려의 문관이었으나 뛰어난 장군으로 역사에 남았다. 태어날 때 문곡성文曲星이 하늘에서 내려왔다는 설화로 유명한데, 문곡성은 북두칠성의 4번째 별로 문文과 재물을 관장하는 별이다. 그래서 그가 태어난 생가의 이름을 후대에 별이 떨어진 곳이라 하여 낙성대落星臺라 했다.

고려사 열전에 따르면 젊은 시절부터 학문을 좋아하고 기발한 지략이 많았다고 한다. 역사서에는 나오지 않지만 20대에 강감찬은 산속에서 풍류도 수련을 하였다. 처음에는 호연지기로 산을 다녔지만 묘향산에서 풍류도인을 만나 입선과 무술을 배웠고 스승이 다시 그를 속리산으로 보내 천문지리와 병법을 익혔다. 난세에 대비해 스승들이 그를 키운 것이다. 묘향산 도맥은 조선시대 서산대사로 이어지고 속리산 도맥은 임경업으로 연결된다. 치우, 을지문덕, 연개소문, 화랑들의 무술과 병법이 그의 몸속으로 들어갔다.

수련이 어느 정도 경지에 들자 스승이 그를 속세로 돌려보냈다. 그래서 그의 관가 출세는 상당히 늦은 편이다. 983년성종 2년 문과에 장원으로 급제했는데 이때 나이가 36세였다. 삼사십대 시절 강감찬에 얽힌 야사는 상당히 많다. 아마도 그가 일반인과는 다른 풍류도의 고수였기에 백성들이 보기에는 신기해서 귀신 곡할 노릇으로 인식했던 모양이다. 용재총화, 동국여지승람, 해동이적 등의 조선시대 야사집에 나타나는데, 주로 여러 지방 관직을 전전할 때 생긴 설화들이다. 여기서 나타나는 강감찬은 그야말로 백성들의 고통을 해소하는 거의 만능 해결사에 기지가 넘치는 인물이다. 주로 민간에 퍼진 야사인데 소개는 생략한다.

강감찬이 우리 역사에서 큰 업적을 남긴 것은 26년에 걸친 대국 거란과의 전쟁에서 마지막 3차 전쟁을 기막힌 전략으로 대승을 거두어 거란이 더 이상의 침략 야욕을 포기하게 만든 일이다. 거란은 세 번에 걸쳐 고려에 쳐들어 왔는데 역사책에서 자세히 다루는 주제이니 여기서는 3차전 귀주대첩의 승리 부분만을 주로 살펴보겠다.

993년에 고려는 첫 번째 거란의 침입을 맞았다. 우리가 잘 아는 서희의 담판 활약 덕분에 큰 피해 없이 종결되었다. 1010년^{현종 1년} 강조가 목종을 죽이고 현종을 추대하는 정변이 일어나자, 이를 구실로 거란의 2차 침입이 시작되었으나 고려의 효과적인 방어로 별 성과없이 거란군은 지쳐 철수했다. 전쟁이 끝난 후 강감찬은 자원해 서경^{평양}으로 갔다. 서경은 고려 북방의 요충지로 강감찬이 맡은 서경유수는 국경 방위군 중에서도 핵심부대를 통솔하는 자리다. 이곳에서 수년간 군대를 지휘해 본 경험이 귀주대첩이라는 대승을 거둔 토대가 되었다.

1014년^{현종 5년} 9월 소적렬이 이끄는 거란군이 통주와 흥화진을 공격하면서 거란의 3차 침입이 시작되었다. 밀고 밀리며 전쟁이 지지부진하는 가운데, 1018년^{현종 9년} 요나라는 고려 현종이 입

조하지 않은 것과 강동 6주를 돌려주지 않은 것을 구실로 소배압
蕭排押이 이끄는 10만 대군으로 고려를 본격적으로 침략했다. 본
격적인 제3차 고려-거란 전쟁이었다.

소배압은 앞서 1차 침입 때에 왔던 소손녕의 형으로 2차 침입
때에는 거란 성종을 따라 개경까지 왔던 인물이다.

거란의 대대적인 공격이 시작되었지만, 고려 역시 거란의 대
규모 침략을 예상하고 20만 군대를 조성해 놓고 있었다. 이 20만
군대를 지휘한 상원수가 강감찬이었다. 강감찬은 그동안 공부한
대담한 병법을 펼쳐내기 시작했다. 바로 강을 이용한 전술이다.
흥화진에 기병 12,000명을 복병으로 배치해 놓고 흥화진 앞을
흐르던 내와 지류들을 돌을 쌓아막고 한쪽 귀퉁이는 소가죽으로
꿰어막았다. 거란군이 내를 건너갈 때 일시에 물을 터트려 흘려
보내니 강을 건넌 선발대는 소수로 몰리고 일부는 강물에 떠밀려
내려가고 잔류세력은 어찌할 바를 몰랐다. 혼란에 빠진 거란군을
복병들이 뛰쳐나와 일시에 함성을 지르며 공격하니 거란 주력군
은 뒤로 후퇴하며 큰 손실을 입었다.

흥화진에서 크게 당했으나 강물이 잔잔해진 다음 소배압은
계속 개경으로 진군하였다. 1019년 정월, 그는 개경에서 백여 리
떨어진 황해도 신은현까지 진출하였으나 그동안 강감찬은 정면
승부를 택하지 않고 계속 게릴라식 기습공격을 끊임없이 펼쳐 거
란군을 갉아먹었다. 종국에 거란군은 너무 많은 손실을 당해 이
길 수 없음을 깨닫고 전의를 상실, 철군하기 시작했다. 이때에도

강감찬은 곳곳에 군사를 매복시켜 두었다가 급습했다. 그러다가 양쪽 대군이 맞대결 한 곳이 귀주였다.

이때 풍류도 수련으로 천지기운을 읽을 줄 알았던 강감찬의 능력이 드러났다. 강한 남동풍이 올 것을 감지했던 것이다. 강감찬은 군사들에게 불화살을 준비시켰다. 양 진영이 서로 팽팽하게 맞서고 있던 어느 시점에서 거란군이 있는 북쪽으로 강한 바람이 불기 시작했다. 그러자 뒤에서 대기하고 있던 불화살 부대가 앞으로 전진하며 불화살을 쏘아대기 시작했다. 불속을 허우적거리며 전세가 불리해지자 거란군은 북쪽으로 달아나기 시작했고, 등 돌리고 도망가는 적을 뒤에서 화살을 쏘며 공격해서 거의 일방적인 대승을 거두었다. 가장 앞쪽에서 도망친 일부만이 겨우 살아서 돌아갔다. 강감찬의 지휘로 거란군의 침략야욕을 분쇄해 버린 이 전투가 바로 우리에게 익숙한 귀주대첩龜州大捷이다.

귀주대첩의 승리로 거란족의 요나라는 침략 야욕을 포기하게 되었고 고려와 요나라 사이에 평화적 국교가 성립되었다. 고려는 송나라와 정식 외교 관계는 단절하였지만 무역 및 문화 교류는 계속하였고, 요도 송나라에게 조공을 받는 수준에서 긴장된 평화 관계를 유지하였다. 귀주대첩의 압도적인 전과와 고려와 동아시아 전체에 미친 영향을 고려했을 때, 강감찬은 한국사에서 고구려의 을지문덕, 조선의 이순신 등과 같이 명장으로 여겨진다. 세 명의 명장 중에서 을지문덕과 강감찬이 풍류도인이다.

강감찬은 왜소하고 못생겼다고 한다. 또한 청렴하고 검소하여 좋은 옷을 입지도 않았다. 그래서 잘 모르는 사람들은 강감찬을 말단 관리 정도로 업신여기거나 무시하기 일쑤였다. 물론 강감찬은 개의치 않았다. 거란과 전쟁이 끝난 후, 송나라 사신이 고려에 왔다가 별도로 강감찬을 만나고 싶다는 전갈을 보내왔다. 이에 강감찬이 사신을 집으로 초대하고 장난기가 발동해 풍채 당당한 시종에게 좋은 옷을 입히고 자신은 평범한 옷을 입고 둘이 같이 서서 사신을 맞았다. 강감찬을 한 번도 만나 본 적이 없는 사신은 순간 당황스러웠다. 그러나 그 사신은 보통 사람이 아니었다. 풍채 좋은 장군 인상의 인물을 제쳐두고 왜소한 추남 앞에 와 절하며 말했다.

"문곡성文曲星께서 중국 땅에서 오래 보이지 않으시더니 언제 고려로 돌아오셨습니까?"

"하하하, 문곡성이라니, 과한 말씀이오. 그렇지만 공의 안목은 대단하외다. 자, 안으로 듭시다."

중국 사신은 천문을 알고 강감찬이 내뿜는 기장을 감지하고 곧바로 그를 알아채는 상당한 수준의 수련인이었다. 앞에 원광스님 편에서, 수련 중 스님이 오고 있음을 기장으로 감지하는 경험담을 상기해 보시라. 이 중국 사신의 언급으로 강감찬이 문곡성의 기운을 타고났다는 설화가 더욱 유명해졌다.

이 귀주대첩의 승리로 귀착된 거란과의 전쟁은 한국역사에서 한민족을 탄생시킨 역사적 계기가 되었다고 평가한다 [홍대선 2023]. 한민족은 옛날부터 존재해 왔는데 무슨 뚱딴지같은 소리냐고 할 수도 있겠지만 민족의식은 시대에 따라 달랐다. 홍대선에 따르면, 한국의 역사에서 결정적인 계기가 세 번 있었는데, 첫 번째가 단군의 고조선 건국으로 한국인의 원형이 생긴 것이다. 중국에서 부침을 거듭한 많은 나라들이 수시로 한반도를 자신의 영토로 병탄시키기 위해 노력했지만 결과적으로 얻은 게 없었다.

두 번째가 바로 한민족의 탄생 역할을 했던 거란과의 26년간 전쟁이다. 고려가 한반도를 통일한 이래로 고구려, 신라, 백제계 백성들이 서로 역사적 앙금을 가지고 불편한 동거를 하고 있었다. 그런데 당시 강대국이었던 거란이 침입해 들어오자, 삼국보다 훨씬 더 이질적인 거란을 상대로 26년간 싸우다 보니 서로가 같은 운명체라는 민족적 동질성을 가지게 되었다는 것이다.

세 번째는 조선이 건국되면서 정도전이 구축한 유교를 기반으로 한 통치체제, 윤리관, 국가관, 효를 바탕으로 한 국가 질서 토대를 만들어 한민족의 정체성을 만들어낸 것이다. 이 한민족의 정체성이 21세기 한민족에게도 여전히 유효하니, 대단한 국가운영 소프트웨어software를 만들어 내었다고 보아야겠다. 그런데 이 세 가지 핵심요소 중에 두 가지 단군의 고조선 건국과 거란과의 전쟁에 풍류도가 바탕 역할을 하였으니, 역시나 풍류도는 한민족에게 중요한 지주임에 틀림없다.

권진인과 업보에 치인 남궁두

—

해동전도록에 따르면, 권진인의 본명은 권청權淸으로 신라시대 당나라 유학파인 최승우의 도법을 3대째로 전수받았다고 한다. 그러나 권청과 권진인을 다른 사람으로 보기도 한다. 풍류도에서도 권진인의 도맥을 최승우가 아니라 의상대사로 본다. 홍만종洪萬宗이 쓴 《해동이적海東異蹟》에 권진인의 행적이 나와 있다. 고려 때인 1069년문종 23년에 양반 집안에서 태어났으나 14세 때 나병에 걸려 그 부모가 숲속에 버렸는데, 밤중에 큰 범이 물고 가 태백산의 한 바위굴 속으로 들어갔다. 거기엔 새끼 호랑이 두 마리도 있었다. 몸이 너무 아팠기에 호랑이에게 육보신하여 죽기를 바랬지만 어쩐 일인지 호랑이가 그를 죽이지 않았다.

그 뒤 혼자 잎이 넓고 뿌리가 큰 약초를 1백일 동안 캐먹고 마침내 악창이 깨끗해져 병이 나았다. 더구나 비상한 체력도 얻게 되었다. 그 뒤 고향집으로 돌아가고 싶었지만 워낙 깊은 산중이라 어디로 가야 할지 막막하여 산속에서 방황하는 중에 저 멀리 아래에서 산을 지나고 있는 한 스님을 보게 되었다. 쏜살같이 내달려 스님을 만나니 스님이 여기는 태백산이며 서쪽 산봉우리에 절이 있으니 그리로 가라고 일러 주었다. 서봉西峯에 있는 암자를 찾아가니 병으로 목숨이 경각에 달한 노스님 한 분만 있었다. 스님이 기뻐하며 힘들게 말했다.

"지난밤 꿈에 스승님을 뵈었다. 그분께서 도법을 전수받게 될 사람이 곧 오리라 하였다. 네 관상을 보니 네가 바로 그 사람 이로구나."

"스님의 스승님은 누구시오이까?"

"의상대사이니라."

"신라시대 의상스님 말씀이오이까?"

"그렇다. 오래전 분이라 믿기지 않겠지만 산속에 머물다 보니 속세에 시간이 빨리 흘러가는 걸 못느끼고 살았어. 그런데 이제 시간이 얼마 남지 않았구나. 나를 일으켜다오."

노스님은 부축을 받으며 겨우 밖으로 나왔다. 그리고는 힘들게 자세를 잡았다.

"이게 바로 스승께서 득도하신 군계입선群鷄入禪이라는 자세다. 너도 지금부터 이 자세를 잡아라. 하늘에서 새로운 말씀을 주시기 전에는 절대 이 자세를 풀지 말아라."

소년은 스님께 제자로서 예를 올린 후, 노스님의 자세를 흉내내어 자세를 잡았으나 조금 시간이 지나니 몸의 중심을 못잡고 사방으로 흔들거렸다. 하지만 걸음도 혼자 뗄 수 없을 만큼 병약한 스님은 전혀 미동도 하지 않은 채 꼿꼿이 서 있었다. 조금 있자니 해가 지고 달이 떴다. 온몸에서 땀이 비 오듯 흐르고 다리는 거문고 줄처럼 후들거렸지만, 젊은 사람이 병약한 노인네가 하는 걸 못 따라 한다는 건 참을 수 없는 수치라 이를 악물고 흘러가는 달을 바라보며 참고 또 참았다. 침묵 속에서 자연의 소리가 들려오기 시작했다. 새소리, 바람소리, 산짐승 소리들과 더불어 전에는 전혀 들어본 적이 없는 거대한 땅의 울림이 느껴졌다. 밤하늘의 별들도 빛을 자신에게 쏟아 보내주며 자신을 열렬히 응원해주고 힘을 북돋아 주듯이 느껴졌다.

그렇게 시간이 흐르고 흐르다 보니 어느덧 공중의 공기가 싹 바뀌어 나갔다. 새로운 생명의 기운이었다. 이윽고 저멀리 지평선 윤곽이 보이기 시작하면서 대지가 서서히 밝아오기 시작했다. 드디어 찬란한 햇빛이 눈부시게 날아와 몸속에 꽂히면서 새로운 기운들이 돋아나기 시작했다. 난생처음 접하는 황홀한 체험이었다. 그러면서 자신도 모르게 몸이 움틀거리기 시작하였다. 온몸으로 솟아오르는 기쁨을 주체할 수 없어 뭔가 여쭙고자 마주 선 스님을 바라보았다.

스님은 밤새 미동도 없었지만 지금 날이 밝아 다시 찬찬히 들여다보니 뭔가 이상한 느낌이 들었다. 자세를 풀고 하늘에 감사를 드린 후 스님에게 가까이 다가갔다. 스님이 입선자세 그대로 입적하셨음을 알아차렸다. 긴 세월을 제자를 기다리다 마지막에 온몸의 진기를 다 짜내어 자세를 가르치고 그대로 가신 것이다. 다른 갈 거처도 마땅히 없었던 소년은 스님의 육신을 화장해 드리고 그곳에서 계속 수련에 열중했다. 방에는 수련 관련 책들도 있어 읽고 또 읽었다. 책 속에 빠지다 보니 세상사 모든 걸 다 잊어버렸다. 책에 적혀있는 내용도 수련해 보았다. 하지만 항상 스승이 일러준 대로 금계입선 동작을 우선했다.

세월이 가면서 입선 동작이 저절로 바뀌었다. 마치 하늘에서 몸동작을 바꾸어주는 듯했다. 책에 적혀있는 내용도 처음에는 대부분 이해가 되지 않더니, 수행의 심도가 깊어지자 저절로 이해되었다. 십 년간을 혼자서 수련하며 살다가 드디어 책에 적혀있는 신태神胎를 이룩했다는 것을 알아차렸다. 신태란 수련자가 득도하여 이룬 금단金丹을 의미하며, 중국 도교에서 수련의 최종목표가 신태를 출두시키는 일이다. 공부를 이룬 권진인은 속세를 초탈해 무주 적성산에 머물며 지냈다. 세월이 흘러 오백년이 지나갔다. 그동안 권진인은 많은 제자들을 키웠으나 도를 이룬 제자가 없었다.

한편 남궁두南宮斗는 1528년중종 23년에 태어났고, 1555년명종 10년에 식년시 생원시에 응시하여 3등으로 합격하였다. 그에게는 사랑하는 첩이 있었는데, 당질과 서로 정을 통하는 것을 알고 분을 못 참아 둘을 죽여 버리고 그길로 머리를 깎고 중이 되었다. 법명은 총지總持이고 지리산 쌍계사에서 숨어 살았다. 그러다가 권진인에 대한 소문을 듣고 무주 치상산적성산의 옛이름에서 권진인을 찾아 헤맸다. 헤매고 헤매다가 절벽 밑에 초가삼간 하나를 발견했다. 방문을 알리니 안에서 마른 나무같은 용모를 한 노승이 다 떨어진 장삼을 걸치고 나왔다.

"어떻게 여기까지 오시었소?"

"노사老師께 배우고자 한 해 동안을 찾아 헤매다가 이제야 겨우 뵙게 되었습니다."

"산속에서 다 죽게 된 늙은이가 무슨 재주가 있어 남을 가르치겠소? 그만 내려가 보시오."

노승은 방문을 닫고 들어가 나오지 않았다. 그러다가 남궁두가 뜰 아래 엎드려 몇 날 며칠을 백배 애걸하자 그제서야 정성에 감응되었는지 문을 열고 들어오라고 하였다.

남궁두가 방 안에 들어가니 작은 방에 목침 한 개만 달랑 놓여 있고 그 외에는 아무것도 없었다. 그 노승이 바로 권진인이었다. 권진인은 남궁두를 한참 다시 보더니 웃으며 말하였다.

"너는 며칠을 식음을 전폐하고 끈기있게 기다릴 줄 아는구나. 대부분 젊은이들은 하룻밤만 지나면 못참고 돌아가지. 내가 하는 수련은 엄청난 참을성을 가져야만 이룰 수 있는 것이란다."

"소생은 미련하여 재주는 없사오나 참는 것은 목숨 걸고 할 수 있사옵니다."

"그래, 곰처럼 미련하게 추운 겨울을 참고 또 참다보면 어느덧 봄이 오지. 참아야만 참사람의 경지에 도달할 수가 있어. 호랑이처럼 성질이 급하면 아무것도 못 이뤄. 참아낸 사람이 참사람이 되는 거야."

다음날 남궁두는 목욕재개하고 스승에게서 첫 가르침을 받았다. 핵심은 의상대사로부터 전해 내려온 군계입선 자세였다.

"처음에는 몸에 중심을 잡을 수 없어 쓰러지고 또 쓰러질 것이다. 그래도 오뚜기처럼 다시 일어나 자세를 잡아라. 저 앞에 버티고 서있는 소나무처럼 굳건히 다리가 땅을 파고 들어가고 몸통이 줄기처럼 곳곳이 서게 되면, 땅의 기운이 다리를 타고 올라오고 하늘의 기운이 머리를 타고 내려올 것이다. 그때까지는 참고 또 참아야 한다."

남궁두가 밤낮으로 열심히 수련하다 보니, 어느 날부터 온몸을 억압하던 고통이 사라지고 신선한 기운이 하늘에서 내려와 온몸을 적시기 시작하였다. 그때부터 수련은 고통이 아니라 세상에 그 무엇으로도 바꿀 수 없는 환희가 되었다. 수련이 점점 깊어져 남궁두가 천지인 합일에 도달하자, 권진인은 비로소 제자에게 정식으로 풍류도 입문의식을 거행했다. 일곱 개 별이 새겨진 칠성검 두 자루를 양옆에 세우고, 스승인 의상의 법성계를 읊으며 천지신명께 고했다.

풍류도에서 칠성검은 각별한 의미를 지닌다. 고대로부터 우리 민족은 북두칠성 신앙이 있다. 칠성검은 북두칠성의 정기를 받은 검을 상징하며 풍류도 적자에게 대대로 전해지는 검이다. 그렇다고 딱 한 자루만 만들어 대대로 전한 것은 아니고 필요시

제6장 역사와 설화로 살펴보는 풍류도와 인물들

온 정성을 다해 특별한 의식을 거치며 제작하여 소수에게만 전해주는 보검이었다.

입선수련으로 온몸의 기혈이 열리고 자연과 합일을 이루게 되자, 권진인은 남궁두에게 칠성검법을 중심으로 무술을 가르치기 시작했다. 하지만 남궁두는 시간이 가도 무술을 제대로 구사하지 못했다. 온몸의 기혈을 유통시켜 그 기운이 배가되어 뿜어져 나와야 하는데 기운용이 제대로 되지 않았다. 7년의 세월이 흐르고 이를 계속 안타깝게 관찰하던 스승이 말했다.

"너의 전생의 업보와 현생에서 살인한 죄가 너를 붙잡아 매는구나. 네가 이 준령을 타고 넘어 무술의 고수가 되다 보면, 험한 세상에 반란을 꿈꾸는 사람이 될까 봐 하늘에서 막는 모양이다. 내가 너를 마지막 직제자로 키워내고 싶었는데 내가 너무 욕심만 앞세운 모양이로구나. 네가 할 일은 따로 있는 것 같다. 속세로 돌아가라. 집안의 대를 잇고 검은 절대로 다시 잡지 말고, 어지러운 난세에 고뇌하는 젊은이들에게 세상을 다르게 보는 방법을 가르쳐 주어라."

권진인은 칠성검을 남궁두에게 전해주지 않았다. 그 이후로 권진인이 소장했던 칠성검을 가진 자가 나타나지 않았다. 비슷한 시기를 살았던 서산대사는 전쟁에 임하는 사명당에게 자신의 칠성검을 물려주었는데 이후로 이 검의 맥도 끊어졌다. 검이 녹슬고 삭아서인지, 후계자가 없어서인지 이유는 알 수 없다. 다만 백제 편에서 언급했듯이 왕인이 일본으로 이주하면서 가져간 칠성검이 후손들을 통해 계속 백제 신사 내에 보관되고 있는 것으로 짐작된다. 현재 풍류도에는 칠성검법만 전해지고 있는데 칠성검과 같이 동조되어야만 풍운조화를 일으킬 수 있다고 한다.

안타깝지만 남궁두는 스승께 작별인사를 하고 하산할 수밖에 없었다. 가정도 이루었고 치상산 가까이에 살면서 수련도 계속하였다. 제자가 되고자 찾아오는 사람도 많았는데 풍류도 입선수련은 대부분 사대부집 양반 자제들이 수련장벽을 넘지 못하고 포기하는 바람에 서서히 접게 되었다.

자연스럽게 도가쪽 기반인 단전호흡을 중심으로 제자들을 가르치기 시작했다. 즉, 좌방선도에서 우방선도로 바꾸어 제자들을 가르쳤다. 유학을 공부한 책상머리 자제들에게는 우방선도가 접근해 들어가기가 쉬웠다. 남궁두 자신도 원래 유학을 공부한 배경이 있다 보니 도가쪽 서적과 수련법에 심취하기 시작했다. 풍류도 입선수련에서 한 경지에 도달한 사람은 도가식 수련이 아주 쉽게 된다.

세월이 가고 남궁두도 80을 넘긴 때에, 도인으로 소문난 그를 만나러 홍만종이 찾아왔다. 남궁두는 당시 83세였는데 마치 40대의 용모처럼 보였으며 시력이나 청력, 정력이 조금도 쇠퇴하지 않았다고 한다. 또 강렬한 눈동자와 검은 머리털에 고고한 자태로 마치 학 같았다고 한다. 홍만종은 남궁두에게 들은 이야기를 자신의 저서 《해동이적海東異蹟》에 실었다.

《홍길동전》의 작가인 허균1569년~1618년도 소문을 듣고 남궁두를 찾아왔다. 한눈에 이인異人임을 알아본 허균은 밤새 그의 이야기를 들었다. 그리하여 자신의 문집 《성소부부고惺所覆瓿藁》에 소설 《남궁선생전》을 실었다. 그래서 남궁두 인생사를 홍만종이 전기傳記 형식으로 쓰고, 허균은 소설로 쓴 것이다. 또한 유몽인柳夢寅도 《어우야담於于野談》에 실었고, 이중환李重煥의 《택리지擇里志》 전라도 편에서 호남의 도사로 남궁두와 권극중權克中을 손꼽고 있다. 이수광李晬光의 《지봉유설芝峯類說》에 따르면, 나이가 90살이 되었어도 거의 늙지를 않았고 언제나 명산대천을 떠돌아다녀 사람들은 남궁두를 지선地仙이라 불렀다고 한다.

풍류도인의 롤 모델 장원심長遠心

―

성은 장씨지만 원심은 이름이 아닌 별호다. 드라마 '용의 눈물'에서 장원심이 등장해 일반인들에게도 조금 알려졌다. 드라마는 조선왕조실록에 간단히 기록된 내용을 바탕으로 창작한 듯하다. 장원심은 천민 출신으로 출가하여, 글을 모르는 탓에 법계와 승직의 자리에 나아가지는 못하였다. 비록 글은 몰랐지만 문해文解에 대한 한계를 불법佛法에 대한 높은 이해와 실천으로 극복하며 역사서에 기록을 남기는 특별한 인물이 되었다. 저잣거리와 여염의 대중들 사이에서 함께 기거하며 자비와 보시의 가르침을 행동으로 펼쳐내니 일반 백성뿐만 아니라 벼슬아치들도 신망과 공양을 보내게 되고, 결국 그 명성이 조정에까지 닿아 임금이 치하한 기록이 있다.

조선왕조실록에 따르면 1406년 7월, 몇 달째 가뭄이 계속되면서 기근에 온 나라가 어려워졌다. 그때 지신사 황희가 태종 앞에 거지 행색을 한 스님을 데리고 와서 "이 자는 장원심이라는 중이온데 흥천사에 들어가 사리전에서 기도를 드리면 비를 내릴 수 있다고 합니다"고 고했다. 이 말을 들은 대신들은 수차례 기우제도 소용없었는데 어떻게 하겠다는 것인지 남루한 옷의 스님을 바라보는 시선은 걱정이 앞섰다.

왕 앞에서 허언은 곧 죽음이다. 그러나 장원심은 결코 허언이 아니라는 듯 기세가 당당했다. 이 모습을 지켜본 태종도 지푸라기라도 잡고 싶은 심정으로 스님에게 기대를 했는지 흥천사에 들어가 기도할 것을 허락했다. 스님이 기도를 시작하자 하늘이 움직였다. 기도 이틀 만에 비가 내리기 시작했다. 오랜 가뭄을 해갈하고도 남을 만큼 충분한 비가 내렸다. 비를 맞이한 백성들과 조정 대신들은 장원심 스님을 칭송하며 불교에 대한 관심도 차츰 높아졌다.

사실 스님은 이 일이 있기 전부터 저잣거리의 아이들도 그 이름을 알 정도로 유명세를 타고 있었던 인물이었다. 스님은 굶주린 백성이 있으면 밥을 빌어다 먹이고, 추위에 떨고 있는 사람

제6장 역사와 설화로 살펴보는 풍류도와 인물들

을 보면 옷을 벗어 주었고, 병든 자가 있으면 반드시 힘을 다해 구휼했다. 또 죽은 사람을 장사 지내주고 도로를 만들고 교량을 건설하면서 보살행을 실천했다. 이런 스님이었기에 백성들은 그를 우러러보고 있었다.

태종이 스님을 경계한 이유도 여기에 있었다. 비를 내리게 해준 것이 고맙지만 그에게 관심을 보이면 숭유억불의 정책이 힘을 잃을 수도 있었다. 고민하던 태종은 조용히 황희를 불러 "비는 하늘에서 내리는 것이다. 장원심의 자비행이 가상하니 후한 상을 주어 돌려보내라"고 하명했다. 결국 장원심 스님이 비를 내리게 한 기도력을 높이 산 것이 아니라 평소 자비행에 대해 치하를 하겠다는 뜻이다. 이런 장원심의 민중 속 보살행은 200여 년 후 풍류도의 맥을 이은 임진란 시 살았던 진묵선사에게 고스란히 계승되어 나타났다.

장원심이 주로 수련한 자세는 그림6.3과 같이 망자지열忘子止悅이라 불리는 동작으로, 동박석이 천도복숭아를 등에 지고 가거나 맷돌을 등에 지고 수련하는 자세다. 장원심이 객사한 시체를 등에 업고 가는 모습을 자주 본 사람들이 망자지열세라고 이름 붙였다.

왼발을 바닥에 붙이고 오른발 발목을 왼발 무릎 위에 올려놓는다. 왼다리 무릎이 약간 구부러진다. 손은 뒤로 돌려 왼손과 오른손을 맞잡는다. 이때 명문이 열리고 닫히는 것에 따라 맞잡은 손이 변화될 수 있다. 시선은 왼발 발끝을 본다. 허리가 약간 앞

┃그림6.3 망자지열(忘子止悅). 동박석이 아이를 업고 도망가는 자세다.

으로 굽는다. 이 자세는 손이 뒤로 묶여도 끊어내는 힘을 길러준
다. 태극권에서 수련하는 발경의 총아라고 할까. 그뿐만 아니라
몸도 무중력 상태에서 움직이듯이 가벼이 움직일 수 있다.

　야사에 의하면 활에 맞아 죽은 함흥차사의 시체를 장원심이
등에 업고 사라져 장사를 지내주었다. 요즈음 사학계에서는 함흥
차사란 허구라는 의견도 나오지만 하여튼 야사에는 그렇다. 이를
알아낸 관군들이 장원심을 붙잡아 손을 뒤로 묶어 감옥에 처넣었
다. 감방 안에서 장원심은 바로 이 망자지열 자세로 꼼짝하지 않
고 있더니, 어느 순간 힘을 쓰자 오랏줄이 투두둑 끊어지며 풀리
고 장원심은 그대로 감방문을 스스로 열어젖히고 나가 버렸다고

한다. 이에 옥사장이 긴급히 상부에 보고하니 하륜이 감탄하며 그를 인정해 주었다고 한다.

장원심은 혜명국사에게서 풍류도를 배운 것으로 알려져 있다. 즉, 조선시대 초기 풍류도의 맥이 혜명국사-장원심-무학대사로 이어졌다고 볼 수 있다. 무학대사는 장원심에게서 불교 수행과 입선을 배웠는데 무술은 배우지 않았다고 한다. 그래서 무학대사는 풍류도의 맥에서는 방계. 현대 풍류도맥에서는 이전 시대는 까마득하므로 조선 초기 장원심 스님을 풍류도 중흥조로 치기도 한다. 그러다보니 현시대 풍류도맥을 대표하는 원광스님을 비롯해 그 이전 분들도 대부분 장원심을 자신의 롤모델role model로 여겼다. 진묵이나 원광도 장원심의 전통을 이어서인지 세속에 초탈하며 누더기 장삼을 걸치고 저잣거리에서 일반인들과 거리낌없이 어울렸다. 고대 그리스의 디오게네스와 비슷한 유형이라 하겠다.

장원심은 유난히 키가 우뚝하게 컸던 사람으로, 삶을 달관하여 사심과 욕심이 없고 사는 곳이 일정하지 않아 길에서 자는 것도 이상하게 생각하지 않았던 사람으로 익살을 매우 좋아했다고 한다. 높고 귀한 사람에게도 공손하지 않았고 그렇다고 가난하고 무식한 사람에게도 오만하지 않았다고 하며, 천금을 받더라도 기뻐하지 않고 모든 것을 잃더라도 성내지 않고, 풀을 엮어 옷을 삼아도 부끄러워하지 않고 비단옷을 입어도 영화롭게 여기지 않았다고 한다. 남들이 주는 대로 옷을 입으니 남녀의 옷도

가리지 않았다고 하고, 옷을 벗어 달라면 달라는 대로 주기도 했다고 한다.

시체를 두려워하지 않고 오히려 주인 없는 시체를 묻어 주거나 하는 일을 즐겨 한다. 소골화신燒骨化身, 즉 뼈를 불에 태워 몸을 변하게 하는 술법이 있어서 땔나무를 쌓아 놓고 그 위에 앉은 뒤에 불을 붙이면 몸은 타서 없어지면서 사라지지만 불교에서 말하는 변치 않는 본체로서의 몸, 즉 법신法身은 그대로 남아있어서 다시 새로운 몸으로 변해 나타나게 된다고 한다.《용재총화》에 나와 있다. 앞에 최치원 편에서 언급한 시해선尸解仙의 최고 경지에 도달한 인물이다.

역사의 수레바퀴에 끼인 나르는 칼 조영규 飛刀 趙英珪

—

풍류도나 동북아시아에서 알아주는 뛰어난 무사였는데, 역사의 수레바퀴에 끼어 말년이 불우했던 인물이 여말선초麗末鮮初의 인물 조영규다. 그는 흙수저인 고려 평민 출신으로 출세와는 거리가 먼 인생을 살 것으로 규정되어 있었으나, 산속에 은거하던 풍류도인으로부터 무예를 전수받으면서 인생 궤도가 바뀌게 되었다. 혹독한 수련 끝에 무술의 고수가 되자, 야망에 찬 젊은이는 몸이 근질거려 산속에 계속 머물 수가 없었다. 속세로 나왔지만 평민인 그가 농사짓는 일 외에는 할 일이 없던 차 군대에 징집

되었다.

　군에 들어가니 물고기가 큰 강에 뛰어든 상황이 되었다. 일개 사병에서부터 출발해 뛰어난 무술 실력으로 상관들의 눈에 띄어 출세를 거듭하게 되었다. 덕분에 장교에 해당하는 고려 무관 관직에 들어간 그는 이성계의 휘하부대에서 왜구를 격퇴하고 북방 여진족을 토벌하는 데 혁혁한 공로를 세웠다. 그는 철퇴를 잘 휘둘러 그가 앞장서면 주변이 추풍낙엽처럼 쓰러졌다.

　이성계의 군대에서 아버지를 따라다니며 부장 역할을 하던 이방원이 그를 욕심내 심복으로 삼았다. 이후, 평화 시기에 자신의 무예 실력을 점검하고자 중국으로 건너가 중국 무림계를 유랑하였다. 한번은 중국 무인들과 시비가 붙었는데 혼자서 50명을 상대로 한꺼번에 이들을 쓸어버려 그 이후로 '나르는 칼 飛刀舞' 이라는 별명을 얻었다. 이성계가 역성혁명을 준비하자 이방원이 그를 다시 불러들였다. 이방원의 전위 행동대장 역할을 맡았다.

　쿠데타를 일으키는 데 가장 큰 걸림돌은 완강한 고려 사림 세력들이었다. 고려말은 무능한 왕권과 자기 잇속 챙기는 데만 혈안이 된 대신들, 각종 세금으로 도탄에 빠진 백성들로 나라가 휘청거렸다. 쿠데타의 정당성은 충분했다. 회유와 설득으로 많은 대신들을 자기편으로 끌어들이는 데 성공했지만 '한 하늘 아래 두 임금을 섬길 수 없다'는 옹골찬 고려 충신들이 있었다. 정몽주가 가장 대표적인 인물이었다. 익히 알려진 대로 이방원이 정몽주를 불러들여 '하여가'로 그를 설득하려 했지만 정몽주는 '일편 단심가'로 답하며 거절하였다. 과히 역사에 남을 인물이 될 만한 품격을 둘이 보여주었다.

1392년 5월 4일 새벽 정몽주는 악몽을 꾸었는데 자신이 죽을 수 있음을 예상하고 가족을 불러 유언을 남기고 집을 나섰다. 변죽량이 몰래 나타나 이방원이 그를 선죽교에서 죽이려고 한다는 정보를 알려주었지만 굴하지 않고 친구 집에 들러 술을 마신 후 말을 거꾸로 타고 선죽교를 지났다. 마부가 왜 그러느냐고 물으니 '부모님으로부터 물려받은 몸 맑은 정신으로 죽을 수 없어 술을 마셨고 흉한의 꼴을 보기 싫어 말을 돌려 탄 것'이라 하였다.

선죽교에서 그를 기다린 사람이 바로 조영규와 수하들이었고 정몽주는 조영규의 철퇴를 맞고 한 많은 생을 마감했다. 이후 조영규는 조선 개국에 참여하여 개국 2등 공신이 되었고 예조전서禮曹典書를 지냈다. 자손들이 이를 기려 그를 신창 조씨新昌 趙氏의 시조로 삼았다. 이때까지는 그는 잘나가는 인물이자 영웅이었다.

하지만 역사는 다른 방향으로 움직이기 시작했다. 조선 정권이 안정되기 시작하자 왕권은 또다른 쿠데타나 역성혁명을 두려워하기 시작했다. 이방원부터 수구세력이라고 처단했던 정몽주를 비롯한 고려 대신들을 충절을 지킨 의리의 표상으로 부각시키기 시작해 그들을 복권시키고 충신으로 추증했다. 그러자 조영규

등 고려 충신들을 타살한 무사들은 졸지에 손가락질을 받는 역적이 되어 버렸다. 이들과 그 후손들은 가슴에 찔린 가시를 안고 살아가게 되었으니, 참으로 역사의 수레바퀴에 잘못 끼이게 되면 힘들게 살아가게 된다. 풍류도에서도 조영규는 더 이상 언급을 삼가는 인물이 되었다.

사족처럼 하나 더 덧붙이자면 '역사는 반복된다'는 말이 있다. 제3공화국 때 안기부 부장으로서 박정희의 수족 노릇을 한 김형욱의 별명이 '나르는 돈까스'였다. '나르는 칼'과 역사적 배역이 거의 같았다. '나르는 돈까스'란 별명이 묘하게도 역사적 숙명처럼 느껴진다. 이 둘은 역성혁명이라 불렸던 군사 쿠데타를 주도한 인물의 심복으로서 정적 제거나 비밀 정치공작을 주도해 한때 권력 상층부의 권세를 누렸지만, 시대조류가 바뀌면서 진흙 바닥에 내팽개쳐져 버린 신세가 되고 말았다. 그래서 옛날 무사나 현대 군인처럼 살생을 다루는 사람은 인생과 역사에 대해서 많은 고민과 철학을 가져야 한다. 더구나 이 살생이 타민족에 대한 것이라면 같은 민족 내에서는 인정이 되고 영웅이 될 수 있지만, 동족상잔일 때는 역사적 평가가 극에서 극으로 치달을 수 있다.

난세에 나라를 구한 영웅들

—

난세는 영웅을 낳는다. 무술계만 국한시켜 봐도 평화로운 시기에는 그들이 세상에 드러날 일이 별로 없다. 더구나 문치주의 조선에서는 날로 군대의 전투력이나 무인들의 무술실력도 사그러들고 있었다. 풍류도인들은 산속에서 자연을 벗삼아 바람따라 물따라 살았으니, 간혹 이름과 뛰어난 도력만 전해질 뿐 역사와 연결된 이야깃거리가 거의 없다.

나라가 멸망의 위기에 처하니 그들이 속세로 뛰쳐나왔다. 그래서 그들의 활약상을 이야기할 수 있게 되었다. 임진왜란은 중국에 모든 것을 의지하며 살아가던 조선에게 갑자기 들이닥친 날벼락이었다. 아니 그렇게 표현할 수밖에 없지만, 실제 국내외 정치상황에 예민했던 일부 엘리트 계층들이나 미래를 예견했던 도인들은 이미 일본이 쳐들어올 것을 알고 있었다. 먼저 국가로서 조선을 분석해 보고 나라를 위해 뛰쳐나온 인물들을 살펴보자.

풍류도 시각으로 본 임진왜란의 교훈

1) 국방의 중요성과 첩보전

고조선에서부터 고려 때까지 우리나라는 대륙의 강대국을 상대로 치열한 전쟁을 치렀지만 모두 훌륭하게 잘 막아내어 그들의 침략 야욕을 꺾었다. 정치지도자가 능력 있는 장군이거나 계속해서 국방인재들을 키워내는 시스템을 갖추고 있었다. 풍류도나 화랑도가 그런 역할을 한 제도다. 하지만 조선조에 들어오면서 아시아 최강국 중국에 모든 것을 의지하는 중화 사대주의에 빠져 자주국방의 의지가 사라졌다.

군대조직은 있으되 고위층은 대부분 문관이고 훈련된 병사들도 거의 없었다. 필요시 일반 백성들을 징집해서 동원하였다. 한마디로 국방제도는 유지하고 있었으나 내용물은 잡동사니로 채워져 있었다. 현대 문물로 비유하자면 피씨 몸체는 있는데 키보드나 마우스는 동작이 제대로 되는 게 없고 운영시스템도 되다 말다 하는 수준이라 할 수 있겠다.

다음으로 자주국방을 위해서는 침략 가능성이 있는 이웃나라의 사정을 지속적으로 파악하는 시스템, 즉 외교와 첩보제도를 운용해야 한다. 태초에 스파이가 있었다는 말이 있다. 그만큼 스파이의 역사는 오래되었다. 4,000년전 이집트 신성문자 기록에 스파이가 적정을 탐지한 기록이 있다. 트로이 전쟁에도 시논이란 스파이가 트로이 영내로 들어가 승패를 결정짓는 결정적인 역할을 했다. 중국 4대 미녀라는 서시西施는 월나라 구천이 오나라 부차에게 보낸 미인계 스파이였다. 고구려, 신라, 백제도 치열한 첩보전을 펼쳤다. 대담한 작전도 서슴지 않았다.

삼국유사 김유신편에는 백석이란 자가 김유신에게 같이 적국을 정탐하러 가자고 권해 따라가다가, 백석이 바로 적국의 첩자인 것을 알아채고 죽였다는 기사가 나온다. 또 김유신은 백제에 첩자를 보내 백제 조정 내부로 침투시켰다. 조미곤이란 자인데 백제 좌평을 매수했다. 의자왕은 신라와 고구려를 쳐서 영토를 넓히는 등 상당히 전투적인 왕이었지만, 적국이 펼치는 내부 교란작전에 당해 나라를 잃고 말았던 것이다. 삼국사기에 이를 빗댄 기록이 있다.

'의자왕 19년에 여러 마리 여우가 궁궐 안으로 들어왔는데, 흰 여우 한 마리는 상좌평上佐平책상 위에 앉았다'.

상좌평은 국무총리에 해당하는 자리다. 이런 역사의 교훈이 있는데도 조선은 이런 제도를 활용하지 않았다. 활용할 수 있는 인적 자원은 있었으나 개념이 없으니 돼지 앞의 진주였다. 반면, 일본은 조선을 침략하기 위해 치밀한 준비를 했다. 조선 땅 곳곳에 첩자를 파견해 군사지도를 그리고 물정을 정탐했다. 더구나 부산에는 양국 무역을 위한 왜관에 수백 명의 일본인이 살고 있어 조선을 손바닥 보듯 파악하고 있었다.

조선에는 중국과 일본에 정기적으로 보내던 사신단과 통신사뿐만 아니라 무역상이나 밀수업자들도 있었다. 이들을 외교와 첩보에 적극적으로 활용했다면 역사가 크게 달라졌을 것이다. 이 시대 일본 사회는 모든 방면에서 급격히 변화를 겪고 있었다. 특히, 포르투갈과 네덜란드를 통해 서구 문물을 받아들이면서 서구화되고 있었다. 왜 조선은 이런 정보를 활용하지 못했을까. 조선 초기에 북진정책을 놓고 논란이 많았다. 논란의 핵심은 대의명분이었다. 어째서 첩자들을 북방에 파견해 그들의 실상을 자세히 파악한 다음, 북벌이 가능한지를 따져보는 실용적 정책을 펴지 못했을까.

2) 국가지도층의 어리석음과 국가의 몰락

조선의 성리학을 중심으로한 문치주의는 외국과의 전쟁에 너무나 취약했다. 중국사대주의에 기댄 평화주의는 허망하게 무너졌다. 그 중 가장 큰 병소가 국가지도층의 어리석음이었다. 지배계층 양반 대부분이 가문 위주의 출세 지향주의에 빠져 국가 차원이나 국제차원에서 정치를 보는 시력이 퇴화되었다. 잘 알려진대로 전쟁 발발 2년 전 조정에서 통신사를 일본에 파견해 일 년 만에 돌아왔다. 그동안 일본 내에서 볼 수 있는 건 다 볼 수 있었다.

당시 일본에서는 조선 침공을 위해 조선으로 향하는 곳곳에 대규모 군사기지를 건설하고 있었다. 잘 알려진 대로 서인이었던 정사 황윤길과 통신사 서장관 허성 등은 '왜가 틀림없이 쳐들어온다'고 보고했고, 동인이었던 부사 김성일은 '절대 쳐들어오지 못한다'고 보고했다. 특히 수행무관 황진은 왜군의 침공에 대비해 군대를 증강하고 훈련시켜야 된다고 강하게 요청했으나 묵살되었다.

심지어 토요토미 히데요시가 조선정벌을 명하면서 대마도에 군사거점을 마련하자, 대마도 도주가 조선 조정에 이를 알렸다. 1592년 4월로 침공일을 정한 일본이 마지막으로 1591년 승려 겐소玄蘇 등의 사신을 보내 '일본이 명나라를 칠 테니 조선은 길만 내어주라'는 전갈을 보냈다. 일종의 외교적 떠보기인 이때만이라도 황급히 왜적 방비책을 마련했더라도 역사는 다른 궤도를 탈 수도 있었다. 왜 조정은 이런 정보들에 등을 돌렸을까. 어리석다 고밖에 달리 할 말이 없다.

드디어 1592년 4월이 되자 부산 왜관에 상주하던 수백 명의 왜인들이 사라졌다. 부산첨사 정발은 이것이 무엇을 뜻하는지 몰랐을까. 조정에서는 어렴풋이 알고 있은 듯하다. 그렇지만 선조와 대신들은 민심이 흩어지고 나라가 흔들린다고 끝까지 함구하고 전쟁 준비를 전혀 하지 않았다. 그들은 오리가 되었다. 위급상황에 머리를 땅속에 처박고 안도하는 오리가 되었다. 명청한 임금과 권력층이 나라를 말아먹은 셈이다.

최소한으로 일본이 쳐들어올 것으로 예견되는 부산진에 방어막만 쳤더라도 역사는 다르게 흘러갔을 것이다. 비록 일본이 전투력이 월등하고 조총이란 신식 무기로 무장했었지만, 조선은 일본보다 뛰어난 대포와 대포를 장착한 군함인 판옥선이 있었다. 해안에 번번이 침투하는 왜구들을 퇴치하기 위해 고려시대 때 최무선이 화약을 개발하고 이를 활용한 각종 대포류를 이미 구비하고 있었다.

일본 전투함은 빠른 속도를 중시하다 보니 길고 뾰족한 유선형이라서 대포를 장착할 수 없다. 조총도 임진왜란 3년 전에 쓰시마 성주에게서 통신사가 선물로 받았다. 군사에 유능한 무관이 조정에 있었다면 신무기의 쓰임새를 연구했을 텐데 그냥 방치하고 말았다.

결국 일본의 침입에 대비할 수 있는 기회가 충분히 있었음에도 이를 흘려보낸 어리석음은 전쟁이 끝난 후에도 계속되었다. 비참한 역사에서 얻어낸 교훈이 없었다. 임진왜란 후 국가시스템을 재정비하고 자주국방을 위한 준비에 착수했더라면, 후에 병자호란이나 근세에 또 한번 일본의 침략에 나라를 내주는 치욕은 당하지 않았을 수도 있지 않았을까.

3) 자주의식과 엘리트 장교 육성제도의 부재

중국에 모든 문물을 기대다 보니 조선은 정신까지도 스스로 지배당해 중국의 한 지방성으로 인식하여 소중화를 자처하였다. 수련세계에서도 중국의 도교 수련법이 지배적인 위치를 차지했고 엘리트 장교 육성제도였던 고조선 풍류도, 고구려 경당, 신라의 화랑제도 등이 모두 사라지고 나니 무관이 천시되고 국방이 황폐화되어 갔다.

4) 백성들과 소수 영웅들이 구한 나라

포커 게임에서 가장 아래 카드인 A는 동시에 가장 높은 수가 되기도 한다. 전세계 역사에서 백성들이 그랬다. 평시에 백성들은 바닥 계층을 형성하면서 양반계급들에게 휘둘리는 삶을 살면서 그들을 먹여 살린다. 임진왜란시 조선이 망하지 않은 일은 참 신기할 정도다. 해전에서 이순신 장군의 맹활약으로 일본군의 보급선 차단, 명군의 참전과 이북 지방의 강추위, 전염병 창궐 등이 큰 원인으로 언급되지만 백성들이 나라를 살렸다고 보고 싶다. 나라의 위기 앞에 일어난 일반 백성들의 의병 궐기, 이들을 이끈 소수의 영웅적인 지략가들이 큰 역할로 전쟁국면을 전환시켰다. 이 영웅들 중 상당수가 풍류도인들이었기에 이들을 소개하고자 한다.

의병들의 궐기

1) 홍의장군 곽재우

날벼락 속에서 선조와 대신들은 의주義州로 도망가 버리고 향토 선비들이나 산속에 은거하던 많은 인물들이 나라를 구하고자 전쟁에 뛰어들었다. 그중에서 발 빠르게 일어난 이가 풍류도 무술을 익혔던 곽재우다. 그가 살았던 의령이 왜군의 주 침략로이었기에 빠른 반응이 나왔을 것이다. 전쟁 난 지 열흘 만에 집앞 정자나무에 큰 북을 매달아놓고 북을 치면서 마을 사람들을 모았다. 마을 사람 몇 명과 자기 집안 머슴 십여 명, 친인척들을 끌어들여 소규모 의병부대를 만들었다.

전재산을 털어 군자금을 마련하고 무기는 곡괭이, 낫, 도끼에 활을 급히 만들어 무장했다. 곽재우는 독특한 무장을 했다. 부친 곽월이 명나라 황제에게 하사받은 붉은 옷을 입고 이불을 찢어 "천강홍의장군天降紅衣將軍"이라 적어 깃발을 만들었다. 그는 무예에 뛰어났을 뿐만 아니라 전략 전술, 심리전까지 이용해 전투에 임했다. 해상에서는 이순신, 육상에서는 곽재우가 가장 뛰어난 전략가로 전투마다 승리를 거머쥐었다.

곽재우는 어린 시절 남명 조식 문하에서 수학했다. 남명은 익히 아는 대로 천문, 역학, 지리, 그림, 의약, 군사 등에 두루 뛰어난 학자로 조선 지성계의 큰 기둥이다. 그의 제자 중에 곽재우, 정인홍, 김우옹, 정구 등 의병장이 수두룩하게 나왔다. 이후 곽재우는 풍류도를 접해 무예를 익히고 궁마술도 익히면서 군사 전략 전술까지 공부해 문무를 겸전한 인물이 되었다. 무술에는 나름 일가견이 있었기에 재빨리 의병을 모집해 왜군을 공격할 태세를 갖추었으리라.

곽재우는 왜군을 상대로 기습, 매복, 유인 등 갖가지 전술을 구사해 첫 출전인 거름강 전투를 비롯해 연전연승을 거두자, 많은 의병 지원자들이 곽재우 휘하로 몰려들어 이천여 명으로 불어났다. 게릴라 활동으로 의령, 창녕昌寧 등지의 산악에 매복하고 있다가 신출귀몰하며 왜군을 물리치고 왜군의 호남 진격을 저지하였고, 왜 보급선을 기습하여 보급을 차단하는 데 성공하였으며,

김시민의 진주성 싸움에 원군을 보내 승리로 이끄는 데 큰 도움을 주었다. 붉은 비단군복을 입고 아군의 맨 앞에서 싸웠다.

곽재우는 고구려 신라시대에 정립된 풍류도의 전략전술을 익힌 인물이다. 낙동강의 중요한 지점 강 밑바닥에 말뚝을 박아놓고, 일본군 배가 이 말뚝에 걸려서 우왕좌왕할 때 매복해 있던 의병들이 일시에 공격을 가해 큰 피해를 주곤 했다. 가장 큰 승리는 남강 정암진 전투였다. 15,000명의 일본군이 동래에서 함안을 거쳐 남강을 건너 전라도 쪽으로 진격하고 있을 때, 홍의장군 곽재우는 보잘것없는 무기들로 무장한 의병 3,000명을 이끌고 정암진에서 도강하는 일본군을 진창으로 유인한 후, 허걱대는 일본군을 완벽하게 유린해 곡창지대인 호남을 지키고 일본군 보급선을 차단함으로써 이후에 일본군이 곤경에 빠지게 되는 전기를 마련했다. 항상 이길 수 있는 조건을 미리 만들어놓고 전투에 임했기에 의병들과 조선군들에게 희망의 등불이었다.

곽재우에 대해서는 지방관직을 역임할 때 귀신 잡는 일화들에 얽힌 여러 설화가 있다. 조금 황당하기도 하기만 그만큼 곽재우가 특이한 능력을 가진 보통사람이 아니었다는 증거라 하겠다. 여기서는 생략한다. 전쟁이 끝날 때까지 많은 공을 세우고 큰 벼슬도 받았지만, 부임하지 않고 비파산으로 들어가 불로 요리하는연화煙火 속세 음식을 끊고 자연 선식만 하며 풍류도인으로 살았다. 이 시절에 지은 시가 전해진다 [이능화 2000].

벗들은 내가 화연 끊음을 안타까이 여겨

낙강가에 초옥을 함께 지었네.

배주리지 않게 솔잎만 먹으며

옥천의 물마시니 목마르지 않네.

고요히 거문고를 타니 마음 담담하고

문닫고 조식하니 뜻만 깊어라.

한 백 년 지나 도통한 후에

날보고 웃던 이들 날 신선이라 이르리.

2) 최초의 승병 영규대사

전쟁이 일어나자 가장 먼저 승병들을 조직해 의병을 일으킨 인물이 영규대사다. 공주 근처 판치라는 마을에서 태어났지만 조실부모하여 좋지 않은 환경에서 어렵게 성장했다. 이후 가까이에 있는 계룡산 갑사로 출가했다. 당시 갑사와 위쪽 암자들에는 수행자들이 많이 머무르고 있었다. 뒤에 언급할 유학자 구봉 송익필도 갑사 위 수정봉 중턱에서 수도하고 있었다. 이들 중에는 천안통이 열린 사람들이 있어, 조만간 나라에 큰 환란이 닥칠 것을 예상하고 있었다. 영규도 그중 하나였다.

영규는 인연이 있어 멀리 북쪽에 있는 묘향산에 기거하고 있던 서산대사를 찾아가 20년간 배움을 받았다. 항렬로 사명당 유정의 큰 사형이다. 원래는 서산대사부터 시작해 그의 제자들 이야기를 하는 것이 순서이나, 서산대사는 워낙 불교나 선가계통에서 많이 인용하는 분이라 여기서는 간략히 언급하고 그의 제자들 중심으로 이야기하겠다.

휴정 서산대사1520년~1604년는 어릴 때 부모가 돌아가셔서 어려웠으나, 안주목사 이사증이 그의 재목을 알아보고 양자로 키웠다. 덕분에 성균관 등에서 최고의 교육을 받은 인재로 키워졌다. 15살에 한 스님과 운명적으로 만나 '사람은 왜 사는지' 선문답 후 그길로 머리를 깎았다. 나이 들어서는 묘향산 보현사에 주로 기거했기에, 묘향산의 별칭인 서산을 자신의 별칭으로 썼다. 아시아에서 귀하게 여기는 책《선가귀감禪家龜鑑》의 저자일 뿐만 아니라,《유가귀감》과《도가귀감》도 저술할 정도로 유불선을 통섭한 인물이다. 당시 풍류도에서도 큰 기둥이었다.

영규는 그의 초기 제자이다. 영규대사는 신장이 11척으로 천하장사의 힘과 체격을 갖추어서, 그림6.4의 영규대사 진영에서 풍기듯이 기세가 당당했다. 스승인 서산대사와 마찬가지로 영규도 열심히 범어 경전부터 다양한 분야를 공부해 유불선에 능통했다.

서산대사 문하에서 공부를 마치고는 갑사로 돌아와 제자들을 양성하는 일에 몰두했다. 특히 무술에 능했으며 평소에도 스님들 지팡이인 선장禪杖을 가지고 무예를 익혔다. 젊은 스님들에게 장봉술을 비롯한 풍류도 무술을 열심히 가르쳤다. 또한 참나무 봉을 부지런히 만들고 대장간에서 낫을 만드는 대로 구입해 갑사 창고에 쌓았다. 왜 그랬을까. 주변 사람들은 그 영문을 몰랐다.

왜군의 침공소식을 듣고 속세를 떠나있고 살생을 금하는 불교도이지만 조선 백성들을 향한 왜군의 무자비한 살생을 막기 위해서는 승병들을 조직해 나서야 한다는 각오를 이미 단단히 해오던 영규였다. 사실 현시대의 청운, 원광스님을 비롯해 많은 풍류도 인물들이 불교 스님이었지만 자신의 정체성을 불교도보다는 풍류도인으로 자리매김했다. 자신이 한국인이고 풍류도가 한국인의 영적 중추라고 인식하고 있었기 때문이리라. 그래서 영규도 전쟁 소식을 듣자마자 즉시 충청도 주변 사찰에 긴급 파발을 띄웠다.

'한 그릇의 밥도 다 나라의 은혜다. 죽음을 두려워하는 마음을 버린 자들은 이리로 오라. 우리가 왜군을 막아내자.'

이 파발을 보고 며칠 사이에 갑사로 삼백여 명의 스님들이 모여들었다. 어떻게 이렇게 조속히 300명의 스님들이 깊은 산속에서 뛰쳐나와 나라를 구하기 위해 달려올 수 있었을까. 당시 상황을 알 수는 없지만 영규 대사의 카리스마 넘치는 지도력과 모여든 스님들 개개인의 불타는 애국심의 발로였으리라. 영규 대사는 즉시 창고를 열어 참나무 봉에 낫을 달아 승군의 주요 무기로 만들었다.

낫창은 주로 적의 목이나 발목을 거두어 잡아당기는 기술을 사용했다. 때로는 적의 칼을 잡은 손목을 낚아채 잡아당겼다. 실전에서는 몇 번만 사용하면 낫이 봉에서 느슨해져 빠져나왔다. 이는 곧 죽음을 의미한다. 칼을 포함한 더 이상의 무기는 구입할 곳도 만들 여력도 없었다.

짧은 시간에 모인 승병들을 군사조직 체계로 만들고 부대 전투 전술을 훈련시키면서 일본군과 맞붙을 장소를 모색했다. 최초의 승병조직이었다. 충청도에서 영규스님이 승병을 일으켰다는 소식이 전국 사찰에 퍼지자, 계속 승병으로 지원하는 스님들이 몰려들어 계룡산을 떠날 때는 천 명이 넘는 숫자였다. 이때 일본군 주력은 이미 청주까지 진격한 상태였다. 때마침 조헌이 충청도에서 의병을 모집하자 이들과 영규대사의 승병들이 합쳤다.

여기서 옆길로 잠시 새어나가 풍류도 인물은 아니지만 의병장 조헌을 언급하고 넘어가야겠다. 그는 깨어있을 뿐만 아니라 강직한 선비의 전형으로서 일본이 조선 침략을 준비하고 있다는 것을 잘 알고 있었다. 일본에 갔던 통신사가 일본 사신과 함께 돌아와서 조정에 방일 결과를 보고한 후, 도끼를 어깨에 메고 대궐 앞에 엎드려 만언소萬言疏를 올렸다. 일본이 반드시 침략해 올 것이니 허위 보고를 한 김성일과 일본 사신을 이 도끼로 처형하고 전쟁 준비에 나서야 한다고 주장했다.

이에 대한 선조의 대응이 걸작이다. 민심소란죄로 그를 길주로 유배 보내 버렸다. 울분에 차있던 그는 임진왜란이 일어나자 5월에 격문을 띄우고 의병을 모아 차령에서 왜군을 물리쳤다. 그

후 다시 의병을 모아 8월 1일 영규의 승군과 같이 청주성으로 진군했다. 이때 충청도 방어사 이옥의 군사 오백 명도 합세하여 총 삼천여 명의 병력이 되었다.

실제 전투는 거의 승병들이 앞장서서 일구어내었다. 관군들은 대부분 농민이나 일반 백성들이었고, 조헌의 의병들도 의욕만 있었지 싸움이라고는 해본 적이 없는 서생 출신이거나 머슴들이었다. 반면에 승병들은 상당수가 영규 스님에게서 무술을 배운 이들이었고 영규대사는 뛰어난 전략전술가였다. 승병들은 요즈음으로 치면 소대, 중대 규모의 전투대형을 갖추고 진격해 들어갔다. 농기구 수준의 무기들을 들고 조총과 칼로 무장한 일본 정규군의 진지로 쳐들어간 것이다. 관군은 패하여 달아났으나 영규대사가 이끄는 승병이 분전하여 마침내 8월 초 청주성을 수복하였다.

곧이어 왜적이 충청도와 전라도를 빼앗으려 진군해 오고 있다는 소식을 듣고 의병장 조헌趙憲이 전라도로 향하는 고바야가와小早川隆景의 일본군을 공격하고자 할 때, 영규는 관군과의 연합 작전을 위하여 이를 늦추자고 하였다. 그러나 관군은 동조하지 않았고 조헌은 곡창지대로 왜군이 들어가면 절대 안된다고 자신만이라도 가겠다고 나섰다.

'이 도적은 우리가 능히 대적할 수 없지만, 우리들은 충위로써 선비의 마음을 일으켜 그 날카로움을 타고자 한다.'

이에 영규는 조헌을 혼자서 죽게 할 수는 없다고 함께 금산 전투에 참가하기로 하였다. 금산으로 향했으나 충청감사 윤선각은 조헌의 의병군에 가담한 장정들의 부모와 처자들을 잡아 가두고 각 읍에 공문을 보내 조헌에게 협력하지 말 것을 명했다. 이로 인해 수백 명이 부대를 이탈해 고향집으로 돌아갔다. 왜 조선의 관리들은 그랬을까. 역사에 던지는 의문이다. 그래도 이에 굴하지 않고 남은 이들을 이끌고 금산으로 가서 8월 18일 왜장 고바야가와의 만여 명 군대와 전투를 벌였다. 계속 밀리면서 조헌이 전사하자 워낙 중과부적이라 병사들이 피할 것을 권했으나 영규대사는 '죽으면 죽지, 의는 홀로 살지 않는다' 하며 거절하였다.

최전선에서 결사적으로 싸우다가 창자가 몸 밖으로 빠져나오는 부상을 입게 되자, 일부 승병들이 그를 둘러매고 뒤로 빠져나왔다. 전투현장 밖에서 배를 움켜잡고 영규 스님이 마지막으로 내뱉은 말은 '나는 괜찮다. 어서 가서 왜놈들이 금산 땅을 넘어가지 못하게 하라'는 말을 남기고 숨을 거두었다. 그리고 금산성 전투 현장에서는 최후의 일인까지 끝까지 싸워 조헌과 영규를 위시해 모든 의병들이 장렬하게 숨졌다. 이를 기려 나라에서는 그림 6.4와 같이 챌백의총七百義塚을 세웠다.

여기서 숨진 조선군은 조헌의 의병 700명, 영규의 승병 600명, 합해서 1300명이다. 그런데 왜 '칠백의총'이라고 할까. 승병 600명은 천민이라고 사람으로 치지 않았기 때문이다. 이 당시 얼마나 신분제도의 악습이 뿌리 깊었는지 알려주는 증거이지만, 더 부끄러운 일은 이런 사고방식을 여태까지 유지하고 있다는 점이다. 금산군 지자체나 문화재청, 불교계, 시민단체들이 나서 하루빨리 '천삼백의총'으로 바꾸어야 한다. 기왕이면 젊은 세대가 알아듣기 쉬운 말로 '천삼백 의인의 무덤'이라고 바꿔 불렀으면 한다.

이 글을 읽는 독자분들이여. 잠시 책을 접고 나라를 위해 스스로 목숨을 바친 천삼백 명의 순국의인들을 위해 잠시 묵념해주시길. 또한 금산 근처를 지나는 길에 시간이 나시면 인삼도 사고 '천삼백 의인의 무덤'에 들러 꽃 한송이 헌화하고 의인들을 기리는 쪽지 한 장 써 붙여놓고 가시기를.

금산 전투에서 큰 피해를 당한 왜군들은 호남 방면으로 진격하려던 계획을 포기하고 한양 쪽으로 진로를 바꾸었다. 만약 금산 전투가 없었다면 왜적들은 곡창지대인 호남평야를 마음껏 유린하고 군량미를 확실하게 확보했을 것이다.

일부 사학계에서는 한산, 진주, 행주대첩을 우리가 승리한 임진왜란 3대첩으로 꼽고 있으나, 이중 육지에서 벌어진 진주, 행주대첩은 큰 전투였으나 적의 진지를 공격하고 탈환한 것이 아니고 공격해 오는 왜군을 성안에서 방어한 것이다. 다른 각도로 조선군이 적극적으로 공격한 전투를 살펴보면, 임진왜란 7년 사이에 5대 대전으로 ①평양대첩 ②청주대첩 ③금산대첩 ④노량대첩 ⑤한산대첩을 꼽을 수 있다 [백지원 2009]. 이 중에서 해상전인 노량

그림6.4 영규대사 진영과 금산에 있는 칠백의총(七百義塚). 실제는 천삼백의인(千三百義人)의 무덤이다.

과 한산대첩은 이순신 장군이 이끈 것이고, 평양 대첩은 가장 큰 전투로 관군과 의병, 명나라 원군이 합동작전을 펼쳐 왜군의 주력을 타파한 것이다.

청주대첩과 금산대첩은 바로 조헌의 의병과 영규의 승군이 합동으로 이끈 전투다. 사실 청주와 금산 전투는 다른 전투에 비해 상대적으로 규모가 작았으므로 사학계에서는 대첩大捷이란 표현을 쓰지 않으나, 조선군이 적의 주력부대를 적극적으로 공격해 좌절시켰다는 의미에서 대첩으로 불러도 무방하리라. 연암문집에 왜군의 성진을 탈환한 자는 오직 영규대사 뿐이라고 적었다. 적보다 훨씬 열악한 무기와 병력으로 이런 성과를 일구어내었으

제6장 역사와 설화로 살펴보는 풍류도와 인물들

니 얼마나 대단한 전략전술가인가.

3) 사명당

우리가 익히 잘 아는 사명당 유정1544년~1610년은 문헌이나 역사적 근거도 아주 풍부히 갖추고 있는 인물이기에 그에 얽힌 무협지 같은 설화도 많다. 사명당도 불교승려이며 동시에 풍류도인이다. 앞에서 논했듯이 유정의 스승 휴정 서산대사1520년~1604년가 유불선을 통섭한 인물이기에 제자인 사명당이나 영규대사 모두 그렇다.

일반인들에게는 알려지지 않았지만 풍류도에서는 큰 비중을 차지하는 인물이고 그에 얽힌 신출귀몰한 설화들은 대부분 그가 풍류도 고수이기에 생긴 이야기들이다. 임진란이 일어났을 때 곧바로 승병을 일으켜 오천여 명이 집결해 일본군과 맞서 싸웠다는 것은 이들이 무예에도 상당히 조예가 있었고 평소 훈련도 있었기에 가능했던 일이라고 본다. 두 분의 믿기 어려운 일화 중에 이런 것이 있다.

'서산대사와 사명대사 두 분께서는 왜적이 쳐들어오자 즉시 생사팔진법生死八陳法을 벌려 놓으셨다. 그 진 안에서 서산대사는 주문을 외우시고 사명당은 북두칠성검법, 즉 칠성검법을 행하니 왜적의 배가 침몰하였다.'

이런 무협지 같은 일화가 그대로 사실이고 두 스님이 그런

공력을 계속 펼쳤다면 임진왜란은 쉽게 조선의 승리로 끝났을 텐데, 그렇지 않았던 전쟁 전개로 미루어 보건대 과장된 이야기인 것만은 확실해 보이나 두 분이 상당한 도력을 갖추었고 전투 현장에서 많은 사람들이 이런 류의 범상치 않은 공력을 목격한 것 같다.

사명대사의 칠성검법이란 우리 조상들의 북두칠성 신앙과 연관을 가진 검법으로 천문을 바탕으로 한 북두칠성검법을 실전용으로 줄이고 변형시킨 검법이다. 조선시대에 들어와 성리학을 국교로 삼으면서 불교, 선교, 무예 등을 탄압하기 시작하자 이들이 산속으로 쫓겨 들어와 스님들을 중심으로 은밀히 전수되고 있었다.

조선시대의 혁명가적 풍운아 허균이 유정 스님을 스승으로 모시고 공부했다고 하니, 홍길동전은 이런 역사적 배경을 바탕으로 탄생했으리라. 승병들이 각지에서 일어난 의병들과 합세하여 적의 보급로를 끊고 마침내 원정 온 명나라 군사들과 합세해 평양성 탈환을 성공시키니 비로소 승승장구하던 일본군의 기세가 꺾이면서 일본군이 진퇴양난에 빠지는 결과를 가져왔다. 풍류도에서 전해지는 사명당이 서산대사를 찾아가는 과정부터 이야기해 보자 [배종렬 2001].

하루 온종일을 걸어 사명당이 서산대사가 기거하는 묘향산 절을 찾아 산 고개를 넘어가고 있는데, 한 남루한 노인이 산 길가에 앉아 졸고 있었다.

"어르신, 날도 저물어 가는데 여기서 졸고 계시면 어떡합니까?"

"야, 이놈아, 젊은 놈이 발길이 왜 이리 느리냐? 너를 기다리다 내가 깜박 잠이 들었다."

"아니, 저를 기다리신다니요?"

"그래, 어디를 가는 길인고?"

"서산대사를 뵈러 가는 길입니다."

"이놈아, 그 땡중에게 찾아오는 중생들이 너무 많아 아예 문고리를 잡아 걸었는데, 어떻게 만나려는고?"

"저도 그런 이야기를 들은 바 있어서 사실 막막합니다. 부디 방법을 알려주십시오."

"그래, 그래서 내가 여태 너를 기다렸느니라, 내가 도와주지 않으면 너는 필경 서산 방 문고리도 잡아보지 못하고 돌아서야 하거든. 자, 서산 방 앞에 도달하거든 이 자세를 잡고 끝없이 기다려라. 그러면 서산이 방문을 열 것이다."

그러면서 노인이 자세를 잡았다. 노인의 태도가 범상치 않아 보여 사명당도 따라 자세를 취하며 물었다.

"이 자세는 무엇이오니까?"

"이 자세를 풍류도 입선 자세인 천공유수天空有水라 한다. 너는 이 자세를 앞으로 십 년간 잡아라."

사명당이 자세를 잡고 있자 노인은 만족한 웃음을 띠고는 사라져 버렸다. 사라진 노인의 뒷모습을 향해 감사의 인사를 올린 후 사명당이 드디어 절간 경내에 들어와 절간을 지키는 행자에게 물어 서산이 있는 암자까지 도달하니 야밤 삼경이 되었다. 한밤중이라 스님을 깨울 수도 없어, 사명당은 암자 마당에 우뚝 서서 노인이 가르쳐준 자세를 잡고 장승처럼 버티었다.

때는 한겨울이라 매서운 찬바람이 온몸을 애며 파고들었지만 꿈쩍 않고 그대로 버티었다. 처음에는 추위와의 싸움이었다. 그러나 점점 시간이 가면서 깨달았다. 추위를 못 견디는 것은 내 몸이라 생각했지만, 계속 버티고 있는데도 내 몸은 무너지지 않고 그대로 버티고 있지 않은가. 그러면 이 강력한 추위를 못 견디어 포기하도록 종용하는 것은 무엇이란 말인가. 갑자기 눈앞이 확 밝아지면서 이 물음이 화두가 되었다. 모든 공간이 정지하고 시간도 정지하여 오직 한 물음만이 우주를 감쌌다.

달도 산등성이를 넘어간 후, 서산이 잠들었다가 밖에서 이상한 서광이 안으로 비춰오는지라 깜짝 놀라 눈을 떴다.

"밖에 누구냐?"

아무런 기척이 없어 서산이 방문을 열어젖히자 마당에 한 젊은 중이 입선 자세를 취한 채 그대로 얼어붙어 있었다. 그렇지만

그림6.5 (좌)서산대사가 수련한 우산청풍 자세
(우)사명당이 수련한 천공유수(天空有水) 자세

온몸을 은은한 오로라가 감싸고 있었다. 이 현상은 앞에서 태공유수에서 설명했듯이, 수련자가 끝없는 인내로 장벽을 관통하고 천지 기운이 연결되어 백회로 합일의 기운이 뿜어져 나올 때 생기는 현상이다.

서산이 가까이 다가가서 보니 한겨울 찬 기운에 온몸에 얼음이 매달려 있고 아주 가늘게 콧김만 새어나오고 있었다. 상황이 심상치 않음을 알아채고 서산이 얼른 끌어안고 방안으로 데려와 몸을 녹여 주었다. 아침이 되고 정신이 돌아오자 사명당이 다시 마당으로 나가 서산대사에게 큰절을 올리며 가르침을 청했다.

"내가 지금 방 문고리를 잡고 있는데 방문을 열어보겠느냐, 아니면 기다릴 테냐?"

"봄 동산에 꽃이 피었는데, 나비가 어디로 가겠나이까"

"허어, 늙은 나비도 봄이 있더냐, 그런데 너는 누구냐?"

"저는 사명이라 하옵니다."

"아니, 이놈아, 그건 너를 부르는 이름이고 네 안에 있는 진짜 너는 누구냐?"

"제 안에 부처가 있사옵니다."

"이놈 봐라. 잘도 지껄이는구나. 그런데 밤새 잡았던 그 입선 자세는 누구한테 배웠는고?"

"예, 들어오는 산길에서 누더기 옷을 걸친 어느 노인장에게서 배웠습니다."

"으음, 스승님이 다녀가신 모양이로구나. 그래 좋다. 스승께서 보낸 놈이고 의지가 굳건한 걸 보니 해볼 만하겠다. 나는 오늘 겨울 산을 업고 봄동산으로 가겠노라. 들어오너라."

사명당이 방 안으로 들어가 서산에게 제자로서 예를 올리니, 한국 불교와 풍류도에 새로운 역사가 시작되었다.

《지봉유설芝峰類說》, 《청야만집靑野謾輯》 등에 수록된 왜장 가토 가요마사加藤淸正와의 일화는 담대하다. 가토는 일본 불교종파인 일련종日蓮宗의 신실한 신자로 조선파병 때도 일본승려를 동반하고 왔다. 그래서 조선의 불교 승려와 적대감을 드러내지 않고 대화할 수 있었기에 조선 조정에서는 사명당을 종전 협상을 위한 조선을 대표하는 사신으로 왜장과 협상을 벌이도록 했다. 하지만 그의 부대는 진군하면서 온 조선을 휘저으며 살육과 약탈을 자행해 조선 백성들의 원성이 드높았다. 전해지는 가토와 사명당의 대화 내용이다.

"귀국 조선에 보물이 있소?"
"오직 그대의 머리가 보물이요."
"왜 그렇소?"
"당신 머리에 천금만호千金萬戶의 상이 걸려 있으니 어찌 보물이 아니겠소."

둘은 껄껄 웃으며 서로 사나이다운 배포를 인정하고 이후로 종전 협상을 위한 대화를 이어갔을 것이다. 가토는 의도치 않게 300여 년 후 숭례문崇禮門을 지킨 인물이 되었다. 대한제국 시기 통감부에서 교통 편의상 숭례문을 헐려고 했으나, 가토가 임진왜란 당시 숭례문을 통해 한성에 입성한 것을 기억하는 일본인들이 남대문을 승전기념물로 여겨 철거를 반대하여 결국 보존되었고 나중에 일제시기 국보 1호로 지정되었다.
이는 고니시 유키나가小西行長가 입성한 동대문인 흥인지문興仁之門과 같은 경우로, 1899년 경성에 전차를 설치할 때 서대문,

종로, 동대문을 거치는 구간에서 숭례문과 흥인지문이 살아남는 결정적 역할을 하게 된 셈이다. 대신 경복궁과 광화문은 일제가 철저히 망가뜨려 버렸다. 이런 역사를 기억한다면 일본인들이 제정한 국보1호는 훈민정음 해례본이나 석굴암 같은 더 의미있는 유물로 바꾸어야 하리라.

제2장 원광스님 편에서 언급한 사명당의 설화나 다른 여러 사명당과 관련된 설화들은 모두 임진왜란 시에 형성된 왜적에 대한 민족적 적개심과, 이에 대항해 필사적으로 싸우고 적의 본거지인 일본에 들어가 최고 수장인 도쿠가와 이에야스와 담판을 벌여 끌려간 백성들을 데리고 온 영웅에 대한 민족적 긍지를 반영하고 있다. 사명당은 전쟁 후 65세에 가야산에 들어가 왕의 호출도 무시하고 은둔하다가 광해군 때인 1610년에 입적했는데, 입적 시 남긴 시가 역시 그답다.

'이 세상에 잠시 머물다 가려 했으나, 뜻밖에도 너무 오래 머물렀구나.'

경상남도 밀양시 무안면에는 사명당영당비四溟堂影堂碑가 있는데 이 비는 국가에 큰일이 날 때마다 몇 말씩의 땀을 흘린다는 이야기가 전하니, 사명당은 아직도 우리 후손들의 가슴에 살아 있다고 해야 할 것이다.

칠현반검의 진묵선사震默禪師

조선과 일본과의 전쟁 시기, 서산이나 사명당과 같은 시대를 산 인물로 진묵선사가 있다. 그는 임술년1562년에 만경의 바닷가 작은 마을인 불거촌佛居村에서 태어나 계유년1633년에 세상을 떠났다. 고려 말 공민왕 때의 나옹懶翁대사와 더불어 석가모니 후신불로 높은 평가를 받고 있다. 불거촌이란 부처가 사는 마을이라는 뜻이니 그의 출생지란 연유로 후대에 지어진 것으로 여겨진다. 김제 만경 지역은 백제의 미륵 하생 신앙의 발상지로 그 전통이 내려오던 곳이다.

일곱 살 때, 진묵은 전주 사방산 봉서사로 출가하였다. 이후 봉서사 위 산중턱에서 수련에 정진하였는데, 어느 날 나무꾼이 진묵이 수련하는 자리에서 찬란한 빛이 쏟아져나오는 것을 목격하고 스님들에게 알렸다. 이 날밤 스님들이 진묵이 수행하는 산중턱에서 빛이 뿜어져 나오는 것을 또한 목격하였다.

수련세계에서 발광은 그 사람이 득도했다는 징표다. 인도 요가식으로 표현하자면 단전에 웅크리고 있던 쿤달리니가 각성되어 몸의 일곱 개의 차크라를 열며 차고 올라와 백회혈에 있는 사하스라라 차크라로 빠져나와 커다란 보름달 같은 푸르나 찬드라를 형성해서 드러나는 찬란한 빛이다. 바로 불상에서 부처의 둥그런 후광이 그 표현이다.

한국 현세대에서도 사례가 있다. 백봉 김기추 거사가 1963년

초 한겨울에 바위 위에서 지독스러운 수행 정진을 하고 있었는데, 새벽녘에 마을 사람들이 백봉이 수도하는 암자 근처에서 빛이 솟구치는 것을 보고 암자로 달려왔다. 그래서 도반들도 뛰쳐나와 같이 백봉이 발광하는 모습을 목격했다 [장순용 1996].

다른 출처에서는 진묵대사가 변산 월명암 낙조대落照臺에서 득도했다고 한다. 17세에 월명암에 올라 묵언 수행으로 8년 동안 주야를 떠나 정진하여 대각을 이루었다. 변산 채석강은 일몰이 돋보이는 곳으로 불가에는 일몰을 관하는 수행법이 있다. 떨어지는 태양의 모습을 보며 돌아감[歸]의 모습, 즉 제 근원을 찾아 돌아가는 원시반본原始返本의 오묘한 섭리를 깨치게 되었을 것이다.

풍류도에서는 그가 아침에 해뜰 때 태공유수 자세를 잡고, 두손과 눈이 태양을 따라가며 하루종일 자세를 취했다가 서편에 해가 질 때에야 손을 거두는 수련방식으로 유명하다. 진震은 역易에서 정동 방향으로 동방인 우리나라를, 묵默은 능인적묵能仁寂默을 뜻한다. 능인은 세상의 모든 진리에 능하고 모든 만물에 어질다는 뜻이고, 적묵은 고요하고 침묵하는 가운데 깨침을 얻었다는 뜻이다.

진묵대사가 동굴에서 거꾸로 매달려 숨쉬는 박쥐를 보고 깨달아 만든 입선 수련법으로 곤연지세昆然地勢가 있다. 그림6.6과 같이 우측다리 발바닥을 바닥에 붙이고 왼다리 발목 부분을 오른다리 오금 뒤에 붙인다. 두 손을 활짝 펴서 날개처럼 벌려 손목을

제6장 역사와 설화로 살펴보는 풍류도와 인물들

그림6.6 (좌)봉서사에 있는 진묵화상 진영. 봉서사는 진묵이 처음 출가수행한 곳이자 마지막 입적한 절이다. (우)진묵선사가 수련한 곤연지세(昆然地勢)

위로 꺾고 손가락이 하늘을 향해 손바닥을 몸 바깥쪽으로 하여 놓는다. 학이 날아가는 형상이다. 하궁은 수기운 배꼽아래 단전, 본궁은 수미산 인당 부위다. 수기승하강하여 눈물이 나고 대추로 지나는 12경락이 열린다.

그는 칠현반검, 태을검, 무영검, 비룡검 등 검법의 고수였다. 특히 칠현반검하면 진묵을 연상할 정도로 유명했는데, 칠현반검은 검을 머리 위로 치켜들어 빠르게 돌리면서 나아가는 검법이다. 하루는 길을 가다가 정자에서 칠현금七絃琴을 타는 여인이 있어, 그 소리가 너무 멋있어 소리에 취해버렸다. 이에 진묵이 칼을 빼들고 소리에 맞춰 칼춤을 추는데, 진묵 주위로 칼은 보이지않고 칼날이 햇빛에 반사되어 반짝이는 일곱 빛깔 무지개가 휘날렸다는 설화가 전해진다. 그래서 칠현반검이다. 이런 무술의 고수임에도 불구하고 전혀 전쟁에 끼어들지 않았다. 불교의 살생하지 말라는 계율 때문이었을까. 조용헌은 이를 1589년에 발생한 정여립 사건의 영향으로 간주하였다 [조용헌 2005].

정여립은 24세에 식년 문과에 급제하였고, 이이와 성혼의 제자로 총애와 후원을 받아 1583년에 예조좌랑이 되었다. 이이를 따라 서인에 속했지만 여러가지 견해 차이로 마음이 변하여 동인편에 섰다. 이 일로 선조와 서인들의 미움을 받아 견디지 못해 벼슬을 버리고 낙향하여 모악산 아래 김제 금구에 정착하였다. 여기서 대동계大同契를 조직하여 신분에 제약없이 가입을 허용했고, 개혁사상을 전파하고 무술훈련을 하는 등 호남을 중심으로 세력을 확장해 갔다.

조직이 전국규모로 커지자 그를 시기하던 세력들이 1589년에 역모죄로 이들을 고발하여 대대적인 체포령이 내려지니 역사에서 기축옥사라고 부른다. 진묵이 28세 때이고 임진왜란이 일어나기 3년 전이다. 이때 걸려든 사람이 수천 명이니 모악산 주변 인물들이 깡그리 전멸될 수준이었다. 조선판 광주사건이라고 불릴만하다.

이 참상을 목격한 진묵은 정치 혐오증과 살생의 트라우마가 깊게 각인된 것 같다. 그렇지만 그는 산속에 은둔하지 않고 삶의 고초를 겪는 민초들 속에서 같이 동거동락하며 그들을 도우며 살아갔다. 조선판 민중불교의 선구자이다. 그의 사후 호남의 민초들 사이에서 진묵 신앙이 생겨났는데, 도대체 어떤 일을 하고 어떤 능력을 가졌기에 미륵불의 화신으로 추앙받은 것일까.

불교계나 역사가들에게서 진묵은 실체를 파악하기 어려운 존재이다. 하지만 선도수련세계에서는 그를 원효 다음으로 도력이 높았던 승려로 평가한다. 임진왜란 때 전라도를 통과하던 일본의 왜장 밑에 천기를 보는 술사가 있었는데, 하늘의 천기를 보니까 30리 앞쯤에 있는 산에서 상서로운 기운이 하늘로 뻗치고 있었다. 서기가 뻗치는 것은 대도인이 머무르고 있다는 징표이다.

그때 진묵대사가 전북 완주군의 서방산 봉서사鳳棲寺에 머무르고 있었다. 그래서 왜장이 봉서사 쪽을 향해 3번 절을 올리고 서방산을 돌아서 북쪽으로 올라갔다는 전설이 전해진다 [조용헌 2005]. 그래서 삼례三禮라는 지명이 여기서 유래했다고 하는데 다른 설도 있지만 아무튼 삼례를 지날 때는 세 번 절할지이다.

진묵이 주로 활동했던 조선 중기 전라도 지방에서 유래한 설화들은 그가 살아있는 부처로서 행한 여러 가지 놀라운 이적들을 전해오고 있지만, 거의 허무맹랑하다고 할 정도로 상상을 초월하고 진위를 믿기 어렵게 만든다. 하지만 진묵대사는 임진왜란 이후 굶주리고 헐벗은 조선 민중들에게 희망의 등불이었다. 그는 임진왜란과 병자호란으로 겪은 참혹한 전란의 소용돌이 속에서 황폐해진 민초들의 삶을 치유하기 위해 온갖 노력을 기울이면서도 그 무엇에도 걸림이 없는 무애행無碍行을 실천하면서 유유히 떠도는 구름처럼 자유롭게 살았음을 설화들을 통해 알 수 있다. 진묵은 불교의 승려였지만 유도나 선도를 공부하는 사람들과도 폭넓은 교류를 하며 삼교회통의 경지를 보여주었다. 이는 삼교융합을 주창하던 휴정休靜 서산대사西山大師 1520년~1604년와 같은 맥이었음을 알 수 있다.

진묵은 중생의 도움을 받아 살면서도 개인적 구원에만 몰두하는 당대의 관념적 불교의 한계성을 비판한다. 민초들이 어렵사리 경작하여 얻은 귀한 곡식을 야금야금 축내면서도 아무런 죄책감도 느끼지 못하고 정작 민초의 고통과 고난을 외면하는 탐욕스런 승려의 행태를 질타한다.

서산과 사명이 호국불교라는 기치 아래 현실참여에 적극적으로 동참한 '국가불교'의 의미가 있다면, 진묵은 천대를 받는 일반 민중들의 삶 속으로 깊이 뿌리를 내리면서 그들과 삶을 함께하는 '생활불교'로서의 의미를 지닌다. 진묵대사의 삶은 그야말로 생활불교 또는 민중불교의 본보기라고 할 수 있다.

진묵은 대도의 경지에서 천지만물과 일체가 된 '우주적 마음'을 지니고 인간생명 뿐만 아니라 이 세계에 존재하는 모든 생명을 온몸으로 감싸 안았다. 우주만물과 하나가 된 '천지일심天地一心'의 경지는 진묵대사가 자유를 얻게 된 진정한 원동력이다. 진묵대사는 부자유한 존재로서의 인간이 부자유한 삶의 조건에서 진정한 자유가 어떻게 가능한가를 온몸으로 보여주었다. 그의 시가 이를 잘 표현하고 있다 [백운 1992].

하늘을 이불로 땅을 자리로 산을 배게로 삼고

天衾地席山爲枕 천금지석산위침

달을 촛불로 구름을 병풍으로 바다를 술통 삼아

月燭雲屛海作樽 월촉운병해작준

크게 취해 흔연히 일어나 춤을 추니

大醉遽然仍起舞 대취거연잉기무

행여 긴 소매가 곤륜산에 걸릴까 염려되는구나

却嫌長袖掛崑崙 각혐장수괘곤륜

이 시는 진묵선사가 머물렀던 모악산 수왕사 암벽에 탄지신공彈指神功을 발휘해 손가락으로 새겼다고 전해진다. 가장 쉽게 찾아볼 수 있는 곳은 봉서사 범종각 돌기둥에 새겨져 있다. 그는 물 같이 바람같이 살다가 간 까닭에 시 두 편 외에는 그의 자취를 찾기 어렵다. 이제 진묵선사의 행적에 대한 믿기 어려운 설화 몇 가지를 간단히 언급하겠다. 자세한 내용은 진묵선사에 관한 다양한 자료들이 있으니 참고하시라 [백운 1992].

진묵이 사미沙彌시절, 김룡사에서 대중 공양에 먹을 상추를 씻는데 갑자기 김룡사에서 10여 리 떨어진 대승사에서 불이나 스님들이 우왕좌왕하는 모습을 염력으로 보고는 손에 든 상추를 들고 물을 뿌려 불을 끄고 나니 상추는 먹지 못하게 되어 김룡사

스님들의 호된 질책을 받았으나, 며칠 지난 후 대승사 스님이 김 룡사에 볼일이 있어 들렀다가 대승사에 불이 났는데 갑자기 소나 기가 쏟아져 불이 꺼졌는데 주변에 상추들이 널려 있었다고 전하 자 진묵 사미의 신통력에 모두들 놀랐다고 하였다.

이와 유사하게 가야산 해인사에서 불이 났는데, 진묵이 미음 을 마시다가 이를 알아채고 허공을 향해 물을 내뿜으니 이 순간 해인사에는 갑자기 뿌연 비가 내려 비가 꺼졌다는 전설이다. 진 묵이 물체를 순간 공간 이동시키고 극도로 증폭시키는 공력을 발 휘해 이런 일들을 만들어냈는지 알 수 없으나 완전히 와전된 거 짓이라고 하기에는 이런 일화들이 넘쳐난다.

현대과학적인 시각에서 보자면 인공강우는 가능한 수준에 도달했다. 비나 눈의 씨앗이 될 화학물질을 비행기에 싣고 가 하 늘에 뿌리면, 구름 속에 들어있는 물들과 반응해 인공강우나 강 설이 되어 내린다. 그렇지만 공간을 순간이동teleportation 하는 능 력은 현대과학으로는 아직도 요원하다. 다만 원자 이하 수준에서 는 일상적으로 일어나는 사건이며, 그 이상의 차원에서 이를 달 성하기 위해 엄청난 연구자금을 투자하고 있다.

또 다른 일화로, 득남을 위해 백일기도를 하기로 결심하고 절을 찾아온 한 보살에게 진묵대사는 '곡차를 가져오면 아들을 낳게 기도를 해 주겠다'고 해서 이 보살은 정성껏 곡차를 준비해 진묵대사께 드렸으나 가져온 술만 마실 뿐 한 번도 법당에 들어 가 기도염불을 해주지 않았다. 백일기도가 거의 끝나갈 무렵 보살은 참다못해 진묵대사를 찾아가 따지니, 진묵은 나한전에 들어가 나한들의 뺨을 때리며 보살이 아들을 얼른 낳게 하라고 호통을 쳤다.

　그날 밤 보살의 꿈에 나한들이 나타나서 소원을 들어줄테니 다시는 진묵에게 그런 부탁은 하지 말라 하고 사라졌다. 그후 보살은 집으로 돌아가 신기하게도 아들을 낳았다. 진묵 말고도 절간에서 백일기도 후 아들을 낳은 이야기는 많다. 그런데 대부분 절간에서 백일을 채운 후 내려가 임신하게 되는데, 나도 이 정도 수준의 공력은 펼칠 수 있을 것 같다. 영업비밀이긴 한데 살짝 귀띔해 주겠다.

　여자가 몸이 피곤하고 배가 차가우면 임신이 잘되지 않고 임신하더라도 유산하기 쉽다. 정신적 스트레스도 큰 역할을 한다. 시집살이에 대가족 부양하느라 매일 몸이 파김치가 되는 며느리가 임신이 잘 되겠는가. 그런데 절간에 들어오면 매일 법당에 올라가 기도만 하라고 하지 누가 일을 시키나, 구박을 주나. 삼 개월이면 몸이 회복된다. 그러고 나서 건강한 몸으로 속세의 신랑한테 가면 얼마나 서로가 그리웠겠는가. 뜨거운 밤을 보내고 나면 임신이 저절로 쑥쑥 된다. 그런데 속세에 내려보내는 날짜를 잘 선택해야 한다. 여자의 생리주기와 천문지리를 잘 읽어 자식을 잉태하기 좋은 날을 택해 내려보내면 된다. 혹시 임신 문제로 고민하는 집안이 있다면 참고하시라.

봉서사에 오리쯤 떨어진 곳에 유학자인 봉곡 김동준이 살고 있었다. 둘은 학문을 논하는 친한 사이로 지냈다. 진묵의 죽음에 얽힌 비화에 봉곡이 등장한다. 진묵이 상좌上佐에게 자신은 좌선 삼매에 들 것이니 여드레 동안 방문을 잠궈 둘 것을 부탁하고 곧바로 좌선에 들어가 영이 육체를 떠나 멀리 서역으로 갔다. 시일이 지나다 보니 몸이 썩어 시해선屍解仙이 되었다. 시해선이란 영혼이 육체를 떠나니 육체가 자연 상태로 썩고 부스러지는 상태가 되면서 선화仙化한 상태다. 하지만 영혼은 자유롭게 다니며 자신이 원하는 활동을 한다.

어쨌든 진묵의 영혼이 멀리 서역에 가 있는 동안 봉곡이 절로 그를 찾아왔다. 상좌가 8일동안 방문을 열지 말라고 일렀음을 전하였으나, 봉곡은 이에 굴하지 않고 방문을 열어젖혔다. 방안에는 진묵이 결좌부좌를 한 채로 죽어있었다. 이에 봉곡이 어찌 시체를 방에 두고 혹세무민하느냐고 꾸짖으며 화장하게 하였다. 드디어 팔 일이 지난 뒤에 진묵이 돌아와서 신체가 없어졌음을 알고 진노했으나 별다른 수단이 없어 영의 세상으로 돌아갔다고 한다. 어떤 이는 지금도 진묵의 영혼이 봉서사 근처를 떠돌며 기이한 이적들을 행한다는 이야기도 있다.

진묵대사는 출가한 승려로서 후손이 없기에 대대손손 어머니의 제사를 모실 수가 없었다. 그래서 모친이 세상을 떠나자 만경면 북쪽의 유앙산 기슭에 모시면서 지은 49제문이 전해진다 [백운 1992].

태중에서 열 달 길러주신 은혜를 어찌 갚으오리까?

슬하에서 삼 년을 키워주신 은덕도 잊을 수 없나이다.

만세를 사시고 다시 만세를 더 사신다 해도 자식의 마음은 그래도 모자란데

백년도 못 채우시니, 어머님 수명은 어찌 그리도 짧으옵니까?

표주박 한 개로 길 위에서 걸식하며 사는 이 중은 이미 그러하거니와

비녀를 꽂고 규중에 있는 시집 못 간 누이동생은 어찌 슬프지 않겠습니까?

상단 공양도 마치고 하단제사도 마치고 중들은 제각기 방으로 들어가고,

앞산은 첩첩하고 뒷산은 겹겹이온데, 어머님의 혼백은 어디로 가셨습니까?

아! 애닯기만 합니다.

어머니 묘를 마련한 진묵대사는 현판에 '여기 이 묘는 만경현 불거촌에서 나서 출가 사문이 된 진묵 일옥의 어머니를 모셨는바, 누구든지 풍년을 바라거나 질병 낫기를 바라거든 이 묘를 잘 받들지니라. 만일 정성껏 받든 이가 영험을 못 받았거든 이 진묵이 대신 결초보은하리라'고 적었다. 이 현판은 소실되고 없지만 묘 앞에 세워진 성모암에서는 진묵대사와 모친의 영정을 봉안하고 매년 제사를 드리고 이 무덤을 찾아 매년 수백 명이 찾아온

다 하니 결국 자손이 없어도 향화가 끊이지 않게 한 진묵스님의 대단한 공력의 산 증거가 아니겠는가.

진묵이 가고 약 300년 후, 모악산 자락에서 수도한 구한말 시대 강증산은 대순경전에 이런 말을 남겼다.

'지난 임진왜란에 정란 수습의 책임을 최풍헌崔風憲이 맡았으면 사흘에 지나지 못하고, 진묵이 맡았으면 석 달을 넘기지 않고, 송구봉宋九峰이 맡았으면 여덟 달 만에 끝냈으리라.'

임진왜란 시기 최풍헌을 선가仙家, 진묵을 불가, 송구봉을 유가를 대표하는 인물로서 상호비교한 것이다. 그런데 사실은 세 사람 모두 유불선에 통달한 사람들이었다. 앞서 이야기한 대로 풍류도에서는 진묵을 풍류도인으로 보고, 송구봉은 계룡산 갑사에서 영규스님에게 풍류도를 배웠다. 최풍헌이 전쟁을 사흘 만에 마무리할 수 있다는 말은 강증산의 평가가 아니라 최풍헌 자신이 한 말이다.

최풍헌은 임진왜란 시기 뛰어난 인재였음에도 그를 아는 사람이 거의 없고 바람같이 물같이 살다간 사람이었다. 최풍헌은 전라도 고흥高興군 동강면 북쪽 두방산斗傍山 능선에 있는 쌍석굴에서 선가 수련을 하며 일가를 이루었다. 최풍헌은 임진왜란이 일어날 것을 미리 알아채고, 인근 산골짜기에 많은 식량과 거처를 마련해 놓았다가 난리가 나자 산으로 주변 사람들을 피신시켜 생명을 보전하게 했다.

왜군들이 질풍노도처럼 밀려 올라오고 선조는 허겁지겁 평양으로 도망갔을 때 흥양현 말단 관원으로 있었던 최풍헌이 선조를 뒤쫓아가 어렵사리 알현하였다. 그가 한 말은 바로 '저에게 병권을 주십시오. 그러면 사흘 만에 이 전란을 끝내겠습니다'라는 것이었다.

그 말을 들은 대소신료들이 '일개 말단 관원이 주제넘게 그런 말을 하다니! 그것도 사흘이면 된다니, 제정신이 아니구나!'라고 핍박을 주었고 선조 또한 단호히 거절하고 그를 내쫓았다. 쫓겨난 풍헌은 그 후 세상을 구하려던 자신의 포부를 받아주지 않는 것에 낙담하고, 험해지는 세상 꼴을 더 이상 보기 싫어 속세와 인연을 끊고 금강산으로 들어가 종적을 감췄다고 한다.

송구봉도 일반인들에게는 생소하지만 조선 중후기 역사에서 아주 중요한 역할을 한 인물이라 간단히 언급하겠다. 구봉은 호이고, 본명은 송익필宋翼弼이다. 수재였지만 서자 출신이라 벼슬을 못하고 앞에서 언급한 영규대사가 주석하던 계룡산 갑사를 낀 수정봉 아래에서 선가수련을 했다. 그가 계룡산에서 깨달음을 얻고 지은 시가 전해진다 [권태훈 1985].

날이 길어 새소리 없고

晝永鳥無聲

비온 뒤 산색은 더욱 푸르구나

雨餘山更靑

일없이 도가 큼을 알고

事稀知道泰

고요히 거하는 가운데 마음이 밝음을 깨닫는다.

居靜覺心明

해 솟은 정오에 천 개의 꽃이 피고

日午千花正

맑은 연못에 만상이 나타나는구나.

池晴萬象形

끝내 말이 없음에

從來言語淺

침묵 속에 이들 간에 성정을 알겠네.

默識此間情

　송구봉은 한 때 제자였던 이순신에게 병법 전술에 관한 다음과 같은 구절 두 개를 종이에 써서 전해주었다고 하는데, 글자 그대로 해석해서는 전하고자 하는 바를 알 수 없고 파자, 은유와 상징 등을 활용해 깊게 들여다보아야만 숨긴 의미를 알 수 있을 것이다. 실전에서 이순신이 어떻게 활용했는지 알려진 바는 없다.

달 어두운 밤에 기러기 높이나니

月黑雁飛高

선우는 밤에 도망치리라.

單于夜遁挑

독룡이 숨어있는 곳의 물은 편벽되게 맑으리라.

毒龍潛處水偏靑

계룡산에서 수련 후, 경기도 파주 구봉산 자락에 머물며 학문과 수련에 증진했다. 구봉은 바로 그가 구봉산자락에서 기거했다 해서 붙여진 호이다. 유가를 대표하는 문장과 학식뿐만 아니라 도인으로서의 지략과 신통력을 갖추었다. 정여립 사건을 뒤에서 유도한 사람이 바로 송구봉이라고 역사가들은 본다. 이 사건으로 정여립과 엮인 동인들이 치명적인 타격을 받았고 반대급부로 서인들이 득세하게 되었다. 재야고수로 구봉의 학문이 알려지기 시작하자 많은 사람들이 찾아와 그의 제자가 되었다. 구봉의 제자로 가장 유명한 이가 김장생이고, 제자들이 노론의 중심세력이 된다. 인조반정의 주축이 바로 구봉의 학맥이었고 이후 노론집권 300년의 터전이 마련되었다.

양란 이후 지식인층의 선교와 도교 수용
—

임진왜란과 병자호란을 겪으면서 조선 사회는 유교의 본거지인 명이나 청나라 군인들이 도교를 믿고 있는데 충격받았고,

특히 관우를 무신武神으로 추앙해 조선 땅 곳곳에 관우 사당인 관왕묘를 설치하도록 강요해 서울에 동묘를 세우고 임금이 참배까지 하게 되었다. 그러자 주자학을 신봉했던 조선 지배층에서 사교로 규정했던 도교에 대한 인식을 대폭 수정해야 했다.

그러다 보니 지식인층에서는 도교나 전통 선교에 대한 공부를 공개적으로 할 수 있게 되었다. 이때 한국 선도에 대한 대표적인 저술들이 쏟아져나왔다. 조여적의 《청학집》, 북애자北崖子의 《규원사화揆園史話》가 한국 고유선도에 대한 역사를 복원코자 하였다. 또한 전반적인 도교연구서로 정렴의 《용호결》, 한무외의 《해동전도록》, 곽재우의 《양심요결》, 홍만종의 《해동이적》 등이 쏟아져 나왔다.

그런데 이들의 사상적 맥락은 서로 달라, 한국 선도의 기원을 각기 다르게 본다 [임채우 2018]. 《규원사화》에서는 우리나라 선도는 고유문화로 전승 발전해 오다, 강역이 겹치는 북중국에도 전래되었다고 본다. 근대에 이능화가 지은 《조선도교사》에서도 이 노선을 따른다. 그 근거로 중국 진나라 갈홍이 지은 《포박자》에 황제가 동쪽 청구에 와서 자부선생에게 삼황내문을 받았다는 기사를 든다.

두 번째 입장은 신라시대 당나라 유학생들에 의해 중국 도교가 특히, 종리권의 전진교 도법이 한국에 전래되었다고 본다. 《해동전도록》이 이런 입장이다. 노장사상과 결합한 중국 도교가 크게 발전하고 우리나라의 엘리트 계층들이 이를 받아들였다. 그래서 우리나라에서 간행된 선도 관련 책들은 대부분 중국 도교에 사상적 기반을 두고 있다. 대부분 현대 한국 연구자들도 이런 입장을 따른다.

세 번째는 우리 고유의 선맥이 있기는 하지만 중국 도교의 영향을 많이 받아 융합되었다는 입장이다. 선조 때 사람인 조여적趙汝籍은《청학집靑鶴集》이라는 선가서에서 이런 자세를 드러내었다. 조여적은 편운자片雲子 1559년~?를 스승으로 모시고 선도를 수련하였다. 삼국유사에서는 우리 민족의 시조 계보를 환인-환웅-단군왕검으로 잡고 있는데, 청학집에서는 도인 금선자金蟬子가 한 말을 기록했고 금선자는 변지卞沚의《기수사문록記壽四聞錄》이라는 책을 인용하여 우리나라 선도의 계보를 다루었다. 이를 살펴보면 다음과 같다.

환인, 환웅, 단군왕검, 모두 선도를 수련한 인물이고 환인은 명유明由에게서, 명유는 광성자廣成子에게서 선도를 배웠다. 광성자는 장자 재유在宥편에 등장하는 전설상의 신선으로, 광성자는 중국 서방에 위치한 공동산崆峒山에서 선도를 닦으며 살았다. 환인은 동방 선파의 시조가 되었는데 환웅천왕桓雄天王은 환인의 아들로서 그 뜻을 계승하고 풍우風雨와 오곡 등 360가지 일을 주관하여 동방의 백성들을 교화시켰다. 단군이 그 일을 잇고 교화를 행한 지 10년, 구이九夷가 모두 받들어 천왕天王으로 세웠다. 단군은 쑥대풀로 엮은 정자와 버드나무로 지은 궁

궐에서 살며 머리를 땋고 소를 타고 다니면서 나라를 다스렸
는데, 세상을 주관하기 1,048년에 아사산阿斯山에 들어가 선거仙
去하였다.

결국 조선조에 조여적 같은 엘리트 계층 선도 수련인들은 우
리나라의 선도가 중국의 전설상의 신선에서 비롯되었다는 인식
을 보여준다. 풍류도에서는 이들과 결이 다르다. 일차적으로《규
원사화》와 같이 우리나라 고유 선도가 있었고 중국에 전래되었
다고 본다. 이후 중국 도교가 크게 발전하면서 관계가 역전되어
우리나라의 식자층에서는 중국 도교가 지배적인 위치를 점하게
되었다. 시대가 감에 따라 고유 선도는 쇠퇴해 산속으로 스며들
어 겨우 명맥만 유지하며 현재에 이르렀지만 중국 도교와는 독립
적인 존재감을 가지고 있다고 자부한다.

6.5
근현대 속세에서 새롭게 싹트는 풍류도

    조선의 멸망과 일제항쟁기를 근대로 간주하고 이 시대를 살펴보자. 중국과 조선의 봉건체제가 무너지면서 우리나라에서도 중국 사대주의가 붕괴되기 시작했다. 서구의 사조와 문물들이 일본을 매개로 들어오기 시작했고 이는 역사에 대한 반성과 주체의식이 싹트는 계기가 되었다. 그렇지만 선도 수련 계통들은 순수 수련단체로만 존재하기가 힘들었으니, 싹트는 자의식은 민족의식을 고양시켰고 독립운동에 헌신하게 만들었다.

    선도는 동학東學, 대종교大倧敎 등 민족종교 형태로 계승되었지만 관련 인사들이 민족독립 운동을 하였기에 일제로부터 많은 탄압을 받았다. 일제日帝의 혹독한 탄압으로 민족종교와 선풍仙風은 거의 멸절되어 갔으며, 해방 후에도 서양문물의 영향으로 한동안 선도는 미신이나 사도邪道인 양 백안시되었다. 오직 산속에서 은거하며 수도하는 소수만이 명맥을 이어갔다. 특히 해방 이후 서양문화를 앞세운 기독교에 의해 기존의 전통문화는 근대화의 걸림돌로 전근대적 문화로 인식되었고 한국의 고유한 전통문화인 선도 역시 저류로 전락되고 말았다. <장자> 소요유莊子 逍遙遊편에 이런 글귀가 있다.

> "지인至人은 자기가 없고, 신인神人은 이룬 공이 없고, 성인聖人은 이름이 없다."
> 至人无己, 神人无功, 聖人无名
> (지인무기, 신인무공, 성인무명)

근현대에서도 풍류도인들은 대부분 산속에 머물며 자연과 더불어 살았기에 세속에 전해지는 인물이 거의 없다. 역사적인 사건들과 얽혀있는 일이 거의 없기에 이름이나 도달한 경지 외에는 전해지는 것이 없어 기사로 쓸만한 내용도 없다. 다만 풍류도의 방계에 해당하는 분들 중에 책을 쓰거나 불교승려로서 기록을 남겨 전해지는 것들이 있다.

일제항쟁기 민족의식의 함양과 선도의 부활
—

한국에서 20세기는 일본의 식민지배로 시작되었고, 일본의 내선일체 정책으로 조선인들이 민족의 역사와 말과 글을 잃고 이류 국민으로 살아가게 되었다. 이에 많은 애국지사들이 독립운동에 헌신하는 와중에, 민족 주체성 고취와 역사를 회복하는 일의 소중함을 깨달은 분들이 선도와 상고사에 대한 책을 저술해 민족의식을 고취시켰다. 신채호, 전병훈, 윤세복, 이능화, 계연수를 대표적으로 들 수 있다 [임채우 2018].

신채호1880년~1936년는《조선상고사》를 지어 주체성을 강조한 민족주의 사관을 바탕으로 만주 땅이 한민족의 땅임을 밝혔고, 발해가 고구려 유민을 주축으로 한 한민족의 국가였음을 강조했다. 을지문덕, 최영, 이순신 등 무력을 통해 나라를 지킨 영웅들을 부각해 조선의 문치주의를 비판하면서 국가운영에 무력 증강이 중요함을 역설했다.

신채호는 학술 활동에만 전념한 것이 아니라 독립운동에도 헌신했다. 일체의 타협주의를 배격하고 폭력혁명론을 주장하였는데, 김원봉의 의뢰로 작성한 <조선혁명선언>이 유명하다. 1929년 조선총독부 경찰에 체포되어 옥살이를 하다가 1936년 만주 뤼순 감옥에서 고문 후유증으로 옥사했다.

전병훈이나 윤세복은 일제의 탄압을 피해 중국으로 건너가 독립운동을 열심히 하면서 선도 수행도 놓지 않았다. 전병훈은 천부경을 바탕으로 도교, 유교, 불교, 서양철학을 종합하였는데, 북경에서 도교를 배우고 일가를 이루어 중국인들의 칭송을 받았다. 신라 때 김가기 이후로 중국인들이 그 경지를 인정한 두 번째 사람이었다.

우리의 선도와 도교에 대해 체계적으로 저술한《정신철학통편精神哲學通編》을 남겼다. 묘향산에서 선도수련하던 계연수가 석벽에서 발견한 글이라며 전해준 <천부경天符經>을 읽고, 글의 심오함에 매료되어 천부경을 최초로 해석했다. 그는 단군성조의 천부경이야말로 수련의 핵심이자 인류를 구원할 원리라고 주장했다. 또한 중국 도교와 우리 고유 선도의 차이점을 피력했는데, 도교는 개인의 장생불사나 신선이 되는 것이 목표이나, 천부경에서는 전 인류를 구원하는 지향이 있다는 점을 부각했다.

윤세복은 독립운동가이자 대종교 지도자로《삼법회통三法會通》을 지어 단군을 중심으로 고유 선도 수련법을 체계화시켰다. <삼일신고三一神誥> 진리훈에 나오는 지감, 조식, 금촉止感, 調息, 禁觸의 방법을 통해 성통공완性通功完을 이루는 내용을 구체적인 수행방법론으로 풀이하였다.

이능화는《조선도교사》를 저술했다. 도교가 들어오기 전부터 우리나라에 존재하던 신선설神仙說을 바탕으로 한국 도교의 원류와 전파 과정을 살폈다. 한국의 선파仙派에서는 중국 도교가 그 원시단계인 신선방술부터 한국에서부터 전해진 것이라고 한다. 삼국시대에 중국 도교가 들어와서 고려와 조선시대에 걸친 발전과정 및 근세 동학을 비롯한 여러 신종교와의 관계를 기술하였다.

《해동전도록海東傳道錄》,《해동이적海東異蹟》,《청학집靑鶴集》등을 인용하여 조선단학파朝鮮丹學派의 인물들을 소개하였고, 우리나라 도교에 관한 자료를 집대성하고 도교를 체계적으로 정리해

제6장 역사와 설화로 살펴보는 풍류도와 인물들

후학들에게 큰 지침이 되었다. 필자도 이 책을 많이 참고하였다. 하지만 이능화는 학자였지 선도수련을 한 사람이 아니어서인지, 삼국시대 이후로는 모든 수련 범주를 도교에 통합시키고 도교식 이론체계로 서술함으로써 후학들이 무작정 이를 따르게 되는 기준이 됐다는 점에서 아쉬움이 남는다.

이렇게 상고사와 선도수련책이 일반대중에게 특히 지식인층에게 선보임에 따라 선도가 서서히 일반에게 전파되기 시작했다.

북녘의 상현달 수월水月

—

근대 한국 불교를 중흥시킨 경허스님에게는 뛰어나 제자 세 명이 있었고, 이들의 법명에 달月이 들어가기에 경허의 세 달月로 불린다. '북녘의 상현달' 수월水月과 무소유의 대명사 '남녘의 하현달' 혜월慧月, 그리고 호방한 선풍을 진작시킨 '중천의 보름달' 만공滿空이다. 이중 수월이 풍류도인 두몽 선사와 인연이 있고 풍류도적인 삶을 살았기에 풍류도 인물로 본다.

불교계에서 수월은 유명한 분이라 여기서는 자세히 다루지 않고 일화 몇 개만 소개하겠다. 수월은 어려서 부모를 잃은 뒤 남의 집에서 머슴살이를 하면서 자랐다. 장원심이나 진묵선사처럼 시정을 돌아다니며 민중들과 동거동락하던 두몽 선사에게 수월이 눈에 띄었다. 일자무식이었지만 부지런하고 마음 착한 수월은 도골선풍이었다. 두몽은 수월을 구슬러 제자로 삼았는데, 수련에 전념할 수 있는 여건이 되지 못하는 관계로 반태신공 자세를 중심으로 가르쳐 주었다.

"이 안에 모든 것이 있다. 이 자세를 십 년 이상 잡아라."

이후 한 번씩 수련 진도를 점검하고 가르침을 주었는데, 두몽이 입적하면서 더 이상은 인연이 없었던 것 같다. 수련에 대한 갈증으로 1883년 나이 서른에 천장암天藏庵에서 출가했다. 이후 천장암에서 경허스님과 인연이 되어 그의 제자가 되었고, 만공과 혜월이 들어와 같이 동문수학하는 사이가 되었다.

수월이 용맹정진하는 중, 어느 날 밤 몸에서 불기둥이 뿜어져 나왔다. 요가식으로 말하자면 단전에 있던 쿤달리니가 정수리에 있는 사하스라라 차크라로 올라와 빛을 뿜어낸 것이다빛나는 수준 Tejas Loka. 조선시대 진묵편에서 언급했듯이 득도의 징표이다. 20대에 반태신공 수련을 열심히 한 덕을 본 것 같다. 방광放光을 체험한 수월은 세 가지 특별한 힘을 얻었는데, 한번 보거나 들은 것은 잊어버리지 않는 불망념지不妄念智와 잠이 없어졌고 병 고치는 능력을 얻었다.

1896년 정월 지리산 천은사泉隱寺에서 수련하던 중, 몸에서 다시 빛줄기가 터져 나왔는데 어찌나 크고 강렬했던지 천은사에 살던 대중들뿐만 아니라 아랫마을 사람들까지도 몰려왔다. 이 일로 천은사 대중들은 그를 천은사 상선암 조실로 모셨다. 얼마 후 다시 방광이 일어나 사람들의 이목을 집중시키자, 수월은 이적에만 마음을 빼앗기는 세태를 염려하여 지리산을 떠났다.

1912년 스승인 경허가 열반에 들자, 수월은 두만강을 넘어 간도閒島로 들어갔다. 조선의 많은 밑바닥 인생들이 살 곳을 찾아가던 곳이다. 그는 백두산 기슭 도문시 회막동에서 3년 동안 소먹이꾼 노릇을 했다. 그는 일제의 압제를 피해 간도로 건너오는 동포들을 먹이고 입히기 위해 길가 바위 위에 주먹밥을 쌓아 놓고 나뭇가지에 짚신을 매달아 놓았다. 자신의 얼굴과 이름을 알리지 않는 무주상보시를 베풀며 보살행을 묵묵히 실천했다.

마침내 1928년 하안거를 마치고 수월은 단정히 결가부좌한 자세로 세상을 떠났다. 그가 세상을 떠난 후 7일 동안 밤마다 송림산에 불기둥이 치솟는 대방광이 일어났고 산짐승과 날짐승이 떼를 지어 울었다고 한다. 그는 이름 그대로 '물속의 달'처럼 민중 속에 파고 들어가 동거동락하며 온몸으로 사람들을 섬겼다. 경허의 다른 두 제자인 혜월이나 만공은 간화선에 몰두하고 사찰에서 제자들을 키우며 전형적인 불교 승려 생활을 하였지만, 수월은 조선시대 장원심처럼 민중 속에서 풍류도적인 삶을 살았다.

시해선 양봉래 개운楊逢萊 開雲

━

해방 이후 현대까지 활동했던 도승으로 개운開雲스님이 있다. 속리산과 지리산 일대에서 활동하면서 현대 수련자들에게 많은 영향을 끼쳤다. 개운은 1790년에 경북 상주 개운동에서 태어났다. 조실부모하고 외삼촌이 그를 길렀는데 외삼촌 부부마저 7, 9살 때 돌아가셔서 천애 고아가 되었다. 죽음을 초월하는 길이 불법에 있다는 소리를 듣고 봉암사로 출가했다. 열심히 수행하던 봉암사 환적암에 늙은 거지 스님 한 사람이 찾아와 머물렀는데 개운을 눈여겨보기 시작했다. 그러더니 개운에게 고약한 짓을 해댔다. 개운은 이에 개의치 않고 밥하고 빨래해 주며 모셨다. 어느 날 그 거지 스님이 평소와는 다른 표정으로 개운을 불렀다.

"너는 마음 수련이 참 잘되었구나. 득도할 상이다. 너는 무엇을 위해 수행하고 있느냐?"

"저는 참 스승을 만나 세상의 이치를 깨닫는 것이 목표입니다."

"그래, 그럼 내가 너를 가르쳐 줄까?"

개운은 처음에는 당황스러웠지만 거지 스님이 내뿜는 형형한 눈빛에 그가 보통 사람이 아님을 알아차리고 제자로서 예를 올리며 감사를 표했다. 거지 스님은 개운을 희양산 봉우리로 데

제6장 역사와 설화로 살펴보는 풍류도와 인물들

려가 수련을 시켰다 [권태훈 1994]. 구체적인 내용은 전해지지 않으나 불교 수행은 아니다. 왜냐하면, 불교 수행은 구태여 야외에서 할 필요가 없기 때문이다. 산에서 하는 수련이라면 필경 풍류도 입선 수련이다. 거지, 누더기 스님이니 하는 별칭부터가 풍류도 인들의 전형적인 모습이다. 이후 개운의 행적이 선불仙佛 통합에 심혈을 기울였으니 더욱 그러하다. 필자가 희양산에 자주 올라 도인들의 흔적을 더듬었는데, 희양산 봉우리에 가면 평평한 바위 한쪽에 둥그런 원형 바위 방석을 놓은 듯한 형상이 있다. 자연적으로 형성된 것은 아닐 것이고 이들이 도력으로 깎아놓은 것이란 인상을 받았다.

개운의 수련이 일정 단계에 도달하자, 노승은 개운에게 능엄경과 유가심인록瑜伽心印錄을 전해주고 남쪽 도장산道藏山으로 자리를 옮겨 계속 수련할 것을 일러 주고 떠났다. 개운은 곧 그리로 갔다. 왜 그랬을까. 풍류도에서는 신라시대 의상대사와 연관 짓는다. 의상이 도장산에서 크게 깨쳤고 계곡에 사는 이무기들에게도 가르침을 펼쳐 이무기 두 마리가 크게 깨쳐 용이 되었다. 그래서 쌍룡계곡이다. 의상은 먼 훗날의 후학을 위해 구궁의 진법을 펼쳐놓았다. 절 이름도 이때에는 도장사道藏寺였다. 도를 간직한 절에 도를 간직한 산, 이름부터가 도판道販의 플랜을 암시하는 듯하다.

개운은 여기서 사다함과 아나함과에 도달했다. 아나함의 경지에서는 백발이 검어지고 이가 다시 나는 등 젊음을 되찾는다.

그림6.7 (좌)개운선사가 바위에 새긴 초서체 동천(洞天). 개운 선사가 말년에 머문 곳으로
추정되는 지리산 반야봉 아래 묘향암

병을 고치고 추위나 더위를 느끼지 않는다. 죽음이 없다. 손으로
바위에 글자를 새길 수 있다. 그래서 그는 후학들을 자극시키는
의미에서 바위에 손으로 글을 썼다. 도장산 북쪽 쌍룡계곡 너럭
바위에 그가 쓴 글이 그림6.7처럼 남아있는데, 관심 있는 사람들
이 면밀히 분석해 봐도 도구를 사용해 조각한 흔적이 보이지 않
는다고 한다. 감회를 적은 시도 함께 전한다.

주먹으로 동천洞天을 쓰고 손톱으로 한좌閑坐를 새길 제
돌이 흙처럼 부드러워 나의 명구를 잘 받아주네.

　　　　　　　　제6장 역사와 설화로 살펴보는 풍류도와 인물들

맑은 물 흐르는 반석 위에 짐짓 용을 놀라게 하니

어릴 적 놀던 자취도 천추 만추에 전할 수 있거든.

하물며 경전을 간행하는 공덕이야 한량없으리.

공부하는 어진 이들이여, 나고 죽는 물거품 같은 세상사 벗어

나라.

　개운이 득도의 경지에 도달해 신휘발광 하는 등 놀라운 일들이 벌어지자 많은 사람들이 찾아오기 시작했다. 봉래산에서 신선이 왔다면서 양봉래楊蓬萊라고 불렀다. 방문객들 때문에 선정에 들 수 없게 되자 그는 더 깊은 산으로 떠나기로 했다. 하지만 후학들을 위해 수련의 진법을 남겨놓기로 했다. 바로 스승에게 받아 공부한 능엄경에 주석을 달아 '능엄경해제'를 만들었고, 후기격인 '개운당유서開雲堂遺書'를 부록으로 덧붙였다. 위의 시는 바로 이 부록에 적혀있다. 또한 '백여 년 후에 인연이 닿는 자가 이 책을 발견하여 세상에 널리 전하라'고 적고 책을 심원사 천장에 비장해 두었다.

　이후 100여 년이 지난 1950년대에 양성스님이 심원사에 머무는데, 밤에 계속 책이 아른거리는 환상이 보여 천장을 열어보니 실제 책이 있었다. 양성은 그 책을 정성스럽게 필사하고, 원본은 다시 제자리에 넣어두고 떠났는데 심원사에 불이나 모두 다 타버렸다고 한다. 다른 증언에 의하면, 양성은 이미 개운에게 몇 번의 가르침을 받았고 심원사에 책이 있다는 말을 듣고 그 곳으

로 갔다는 설도 있다. 어쨌든 결과적으로 양성에 의해 한국에서 능엄경과 그 주석이 출간되었다. 이외에도 몇 가지 선가와 불교를 통합한 내용의 저술이 있다. 이들의 영향으로 현대 한국의 불교나 선도 수련계에서는 능엄경을 중요한 텍스트로 활용하고 있다 [류인학 1995].

이후 개운은 지리산 묘향대로 가서 그곳을 근거지로 삼고 바람 따라 물 따라 풍류적인 삶을 살다가, 1988년 지리산에서 제자 탄공스님 앞에서 182세로 소나무 가지를 붙잡고 선 채로 입적했다고 알려져 있는데, 2000년에 지리산 묘향대에서 개운을 만났다는 사람들도 있다. 도교식 불로장생의 산 증인이라 할까. 아니 제자 탄공이 다비를 했으므로, 몸은 사라져도 영혼이 다시 물질을 만들어내는 시해선尸解仙의 경지에 오른 분이리라.

앞장에서 기에 관해 설명하면서 다루었듯이, 아인슈타인의 유명한 E=mc²은 물질과 에너지는 서로 호환 가능하다는 뜻이다. 자연계에서 생명의 탄생은 기적이다. 우주가 한 점에서 탄생하듯이 생명도 한 점에서 시작해 물질이 형성되기 시작한다. 우주 초기의 대폭발과 같은 법칙이다. 다만 속도가 현격히 느릴 뿐이다. 생명의 죽음도 그렇다. 핵분열과 마찬가지다. 미생물의 작용도 있지만 서서히 세포조직들이 분해되어 원소로 되돌아간다. 그렇다면 시해선도 물리적으로 불가능하지 않다. 영혼이 엄청난 에너지를 가지고 있다면 원하는 순간에 육체를 떠날 수도, 필요하면 물질로 화할 수도 있지 않겠는가.

태백산에서 속세로 나온 풍류도인들

—

두몽頭夢선사는 주로 태백산에서 기거했지만 한 번씩 전국을 유랑하며 인연 있는 사람들에게 풍류도를 전했다. 두몽선사에게 풍류도의 모든 것을 전수받은 제자는 청운과 백운으로 형제 사이다. 청운선사는 속명이 박세영朴世永 1902년~1989년으로 고향은 평안도이다. 두몽이나 청운선사에 대한 자세한 이야기는 여기서 더 이상 다루지 않겠다. 원광선사에 대한 별도 기획을 하고 있으므로 그 기회를 활용하고자 한다.

형인 청운은 두몽의 태백산 암자를 물려받아 일생을 여기서 보냈고, 동생인 백운은 계룡산으로 가 동굴에서 수련하며 지냈다. 지금도 계룡산에는 연천봉, 쌀개봉 쪽 몇 개 동굴 속에서 수련하는 도인들이 있다. 원광은 백운에게도 배웠다. 풍류도맥에서는 입선부터 무예까지 모든 과정을 다 수련한 사람을 풍류도 정법을 이은 자로 보는데 두몽, 청운, 원광 삼대가 이 맥에 속한다.

한편, 수월이나 개운처럼 입선수련만 한 사람도 있고 무술만 배운 사람도 있는데 이런 사람들은 방계로 친다. 두몽, 청운, 원광 삼대 모두 유불선을 통섭한 인텔리였다. 사서삼경을 비롯한 동양 고전, 외국어도 몇 개를 구사하는 수준인데 아마도 정규교육을 거의 받지 못했어도 스승에게서 개인교습을 오래 받은 모양이다. 이분들의 방계 제자들도 꽤 있는데 새롭게 자신의 수련단체를 설립한 사람들도 있다. 청운선사가 남긴 오도송과 선시가 몇 수 있어 여기에 싣는다.

한 생각 깨뜨리니 몸이 강이요 몸이 산이로다
一心一波 身而爲江 身而爲山
한 생각 깨달으니 몸이 하늘이요 몸이 땅이로다
一心一覺 身而爲天 身而爲地
한 생각 깨우치니 몸은 비어있고 몸은 공이로다
一心一悟 身而爲虛 身而爲空

푸른 하늘이 물에 비추어 잠기니
蒼天倒水中
흰구름 사이로 물고기가 노니는구나
魚有白雲間

눈비를 피하지 말라
세상에 기를 뺏기면 몸이 죽는다
허공을 꿸 수 있는 힘
생사가 마음에 있으니
집중된 힘은 자기 자신을 살릴 수 있고
내가 살음으로서 희생정신이 생긴다.

부활한 현대 선도와 무술단체

—

1970년대 이후로 한국이 살만해지자 일제 강점기에 억눌렸던 우리 전통을 복원하려는 문화운동과 더불어 전통무술을 표방하는 산중 무술과 수련단체들이 하나둘 속세에 모습을 드러내기 시작했다. 1980년대 이후로는 우리 사회에 민족정체성을 되찾고 계승하려는 경향이 더욱 고조되었다. 때마침 소설《단丹》의 등장은 전통 선도에 대한 대중의 깊은 관심을 폭발시켰다. 이후 수많은 선도 및 기공 수련단체들이 등장하면서 우리 선도는 새롭게 부활하였다. 하지만 아직도 원형복원 문제와 함께 현대화, 과학화 등 많은 과제를 남겨두고 있다.

선도를 선두로 해서 기천, 정도술, 신선도 등등이 대중들에게 다가왔다. 그중에서 역사적으로 그 전통과 족보를 공인받고 대중화에 성공한 것은 무술인 택견밖에 없는 것 같다. 송덕기, 신한승으로 이어지는 계보가 뚜렷하고 고구려 벽화나 다양한 한국의 고대 문헌에 수박, 수벽치기, 각력 등으로 기술되어 있는 맨손 무술이 바로 현대판 택견임이 인정되어 중요무형문화재로 등록되었다. 다른 무술들은 역사성이 검증 불가한 상태다. 이와 더불어 많은 수련이나 무술단체들이 전통복원을 주장하며 새롭게 태어났다. 마한머루, 해동검도, 경당, 국선도, 단학선원 등 다양한 무술이나 단전호흡 수련단체 들이 그들이다.

고조선 수련법 풍류도는 어디에 자리매김 해야 할까? 분명한 것은 새롭게 태어난 전통복원형 무술단체는 아니다. 근대 삼대는 명확히 계승된 족보가 있다. 문헌적 증거로는 신라시대 화랑들의 풍류도에 대한 기록이 있지만 현재 계승된 풍류도와 일치한다는 증거는 없다. 단절된 역사 속에서 오직 야사 수준의 전승만 있을 뿐이다. 객관적으로 보자면 앞서 언급한 전통 무술단체들과 대동소이하게 보여진다. 다만 풍류도 수련인들은 풍류도 수련 내용 자체가 전승된 민족고유 수련법의 증거라고 생각하고 있다. 뜻있는 전문가들의 검토와 분석이 필요하다. 이 책은 이런 검증을 위한 보고서라고 봐도 무방하겠다.

종합해 보면, 현대 한국 수련계에서 큰 맥은 중국 도가 계통을 따르지만 이에 영향을 받지 않은 고유 선도가 여전히 백두대간을 중심으로 수련자들 사이에 전승되고 있고 이들이 간혹 속세로 내려와 수련법을 전했다. 즉, 다른 두 맥이 독자적으로 공존하고 있는데, 중국 도교 영향을 받은 쪽은 풍부한 문헌과 좌선을 바탕으로 마음수련 위주로 가는 우방右方을 형성하고, 고유 수련파는 백두대간을 근거로 몸 수련에 기반한 좌방左方을 이루고 있다. 그렇다면 구체적으로 좌방과 우방의 단체들을 더 자세히 소개하고 특징을 다루어야겠지만 여러 가지 부작용이 우려되어 기술하기가 어렵다.

현재 한국에는 다양한 선도 수련 단체들이 있고 풍류도를 표방하는 단체들도 꽤 있다. 그런데 이들 각 단체들에 대해 필자가 언급하거나 정리하기에는 공부가 부족하고 시비에 휘말리기 쉽다. 각 단체들의 역사성이나 정통성은 일차적으로 스스로 점검해야 될 문제라고 생각되고, 큰 나무에는 가지가 많듯이 긍정적으로 보고자 한다. 그래서 현대 부분은 이런 수준에서 마무리 하겠다.

맺음말

이상으로 풍류도의 체계와 수련 내용, 역사를 대략이나마 훑어보았다. 풍류도가 중국 도교나 불교, 인도 요가 등 다른 수련법과 유사한 부분도 많지만 특히 다른 점을 부각시켜 보려고 노력하였다. 그중에서도 입선수련을 중심으로 삼는 체계가 가장 독특함을 부각시켰다. 이 수련법을 통한 각성이 우리의 인생관, 우주관을 정립하는 데 큰 역할을 할 수 있음을 나타내고자 하였다.

그러나 한편으로는 인류문화의 보편성도 깨닫게 된다. 신라시대 최치원이 우리나라에 풍류라는 현묘한 도가 있는데 유불선 삼교를 포함한 것이라고 하였다. 천하의 진리는 한치의 차이뿐이라는 말도 있다고 한다. 인류 보편의 진리는 유교나 불교나 기독교에서나 다 도달할 수 있다는 뜻으로 새기고 싶다.

마무리하면서, 필자가 다시 하는 질문은 '생활양식과 사고체계가 급격히 바뀌어 가고 있는 21세기 현대인들에게 있어서 고조선 수련법이 어떤 의미를 줄 수 있는가' 하는 점이다. 서론에서 이 문제를 짚었었다. 수련을 통해 내 몸에 한정된 나란 개체의식을 벗어나 자연과 합일된 나, 우주와 일치된 나를 인식함으로써 새로운 인생관과 우주관을 가질 수 있고, 바로 그때 생태계 위기에 빠진 지구를 구할 지혜를 전할 수도 있을 것이라는 소망을 피력했었다. 책을 훑어본 독자들은 이에 동의해 줄 수 있을지 궁금해진다.

필자는 이 책을 쓰면서 풍류도의 역사적 근거를 찾기 위해 많은 노력을 기울였으나 만족할만한 결실을 얻지 못했다. 워낙 고대의 일인데다 전쟁과 외국의 침탈 역사, 조선조의 문치주의 영향 등으로 그럴 수밖에 없었을 것이다. 그러나 나름 종이조각 퍼즐처럼 역사의 단편들을 수집하고 발굴해 가는 과정을 통해 다음과 같은 몇 가지 뚜렷하게 드러나는 줄기를 찾을 수 있었다.

상고대 시대에 하늘숭배사상을 가졌던 조상들은 하늘의 뜻을 알려는 노력들을 선도수련으로 정착시켰고, 이 세상 만물이 기로 이루어져 있다는 의식 아래 기를 통한 수련과 무예를 발달시켰다. 특히 자연이 원 운동과 회오리 운동을 통해 생장소멸하는 이치를 풍류도 무예에 구현했다.

또한 나라를 이끌 인재를 양성하기 위해 제도적으로 사관학교 격인 경당을 고조선 시대부터 운영했다. 고구려는 이를 그대로 수용해 경당이라 했고, 신라는 화랑제도로 이어받았고, 고려 때까지 존속했다. 조선시대에는 유교 문치주의가 모든 분야를 점령하면서 경당, 화랑, 풍류도가 사회에서 점차 쇠락해지고 사라져 갔다. 결국 중국사대주의는 우리의 자주국방 의식을 허물어 임진왜란, 병자호란, 근세 일본침략 등의 아픔을 겪었다.

대략적이나마 풍류도 역사를 훑어보았지만 구체적인 풍류도 수련내용을 알려주는 옛 문헌은 없다. 그렇기에 여기에서 소개한 풍류도가 근현대에 창작된 무술이 아닌지 의심을 가질 수 있다. 이에 대해 필자는 다음과 같은 답을 드린다.

본문에 소개한 풍류도의 수련내용은 체계가 방대하고 모두를 다 수련하는 데만 30년 정도 걸린다. 만약 풍류도가 최근세에 만들어진 무술이라면 어느 개인이 이처럼 방대한 수련 내용을 창작해내기 어렵다.

또한 외국 무술, 특히 중국무술을 모방했는지 의심할 수도 있을 것이다. 본문에 소개하였듯이 조금씩 비슷한 부분들이 있으나, 풍류도는 훨씬 더 긴 구성 내용을 가지고 있기에 오히려 풍류도가 더 원본이라고 주장할 수 있다. 중국과 우리는 서로 오랜 역사 동안 교류를 해왔기에 무술과 수련도 서로 영향을 주고받았을 것이다. 고대 중국 북방은 고조선 강역이었으니, 고조선의 수련 문화가 중국 전역에 전파되었을 가능성도 배제할 수 없다.

이런 형태적인 수련 체계 분석은 사실 부차적인 것이고 그 애매함 속에서 뚜렷하게 드러나는 알갱이가 있었다. 바로 풍류도 수련 내용 그 자체였다. 필자는 태공유수 수련을 하면서 천지 우주와 연결되는 나를 찾았고, 고대 북만주 시베리아 지역의 샤머니즘이란 게 무엇인지 온몸으로 확실하게 체험할 수 있었다. 온몸의 체험이란 우리가 살아오면서 보고 배우고 하는 사이에 갖게 된 시각 이상의 것이다. 우리의 근원과 연결된 전체를 온몸으로 알게 되는 체험인 것이다. 나란 개체를 꽁꽁 싸매고 있는 분별심을 벗어버리고 우주 전체와 내가 연결된 전일적全一的인 인식의 획득이다. 이렇게 고대의 영성이 몸에서 몸으로 수천 년을 전해 내려오고 있다.

제임스 카메론이 감독한 아바타란 영화가 선풍적인 인기를 끌었다. 화려한 영상과 상상력을 자극하는 이야기 설정이 우리의 관심을 끌었지만, 나는 영화의 주제의식이 우리의 무의식에 자극을 주면서 많은 사람들이 공감했으리라 여긴다.

바로 판도라 행성에서 자원을 강압적으로 약탈하려는 세력에서 성장 위주인 현대 문명의 속성을 보게 되고, 자연과 소통하며 일체적인 삶을 사는 원주민 나비족에서 우리 인간의 원시 고향의 삶의 양식을 느끼게 되었으리라. 행성에 위기가 닥쳐오고 중요 인물이 죽을 위기에 처하자 나비족은 신성한 나무 주위에 둘러앉아 신성한 나무와 땅과 소통하는 의식을 거행한다. 바로 동북아 샤머니즘의 전형적인 모습이다.

우리 한민족은 바이칼 호수 주변에서 갈라져 나와 한반도로 이주한 세력이라고 역사가들은 말한다. 이들은 자연과 소통하며 사는 사람들이었다. 서구학자들이 이를 일러 샤머니즘이라 칭했다. 지금도 시골마을에 가면 마을 어귀에 꼭 당나무가 서 있다.

그리고 중요한 절기마다 당나무 주변에 모여 행사를 치른다. 영화 아바타에 나오는 나비족이 연상되지 않는가.

바라기는, 고대에 우리 선조들은 인간과 자연은 하나라는 근원적인 사상체계와 문화를 가지고 있었고, 이를 달성하기 위한 훌륭한 수련문화를 키웠으며, 이 문화가 아직도 여전히 살아 있음을 많은 사람들이 알아주기를 염원한다.

한 가지 더 꿈같은 바람이라면 이 인내천人乃天 사상과 수련문화가 한국문화K-Culture의 깊은 심연이며, 나아가 탐욕적 자본주의를 극복하고 환경생태주의를 뛰어넘어 세계에 통할 수 있는 자연과의 합일 문화로 퍼져나가기를 소망한다.

참고문헌

고동영 (1995),《한국상고무예사》, 한뿌리

고등총일랑(高藤聡一郎) (1985),《선인입문》, 김종오 옮김, 정신세계사

권태훈 (1994),《천부경의 비밀과 백두산족 문화》, 정신세계사

김대문 (2009),《화랑세기, 해동고승전》, 지만지 고전선집

김덕수 (2009),《무술논쟁 오버라이딩》, 이담북스

김영호 (2002),《조선의 협객》, 백동수, 푸른역사

김용만 (2003),《새로 쓰는 연개소문전》, 바다출판사

김용옥 (1990),《태권도 철학의 구성원리》, 통나무

김정민 (2023),《샤먼 바이블》, 글로벌콘텐츠

김정민(2016),《단군의 나라 카자흐스탄》, 글로벌콘텐츠

김정행 외 2인 (1997),《武道論》, 대한미디어

달라이 라마 (2007),《한 원자속의 우주》, 삼묵, 이해심 공역, 하늘북

라대일, 박창범 (1993),〈On Astronomical Records of Dangun Chosun Period〉, Journal of the Korean Astronomical Society (한국천문학회지), 26:135~139

류동식 (1997),《풍류도와 한국의 종교사상》, 연세대학교

류인학 (1995),《성자들의 예언》, 자유문학사

마루야마 도시아끼(丸山敏秋), (2001),《기란 무엇인가》, 정신세계사

박미라 (2019),《한국의 단군 문헌》, 도서출판 덕주

박병식 (1994),《한국상고사》, 교보문고

박창범 (2002),《하늘에 새긴 우리역사》, 김영사

박 현 (1995),《한국 고대 지성사 산책》, 백산서당

박 현 (1999),《나를 다시 하는 동양학》, 바나리

박희준 역 (1978), 湯淺泰雄 저,《기·수행·신체》, 범양사

방건웅 (2005),《기가 세상을 움직인다》, 예인

배종렬, 원광 (2001),《삼천갑자 동박석》, 도서출판 삼천갑자 동박석

백운 (1992),《진묵대사》, 불광출판사

백지원 (2009),《조일전쟁》, 진명출판사

아지트 무케르지 (1995),《군달리니》, 동문선

안경전 (2012),《환단고기》, 상생출판

안영배 (2023),《수토기행》, 도서출판 덕주

안자산 (1974),《조선무사영웅전》, 정음사

이광희 (2022),《진짜 무술이야기》, 북랩

이기봉 (2021),《하늘의 나라, 신화의 나라》, 도서출판 덕주

이기현 (2005),《그 남자의 무술 이야기》, 학민사

이길구 (1979),《계룡산맥은 있다》, 누리문화사

이능화 (2000),《조선도교사》, 이종은 역주, 보성문화사

이덕일, 김병기 (2006),《고조선은 대륙의 지배자였다》, 역사의 아침

이원국 (2006),《내단: 심신 수련의 역사》, 성균관대학교 출판부

이종욱 (2005),《화랑세기》, 소나무

이 찬 (2003),《태극권경》, 하남출판사

이청원 (2000),《한밝사상을 찾아서》, 대중출판사

이태호 (2020),《고구려의 황홀, 디카에 담다》, 도서출판 덕주

임동규 (1991),《武藝史 研究》, 학민사

임성묵 (2018),《조선검예1》, 행복에너지

임성묵 (2018),《조선무예4》, 행복에너지

임채우 (2018),《한국의 신선》, 소명출판

장순용 (1996),《도솔천에서 만납시다》, 세계사

정 렴 (2001),《용호비결》, 서해진 역, 바나리

조용헌 (2005),《사찰기행》, 이가서

조일환 (2001),《한국전통무술과 정착무술의 실제》, 문예마당

조정래 등 (2022),《이태복이라 믿는다》, 동녘

청산선사 (1993),《국선도》, 국선도

최영연 (1921),《海東竹枝》, 장학사

콜럼 코츠 (1998),《살아있는 에너지》, 유상구 옮김, 양문

콜린드실바 (1999),《요기예수》, 물병자리

하동훈 (1985),《백두산족 단학지침》, 정신세계사

하리쉬 요하리 (1996),《차크라》, 하남출판사

한명준 (2012),《고조선 무술 풍류도》, 도서출판 고조선

홍대선 (2023),《한국인의 탄생》, 메디치 메디아

홍태수 (1986),《단의 완성》, 동서문학사

황원갑 (1994),《역사 인물 유적 순례》, 수문출판사